100 WICHTEL ACCESSOIRES

Möbel, Deko & Kleidung aus Alltagsgegenständen

INHALTSVERZEICHNIS

In die Welt der Wichtel einzutauchen, macht so viel Spaß!

Als wir angefragt wurden, an einem Buch mit DIY-Ideen für Wichtel-Accessoires zu arbeiten, hat uns das Thema beide sofort fasziniert. Wir basteln beide gerne, und vor allem lieben wir es, zu dekorieren und mit Farben zu experimentieren. Ab und zu basteln wir gemeinsam mit unseren Kindern, aber sich in eine so kleine gebastelte Miniaturwelt stürzen zu dürfen, ist schon ein besonderes Erlebnis.

Und wenn du einmal in diese Welt eingetaucht bist, merkst du, wie leicht und schnell du kleine Gegenstände herstellen kannst - und plötzlich kommen ganz von allein viele weitere Ideen. Dass man mit sehr wenig zeitlichem und finanziellem Aufwand so viele tolle Dinge erstellen kann, das hat selbst uns als immer kreative überrascht!

Wir haben Gegenstände aus unserem Alltag zweckentfremdet und Dingen, die eigentlich nur noch für den Abfall bestimmt waren, neues Leben eingehaucht. Der Recyclinggedanke stand für uns im Vordergrund, wobei wir für die ein oder andere Idee klassische Bastelmaterialien wie z. B. Moosgummi hinzugenommen haben. Dabei wurde aber so gut wie nie neu eingekauft, sondern vorhandene Reste aus der Bastelkiste verwendet.

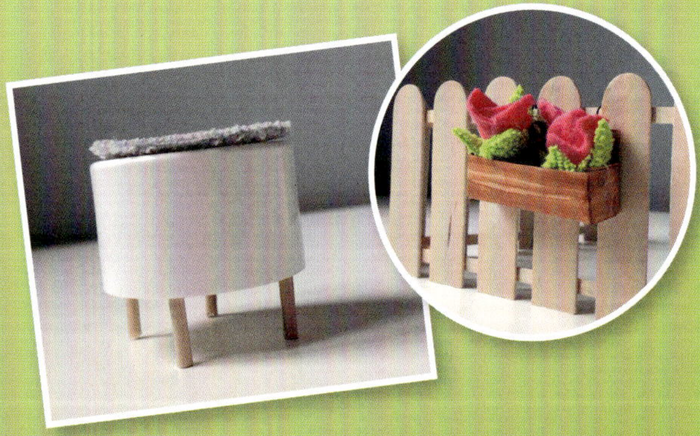

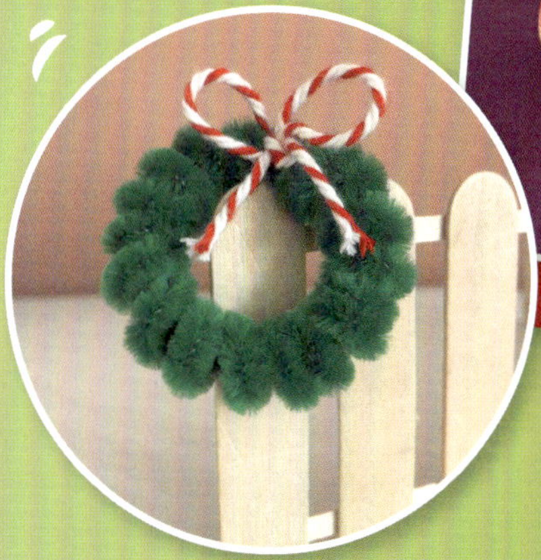

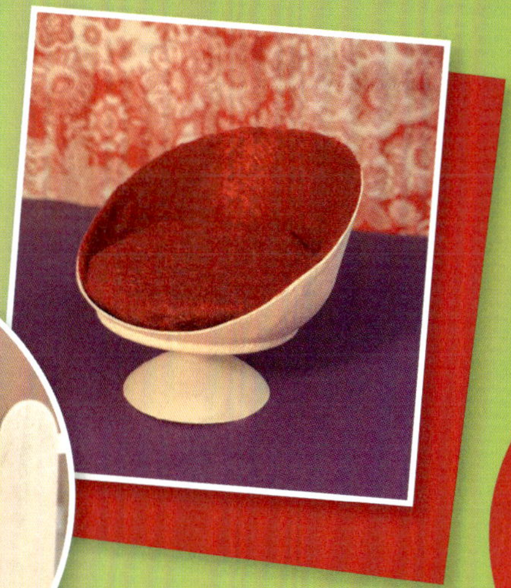

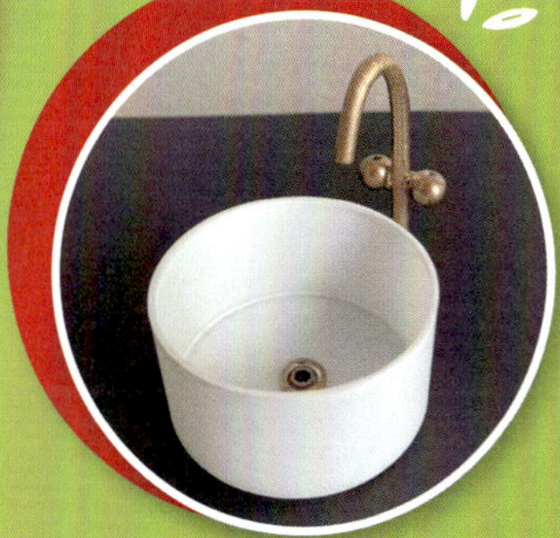

Dieses Buch richtet sich an alle, die sich kurzfristig und unkompliziert auf den nächsten Wichtelbesuch vorbereiten möchten – ganz egal ob im Winter oder im Sommer. Unsere DIY-Ideen sollten sich in jeden Familienalltag integrieren lassen und ohne viel Vorbereitung umsetzbar sein. Zusätzlich kann man den Kindern eine große Freude bereiten, weil sie nicht nur mit immer neuen Accessoires überrascht werden, sondern mit diesen auch wunderbar spielen können.

Zwei Illustratorinnen, diesmal ein Bastelbuch, und 100 neue Ideen und Inspiration für dich!

Wir wünschen dir viel Spaß beim Basteln und Dekorieren und eine wunderbare Wichtelzeit!

Nina Ehles Claudia Heine

WOHNBEREICH & DEKO

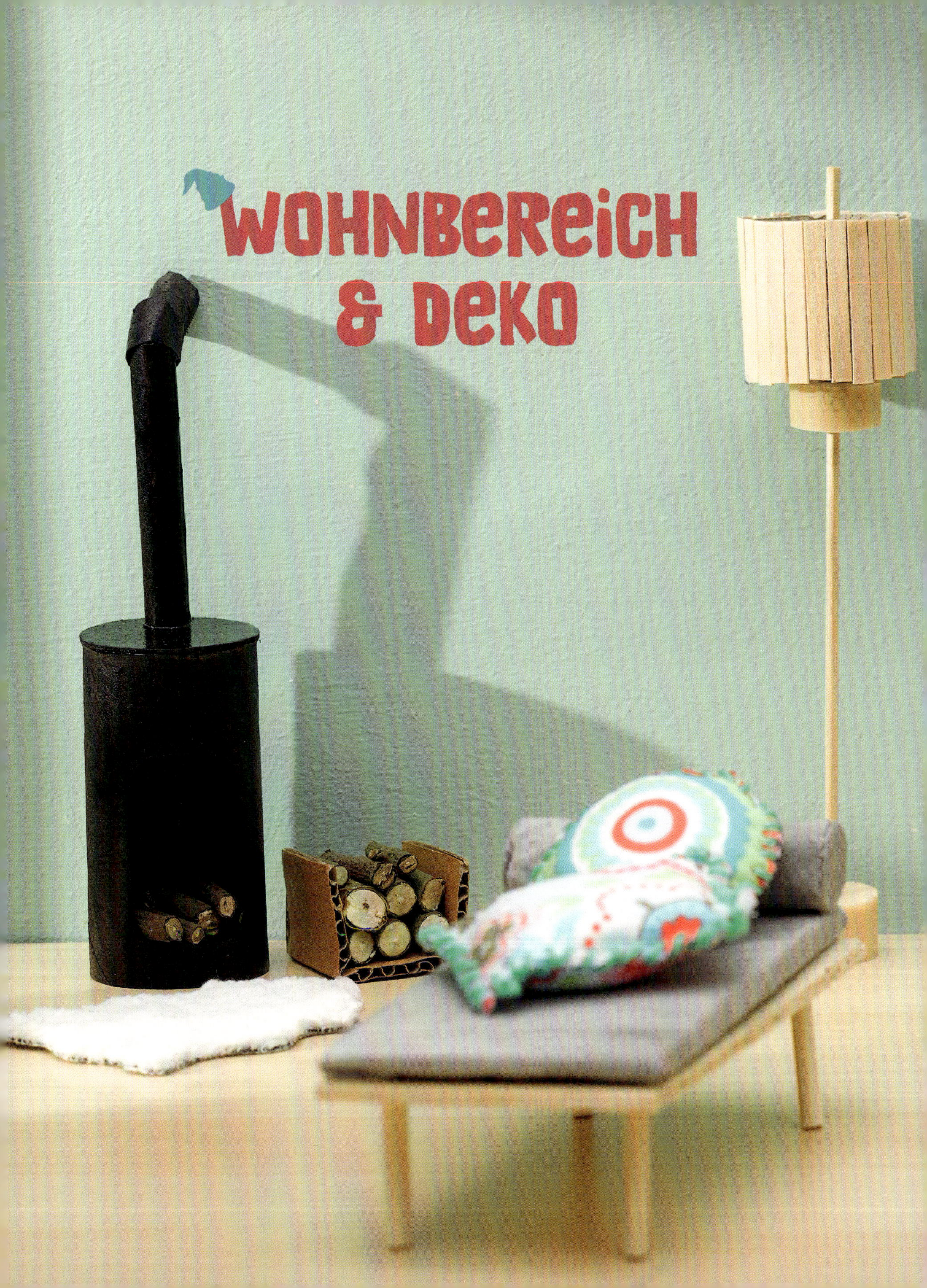

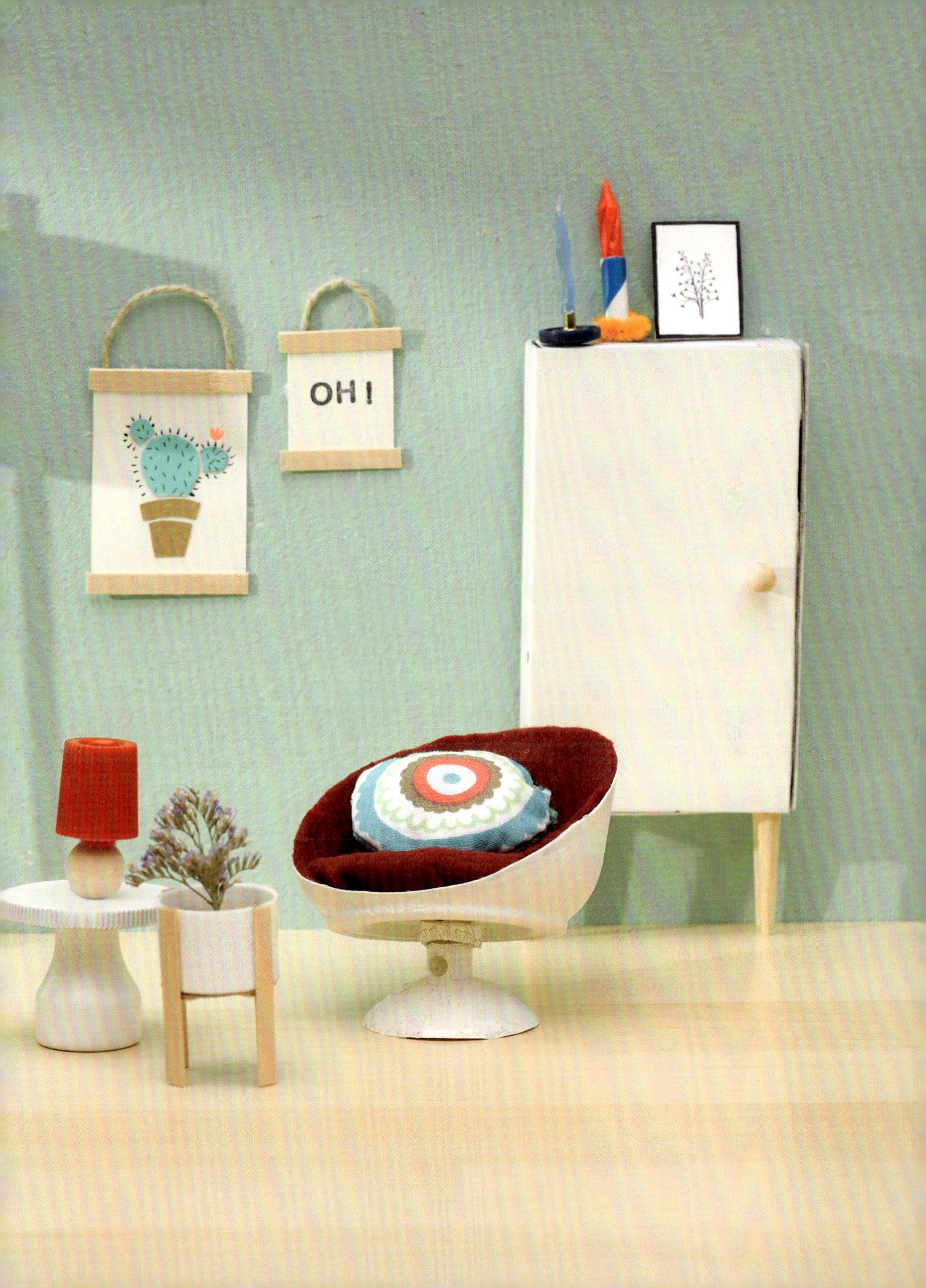
OH!

1

MID-CENTURY BLUMENTOPF

Dass es gut tut, sich mit Pflanzen zu umgeben, weiß schon jedes Wichtelkind. Besonders stilsicher präsentieren sich Pflanzen in diesem Blumentopf.

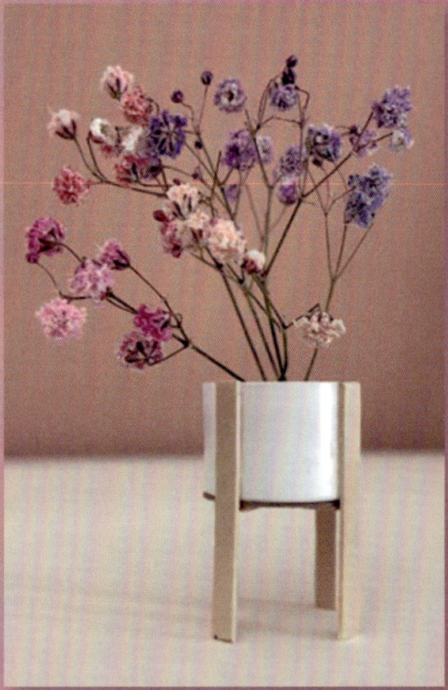

Material

- gerader, weißer Deckel
- 2 Holzstäbchen
- Papprest
- kleiner Trockenblumenzweig
- Kleber

1

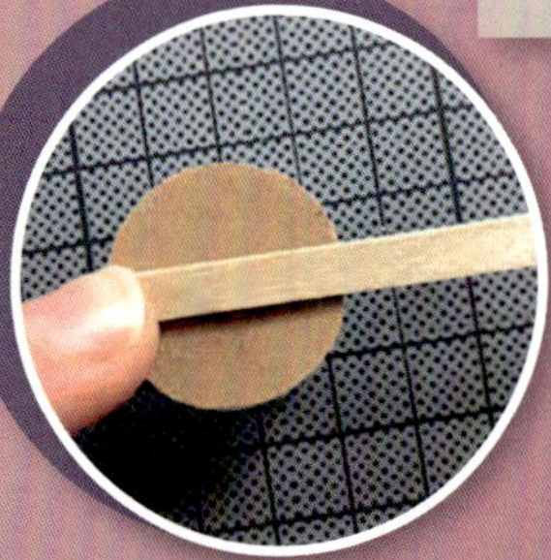

Falls du einen nach innen gewölbten Deckel verwendest, klebe zuerst ein passendes rundes Stück Pappe auf, um eine gerade Fläche zu erhalten. Überprüfe dann wie lang das erste Stäbchen sein muss und schneide es zu.

2

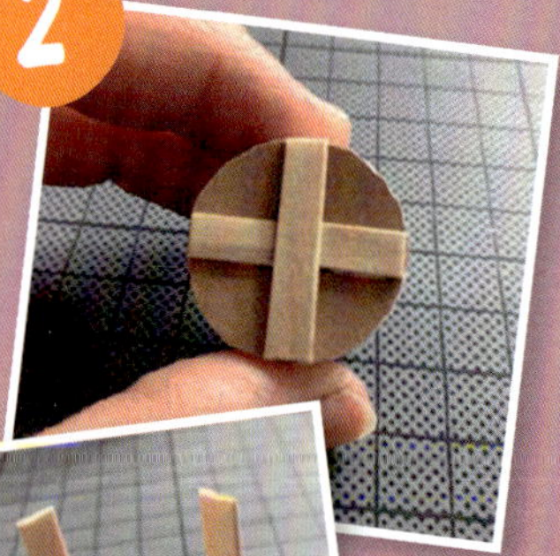

Jetzt links und rechts vom ersten Stäbchen je ein kurzes Stäbchen ankleben.

3

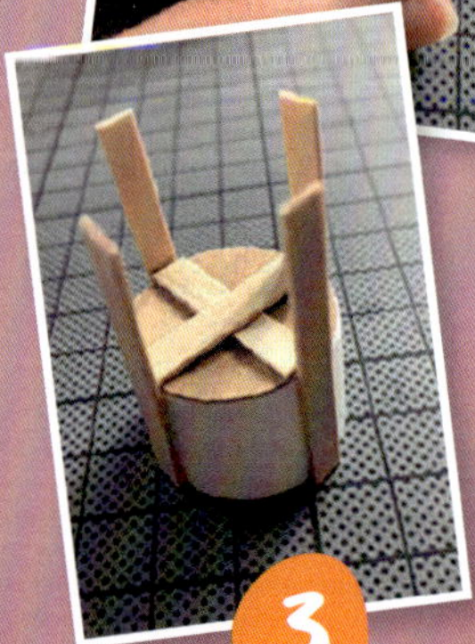

Die vier Beine schneidest du in der gewünschten Länge zu und klebst sie von außen an den Deckel. Gut trocknen lassen!

4

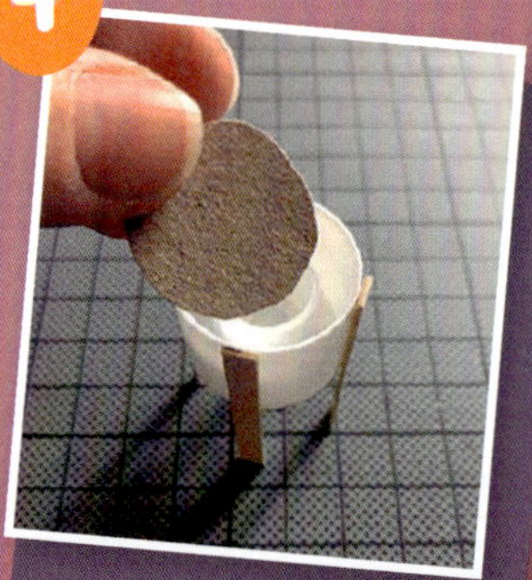

Dreh den Blumentopf um. Damit das Blumenarrangement einen guten Stand hat, schneidest du noch einen Pappkreis aus und piekst nach Bedarf Löcher hinein. Zum Schluss Blumen bzw. Zweig durch die Pappe stecken.

TISCHLAMPEN
IN SCHWARZ-WEIß UND IM RETRO-LOOK

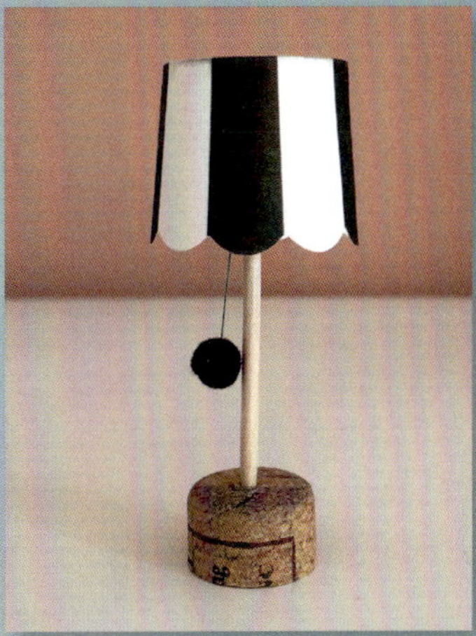

Anstatt uns darüber zu ärgern, dass es abends wieder so früh dunkel wird, stellen wir lieber eine schicke Lampe auf und erfreuen uns an der coolen Optik.

2

MATERIAL

- Pralinenkapsel
- Korken
- Holzspieß
- Mini-Pompom
- Nähnadel + Garn
- Cutter

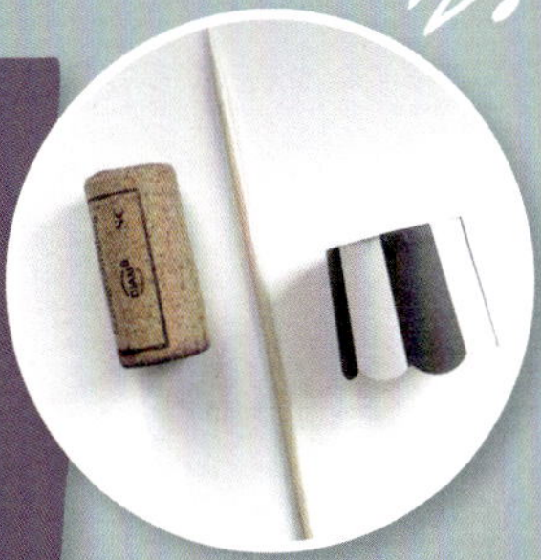

1. Mithilfe der Nähnadeln in die Mitte der Pralinenkapsel ein Loch bohren.
2. Den Holzspieß und den Korken auf die gewünschte Länge kürzen.
3. Den Spieß durch die Pralinenkapsel und dann in den Korken stecken.
4. Jetzt noch Nähgarn durch den kleinen Pompom ziehen und oben am Spieß befestigen.

3

MATERIAL

- Nasenspray-Deckel (idealerweise in Gelb)
- Holzspieß
- Knete in Gelb
- evtl. Sprühlack in Gelb
- Schere
- Kleber

1. Kürze den Holzspieß auf die gewünschte Länge und klebe ihn von außen an den Deckel.
2. Forme mit der Knete einen schönen Lampenfuß.
3. Stecke den Spieß mit dem Lampenschirm in den Lampenfuß.

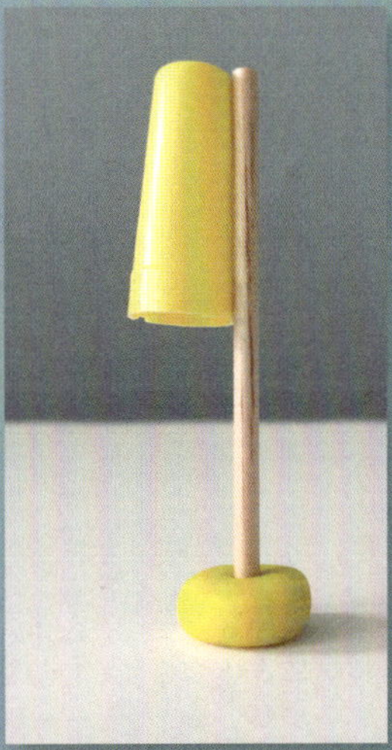

TIPP: *Falls du keinen gelben Deckel zur Hand hast oder deine Lampe in einer ganz anderen Farbe gestalten möchtest, kannst du den Deckel einfach mit Farblack besprühen.*

4

Kamin mit Feuerholz

Eine alte Wichtelweisheit besagt: Nichts geht über einen gemütlichen Abend vorm Kamin! Also gönn deinem Besucher einen Moment der Ruhe und Entspannung.

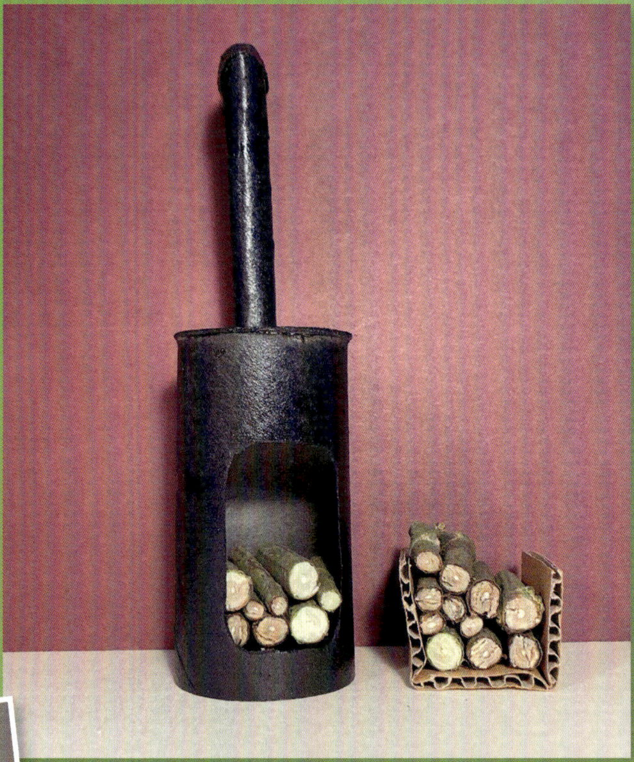

Material

- 2 Klopapier-Papprollen
- ein Stück braune Paketpappe
- ein Stück Pappe, ca. 1–2 mm stark
- einen kleinen geraden Zweig für das Feuerholz
- Gartenschere
- schwarze Farbe
- Bastelkleber
- evtl. Klebeband

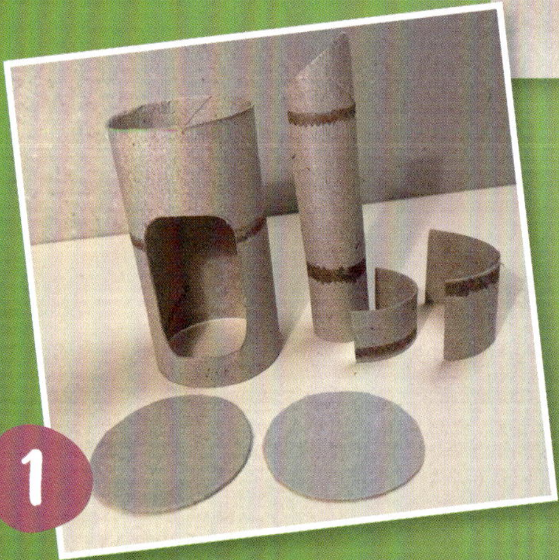

1

In eine Klorolle ein großes Loch schneiden.

Aus der zweiten Rolle drei Stücke für das Rohr zurechtschneiden und so zusammenkleben, dass sich eine Biegung ergibt. Nimm ruhig auch Klebeband zur Hilfe, damit es besser hält.

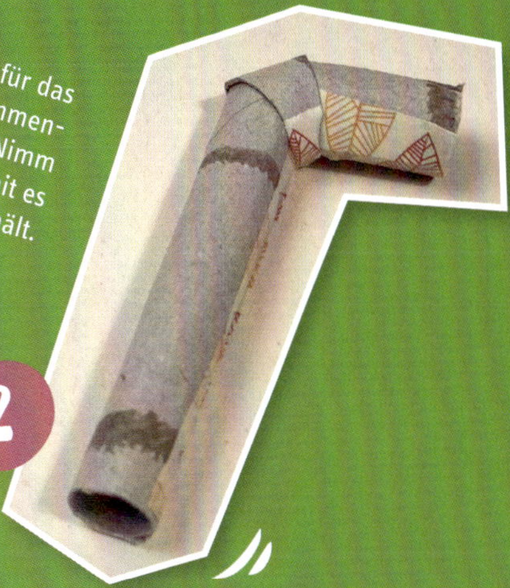

2

TIPP: *Alternativ kannst du für das Rohr auch Strohhalme benutzen!*

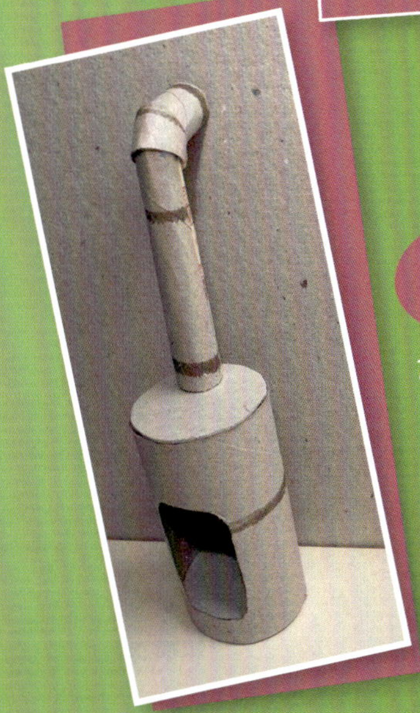

3

Zwei passende Kreise aus der dünnen Pappe schneiden: der eine wird als Kaminboden in, der andere auf die Papprolle geklebt.

4

Die braune Paketpappe in drei etwa gleich große Stücke schneiden und wie auf dem Foto zusammenkleben. Für besseren Halt kannst du hinten noch ein schmales Stück als Verbindung einkleben.

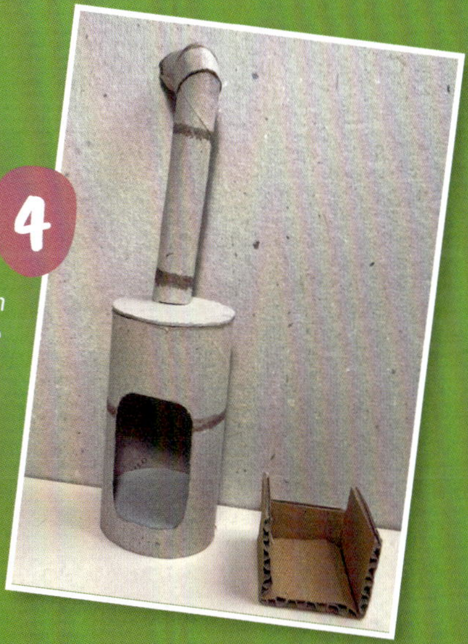

Alles mit schwarzer Farbe ansprühen oder anmalen!

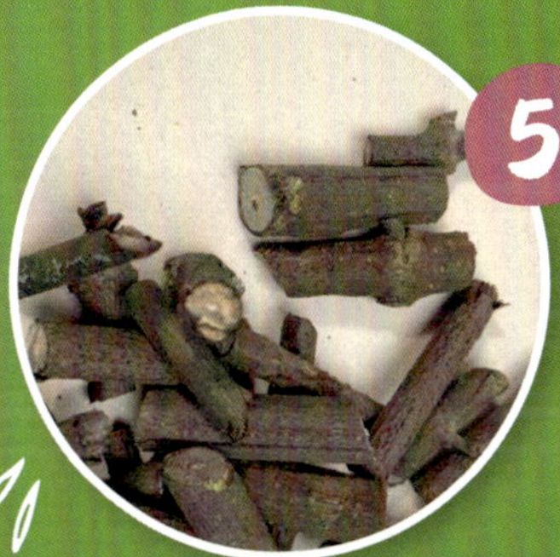

5

Nun noch den Zweig mit einer Gartenschere in kleine „Holzscheite" schneiden und den Kamin sowie das Kaminholzfach befüllen!

Mini-Vasen aus Bügel- und Holzperlen

Sie sind klein, superschnell gemacht, lassen sich beliebig befüllen und sehen auch noch toll aus!

QUICK & EASY

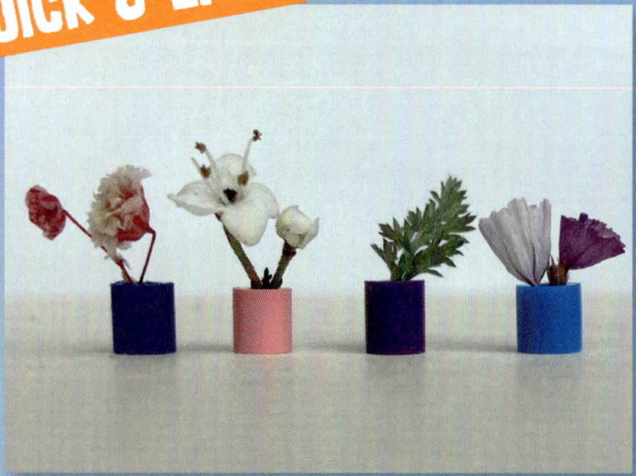

5

Material

- Bügelperlen
- Miniblüten, getrocknet oder frisch

1 Die kleinen Bügelperlen aufstellen oder auf eine beliebige Fläche kleben.

2 Passende Blüten aussuchen und in die Vasen setzen.

QUICK & EASY

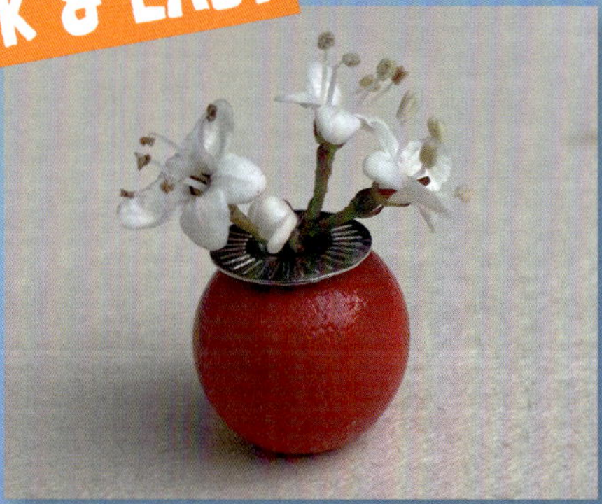

6

Material

- Holzperle, ø 1 cm
- Jeansknopf, ø etwas kleiner als die Perle
- Miniblüten, getrocknet oder frisch

1 Steck den Knopf in die Perle. Falls das Loch zu klein ist, kannst du es mit einem Bohrer oder einer spitzen Feile etwas vergrößern.

2 Die Kugelvase mit kleinen Blüten befüllen.

7

Makramee-Wandbehang

Dass Wichtel ziemlich stilsicher sind, sollte spätestens in dem Moment klar sein, in dem die Makramee-Deko an der Wand auftaucht!

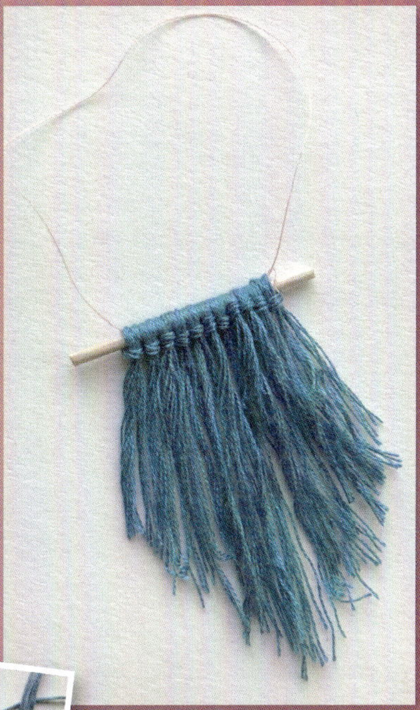

Material

- 2 Zahnstocher
- 12 Stücke Wollfaden oder Perlgarn (glänzend) in beliebiger Farbe, je 20 cm lang
- Nähgarn

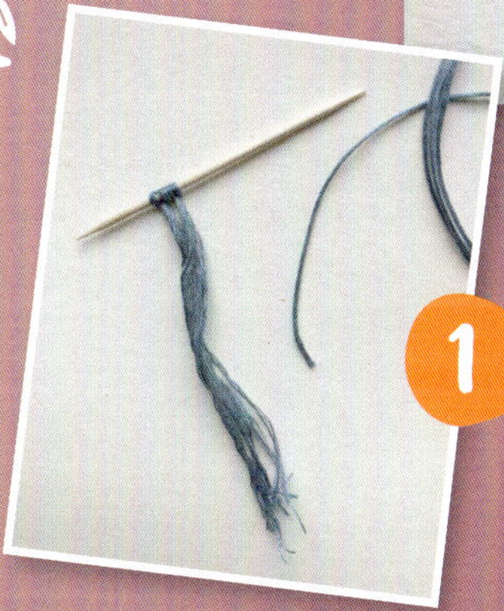

1 Knote jedes Wollstück nacheinander einzeln am Zahnstocher fest.

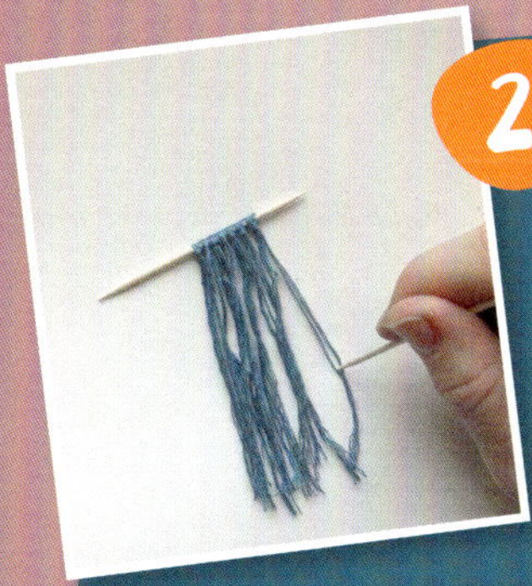

2 Zieh einmal mit dem zweiten Zahnstocher durch die Fäden, sodass sich die einzelnen Stränge aufdrehen und die Struktur schön fluffig wird.

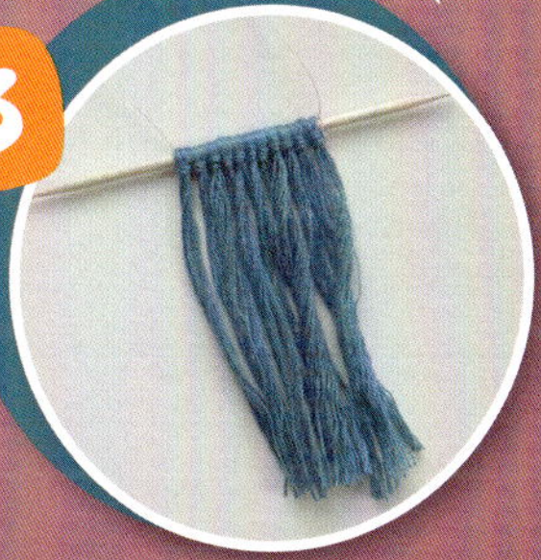

3 Kürze den Zahnstocher ggf. auf die gewünschte Breite und bringe das Nähgarn an beiden Enden als Aufhängung an.

4 Schneide die Fäden zur Mitte hin spitz zulaufend zu.

KERZEN IN PISTAZIENSCHALEN UND IM GUTE-LAUNE-KERZENHALTER

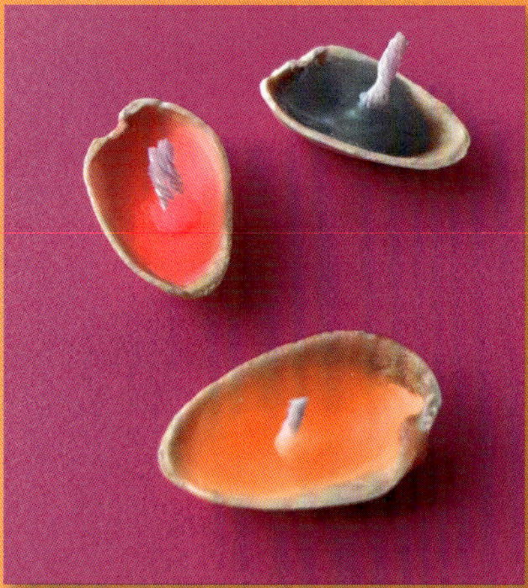

Wichtel sind echte Romantiker. Darum lieben Sie es, Kerzen aufzustellen und das flackernde Licht zu genießen.

8

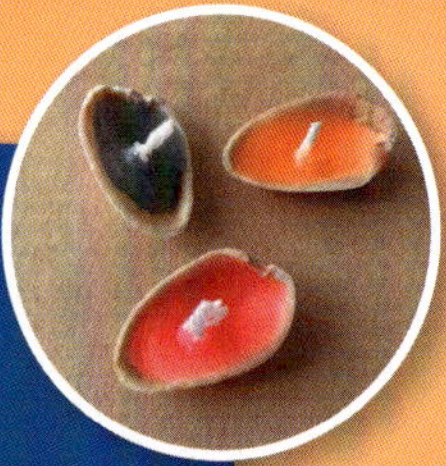

MATERIAL

- Pistazienschalen
- Kerzenreste in verschiedenen Farben
- Baumwollfaden in Weiß, je 1 cm lang
- Bastelkleber
- Feuerzeug
- Pinzette

1. Etwas Kleber auf die Baumwollstückchen auftragen, damit sie sich nicht auftrennen.
2. In jede Schalenhälfte einen Faden legen und vorsichtig etwas Wachs von einer angezündeten Kerze hineintröpfeln lassen. Dabei den Faden mit der Pinzette möglichst gerade halten, damit er mittig in der Kerze sitzt.
3. Das Wachs erkalten und hart werden lassen.

QUICK & EASY

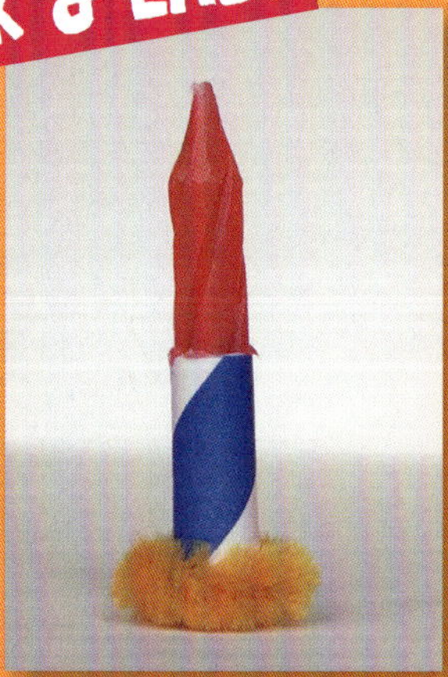

9

MATERIAL

- Papierstrohhalm
- Geburtstagskuchenkerze
- Pfeifenreiniger

1. Strohhalm und Kerze auf die gewünschte Länge zuschneiden.
2. Kerze in den Strohhalm stecken.
3. Ein kleines Stück Pfeifenreiniger unten um den Halm wickeln – schon hat der Kerzenhalter Standfestigkeit und sieht cool aus!

10 Kerzenständer

Was darf auf keiner Festtafel und beim Candle-Light-Dinner nicht fehlen? Na klar: Kerzen. Besonders stimmungsvoll wirken sie natürlich in einem schönen Kerzenständer.

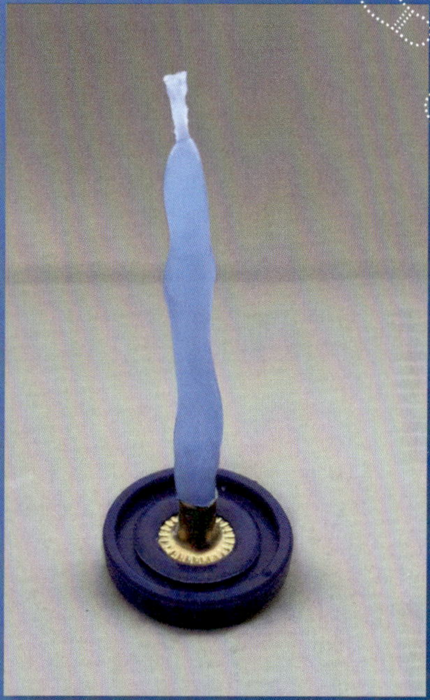

Material

- Hosenknopf
- Baumwollfaden in Weiß, 4 cm lang
- Kerzenrest in beliebiger Farbe
- leerer Joghurtbecher o.Ä.
- Bastelkleber
- Klebefilm

1. Auf den Faden etwas Kleber auftragen, damit er sich nicht auftrennt.
2. An einem Ende ca. 5 mm breit etwas Klebefilm anbringen, damit an diese Stelle kein Wachs gelangt.
3. Etwas Kerzenwachs in den Joghurtbecher geben und im Wasserbad schmelzen.
4. Den Faden durch das flüssige Wachs ziehen, kurz antrocknen lassen. Den Schritt so lange wiederholen, bis die Kerze den passenden Durchmesser hat (bei kleinen Hosenknöpfen reicht drei- bis viermal).
5. Bevor das Wachs fest wird, die Kerze immer wieder mit dem Finger glattstreichen, damit sie gerade wird. Bei Bedarf Kerze und/oder Docht kürzen.

11 KUSCHELKISSEN

Kissen sind toll, das ist gar keine Frage! Und je mehr Kissen, desto toller – das ist ja wohl auch klar, oder?

MATERIAL

- Stoffreste
- Stickgarn oder Baumwollfaden (wenn du die Kissen von außen umnähen möchtest, sollte das Garn nicht zu dünn sein)
- Watte oder anderes weiches Füllmaterial
- Sticknadel

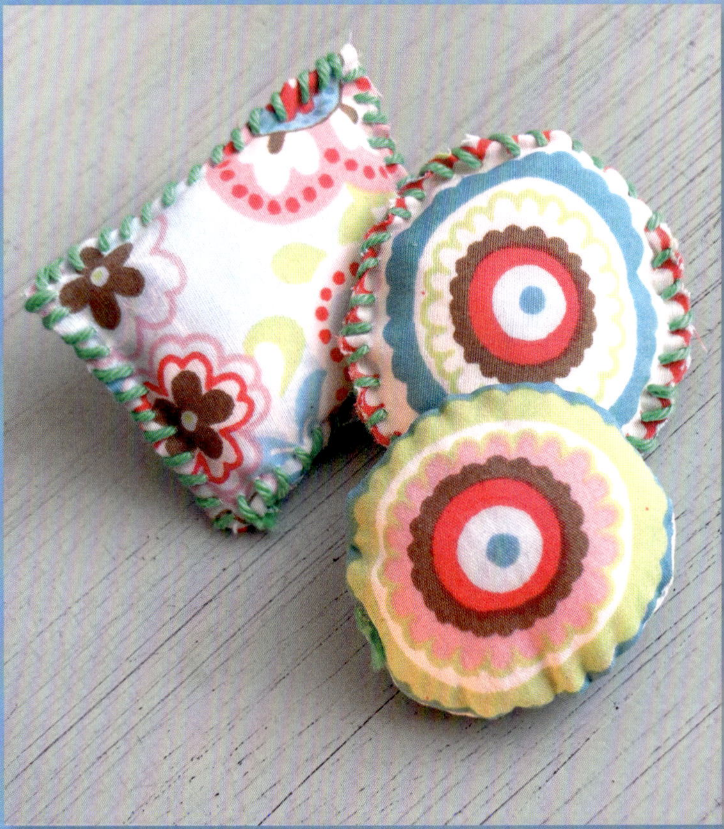

1

Aus dem Stoff zwei gegengleiche Stücke ausschneiden (rund oder eckig). Die Teile mit der unbedruckten Seite aufeinanderlegen.

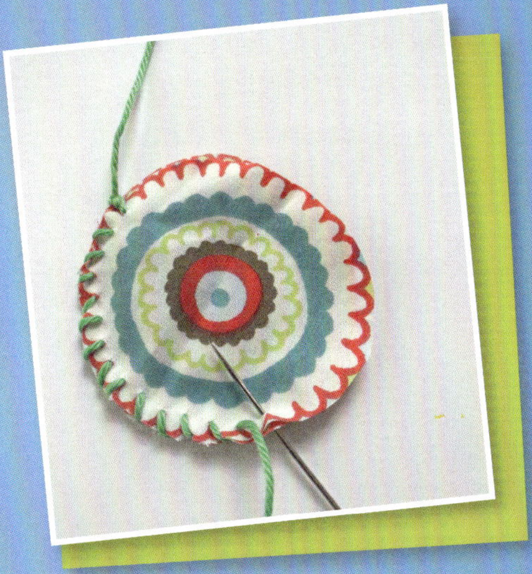

2

Mit gleichmäßigen Stichen um die Stoffteile herumnähen, dabei die Naht zum Schluss etwa zwei Fingerbreit offenlassen.

3

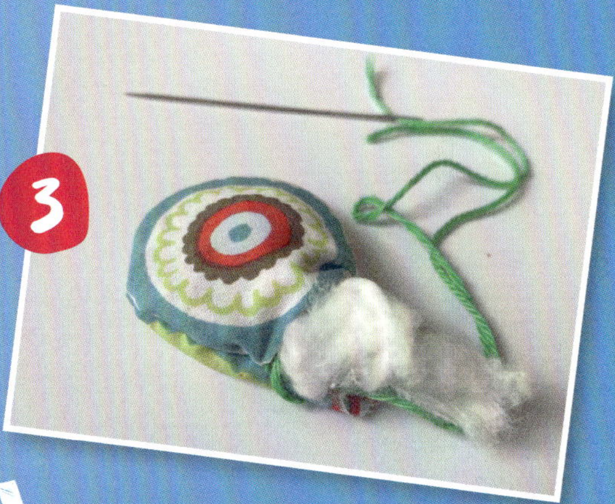

Das Kissen durch die Öffnung mit Watte ausstopfen.

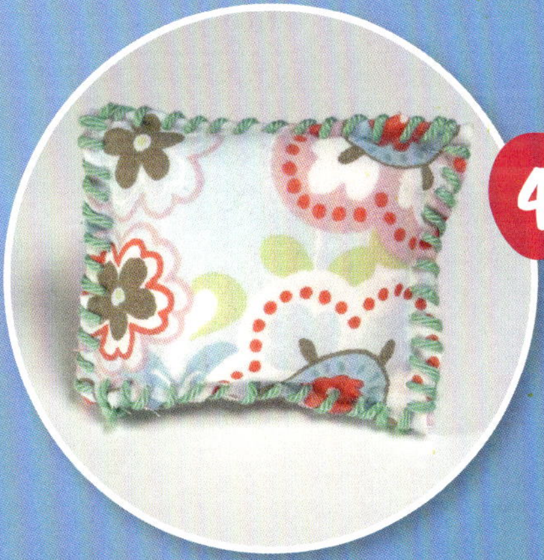

4

Die Öffnung schließen und die Fäden verknoten.

***TIPP**: Du kannst das Kissen auch mit einer innenliegenden Naht zusammennähen. Dafür legst du zu Beginn die bedruckten Seiten aufeinander, nähst die beiden Teile mit einem Geradstich ca. 5 mm vom Rand entfernt zusammen und lässt eine kleine Wendenaht. Dann das Kissen wenden, mit Watte ausstopfen und die Öffnung mit einem Matratzenstich schließen.*

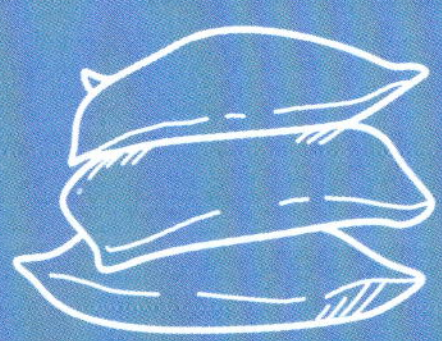

12 WANDREGAL

QUICK & EASY

Gib deinem Wichtel mit diesem Regal die Möglichkeit, seine Lieblingsstücke gebührend zu präsentieren!

MATERIAL

- Eisstäbchen aus Holz
- Cutter
- Schmirgelpapier
- Bastelkleber

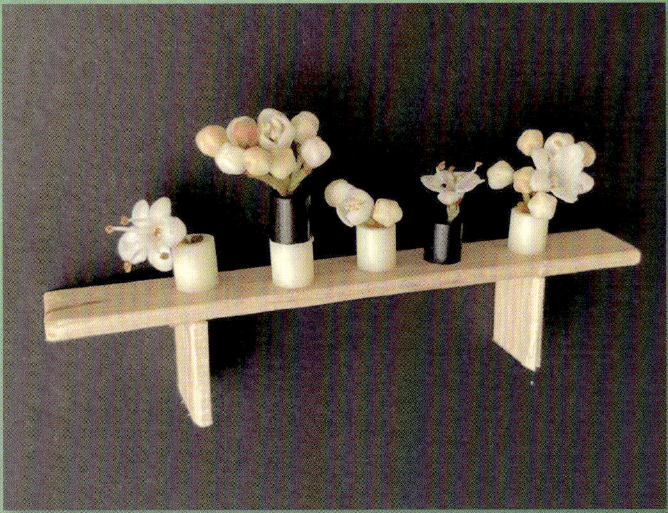

1. Das Eisstäbchen mit dem Cutter zuschneiden: 1x 7 cm lang und 2x ca. 1,2 cm lang.
2. Die Enden mit Schmirgelpapier glätten.
3. Die kurzen Stücke jeweils senkrecht auf die Unterseite des langen Bretts kleben.

TIPP: *Das Regal kannst du z. B. mit doppelseitigem Klebeband an der Wand befestigen!*

13

Regalboxen

Eine Regalbox kommt selten allein! Mehrere Boxen in unterschiedlichen Größen unter- und nebeneinander aufgehängt, sehen richtig gut aus.

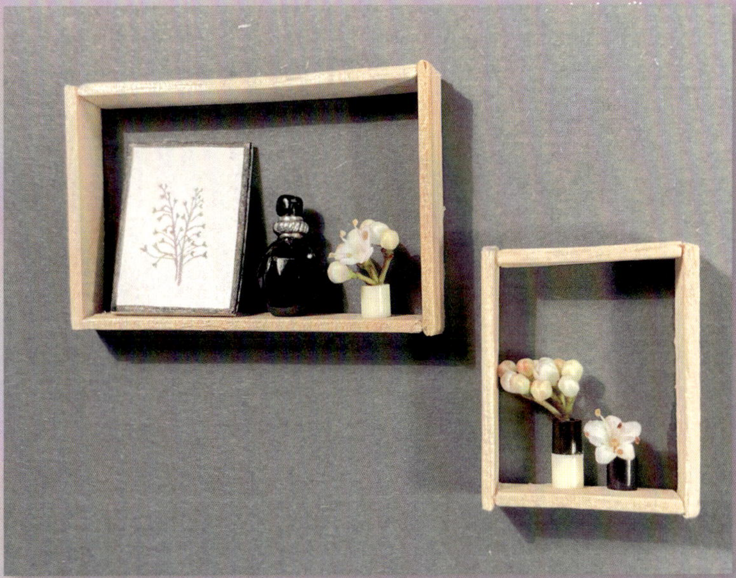

Material

- 3 Eisstäbchen aus Holz
- Schmirgelpapier
- Bastelkleber

1

Die Eisstäbchen zuschneiden, z. B. 4x 3,8 cm, 2x 6 cm und 2x 3 cm lang. Du kannst die Maße aber auch nach Belieben wählen.

2

Die Enden mit Schmirgelpapier glätten.

3

Mit Bastelkleber 4 Holzstücke an den Enden zu einem Rahmen zusammenkleben. Trocknen lassen und etwas nachschmirgeln.

TIPP: *Die Boxen kannst du beliebig dekorieren, z.B. mit Flakons oder Bügelperlenvasen. Was auch schick aussieht: ein kleines Bild – selbstgemalt oder aus einer Zeitschrift ausgeschnitten – auf einem Stück Pappe aufkleben und einen Rahmen drumherum malen!*

14

GARDEROBENLEISTE

Hier findet so manche Zipfelmütze ihren Platz und ist dabei immer in greifbarer Nähe.

MATERIAL

- Eisstäbchen
- 3 BH-Haken
- Acrylfarbe in Rot
- Schmirgelpapier
- Bastelkleber

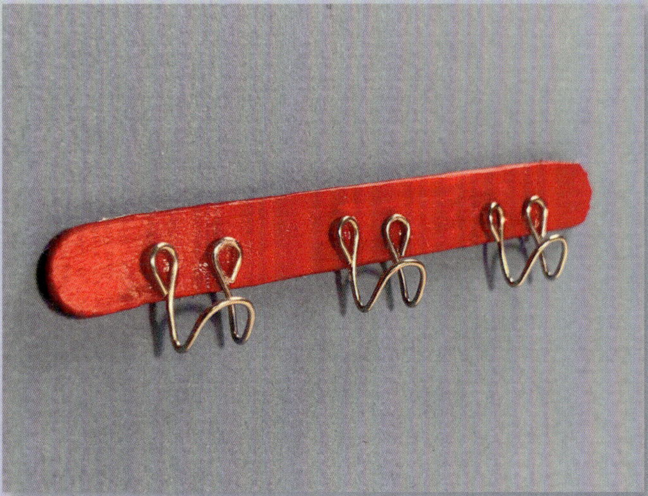

1 Das Eisstäbchen beliebig kürzen und am Ende wieder rund schneiden. Mit Schmirgelpapier glätten.

2 Das Stäbchen mit Acyrlfarbe einstreichen.

3 Zum Schluss die Haken vorsichtig mit Bastelkleber in gleichmäßigen Abständen befestigen.

TIPP: *Möchtest du eine längere Garderobe, dann kürzt du das Stäbchen einfach nicht. Du brauchst dann aber auch mehrere Haken.*

15

GARDEROBENSTÄNDER

Wenn sich mal Wichtelbesuch ankündigt, ist ein Garderobenständer für alle Mäntel und Jacken äußerst praktisch.

MATERIAL

- Korken
- 2 Holzspieße
- Eisstiel oder Bastelholzstäbchen
- Cutter
- Kleber

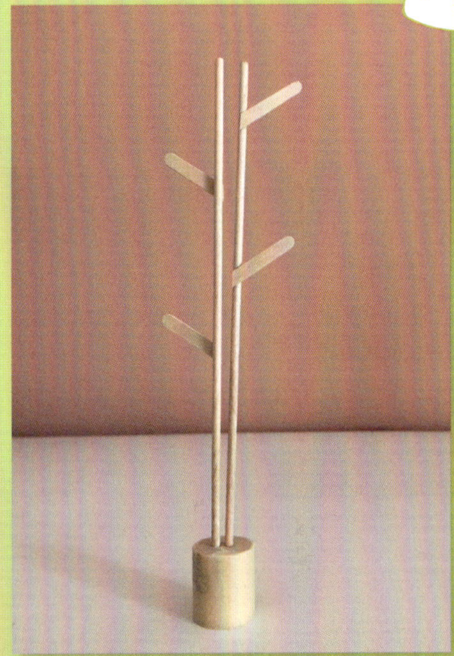

1 Den Korken mit dem Cutter auf die gewünschte Länge zuschneiden.

2 Das Holzstäbchen in 1-2 cm lange Stücke schneiden.

3 Die Stäbchenstücke – am besten versetzt – auf die Spieße aufkleben.

4 Jetzt werden die Spieße nur noch in den Korken gesteckt!

16

SCHICKE BEISTELLTISCHE
IN MEHREREN VARIANTEN

QUICK & EASY

So ein Tischchen ist ziemlich praktisch, um allerlei Kleinigkeiten abzulegen, Blumen aufzustellen oder Plätzchen zu servieren.

BUNT, BUNTER, BEISTELLTISCH!

Material

- Dosendeckel, ø 5 cm
- 4 Stiftkappen in verschiedenen Farben

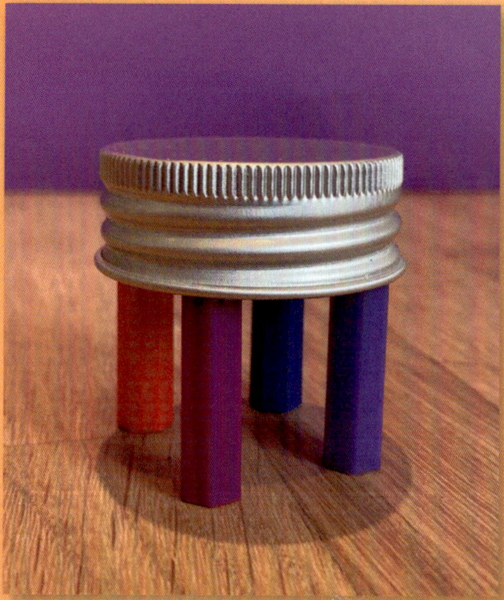

1. Zeichne ein Kreuz auf die Unterseite des Deckels.
2. Richte die Stiftkappen am Kreuz aus und klebe sie von unten an den Deckelrand.

Zeigt her eure (Tisch-)Füße!

Material

- Alu-Deckel, ø 5 cm (alternativ kannst du auch ein runde Holzscheibe oder einen Kreis aus dickerer Pappe verwenden)
- Deckel von einer Brausetablettendose ODER passender Schrankknopf
- Cutter
- Zange
- Bastelkleber

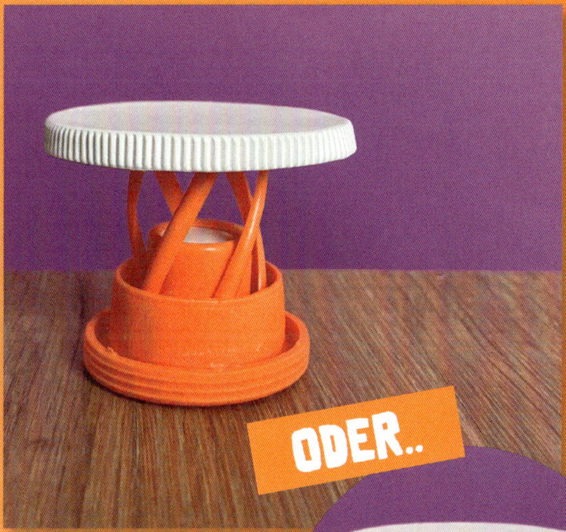

ODER..

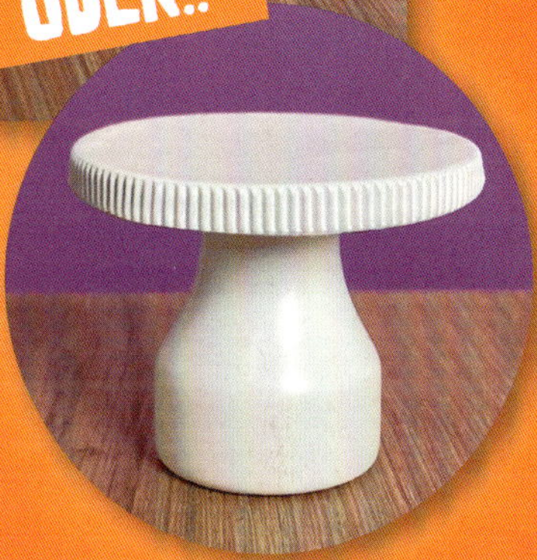

1 Schneide den Deckel mit einem Cutter schmaler und biege den Rand mit der Zange sauber nach innen.

2 Jetzt klebst du den Brausetabletten-Deckel bzw. den Schrankknopf mittig auf die Unterseite des Deckels.

3 Nun kannst du den Tisch noch beliebig lackieren und dekorieren.

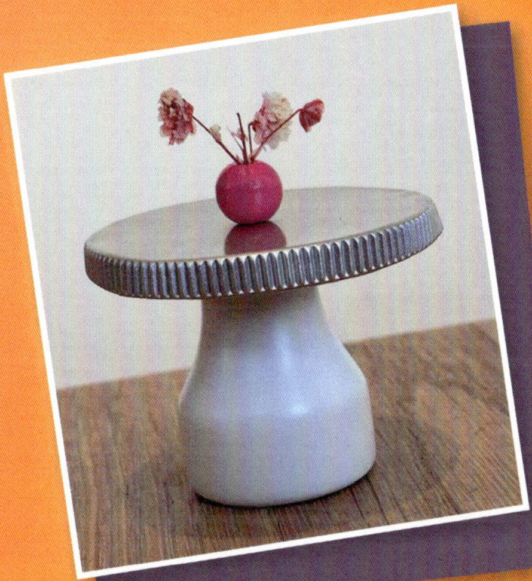

17 KORDEL-PFLANZTOPF

Selbst die allerschönste Pflanze ist ohne den richtigen Topf nur halb so hübsch.

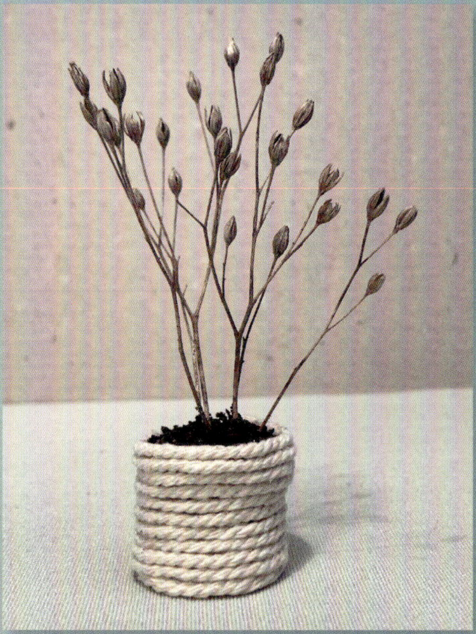

MATERIAL

- feste Makramee-Kordel
- Pappkreis, ø 2,5–3 cm
- etwas Knete
- passende Trockenblume
- etwas Blumenerde
- Kleber

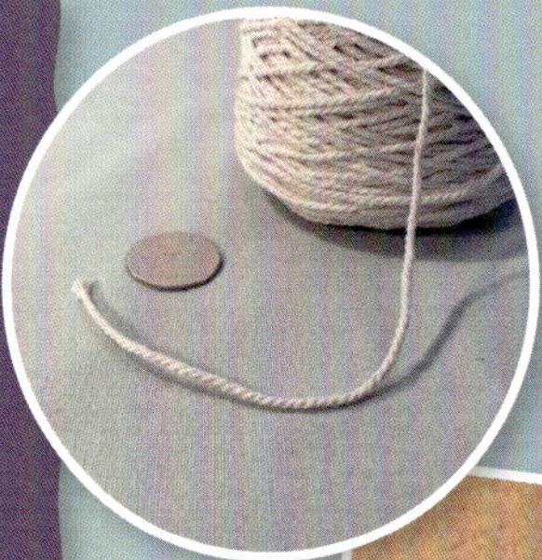

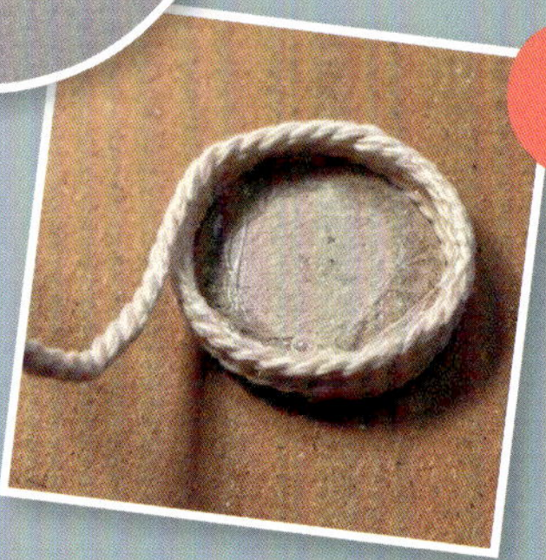

1 Rundherum am Rand des Pappkreises dünn Kleber auftragen. Die Kordel sauber auf den Klebstoff auflegen.

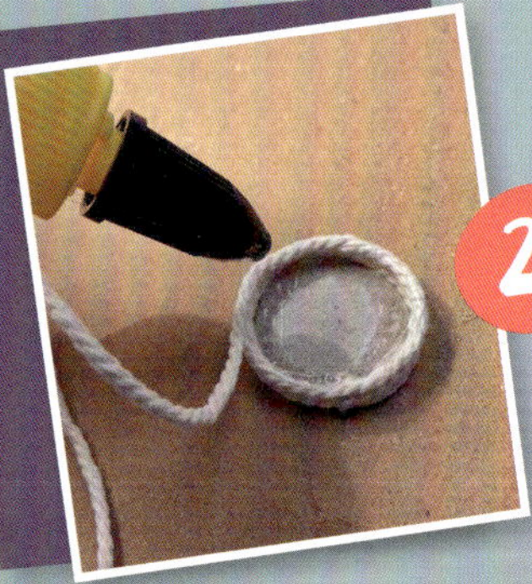

2 Nun Klebstoff auf die erste Kordelreihe auftragen und eine weitere Reihe auf diese setzen.

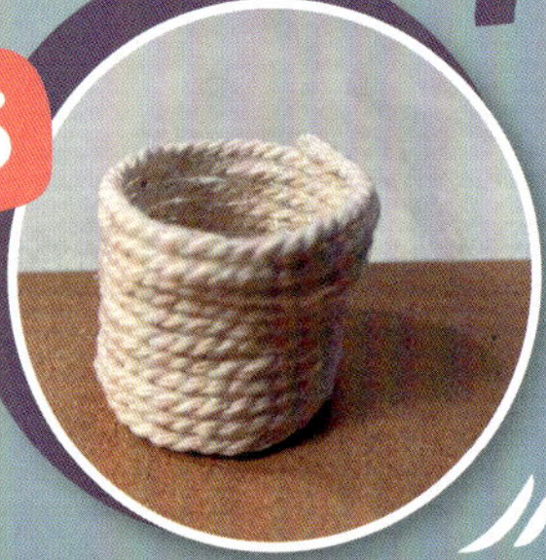

3 Fahre in dieser Weise fort, bis dein Topf ca. 3 cm hoch ist und eine schöne Proportion hat. Ggf. nochmal nachformen und den überstehenden Rand der Pappe vorsichtig abschneiden.

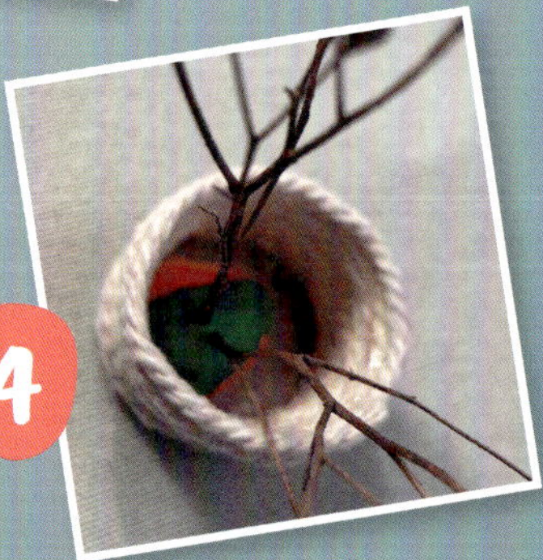

4 Mit etwas Knete die Trockenblume mittig im Topf befestigen. Zum Schluss vorsichtig ein wenig Erde in den Topf füllen.

18 Posterleiste

Kleine und große Kunstwerke können mithilfe dieser Posterleiste ausgestellt und bewundert werden.

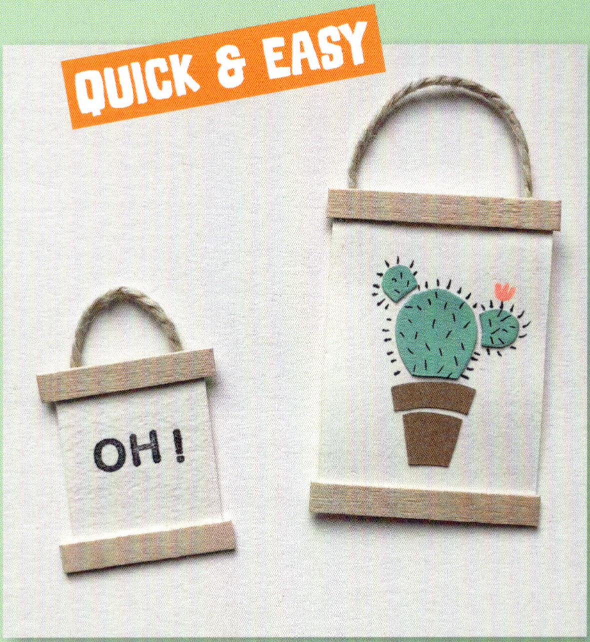

Material

- Holzstäbchen
- selbst gestaltetes Bild oder Bild aus Zeitschrift
- Kordel, 5 cm lang
- Kleber

1. Schneide aus dem Holzstäbchen zwei gleich lange Stücke zu.
2. Klebe auf dein Bild oben und unten jeweils ein Holzstück auf.
3. Bring die Kordel auf der Rückseite des Bildes als Aufhängung an.

19 SCHUBLADEN-KOMMODE

Der perfekte Aufbewahrungsort für Kerzen, Servietten oder Besteck!

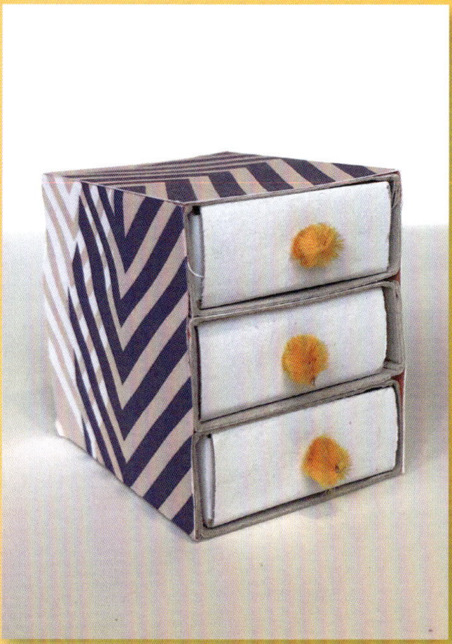

MATERIAL

- 3 Streichholzschachteln
- Pfeifenreiniger
- Motivkartonrest
- Kleber
- Nähnadel

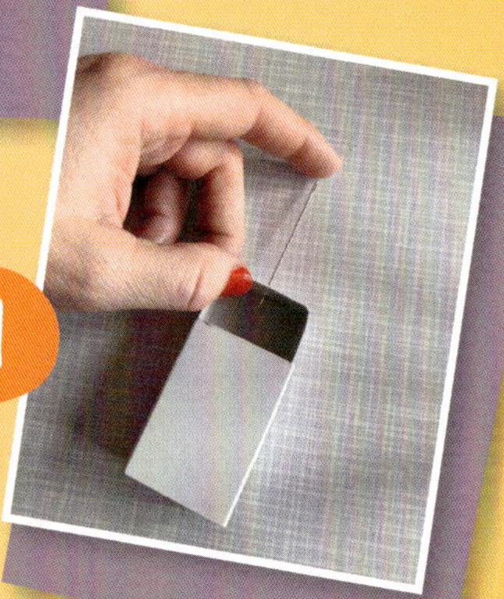

1. Stich mit einer Nähnadel in jede „Schublade“ ein kleines Loch.

2. Schneide vom Pfeifenreiniger drei kurze Stücke ab und stecke sie jeweils durch ein Loch in der Schublade.

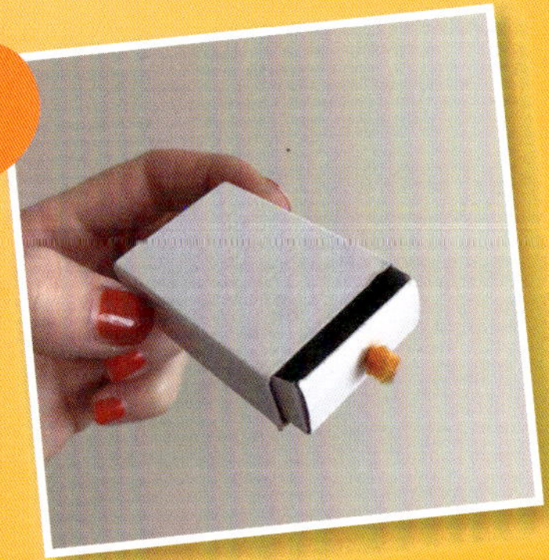

3. Klebe die Streichholzschachteln aufeinander.

4. Beklebe die Ober- und Rückseite, sowie die Seitenteile mit dem Motivkarton.

20 STANDSPIEGEL

Spieglein, Spieglein mit gutem Stand,
wer ist der frechste Wichtel im ganzen Land?

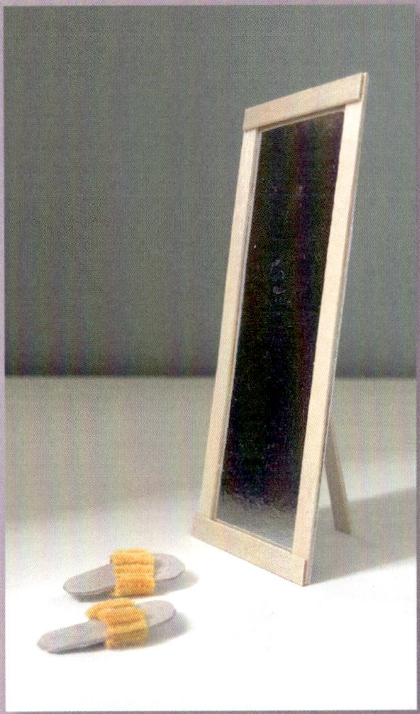

MATERIAL

- 4 Holzstäbchen
- Karton mit Frischhaltefunktion
- Cutter
- Kleber

1 Schneide den Karton im gewünschten Format zu.

2 Schneide die Stäbchen für den Spiegelrahmen passend zu und klebe sie auf die silberfarbene Seite des Kartons.

3 Verwende ein Holzstäbchen als Standfuß. Ritze das Stäbchen mit ca. 1 cm Abstand von einem Ende an und knicke es.

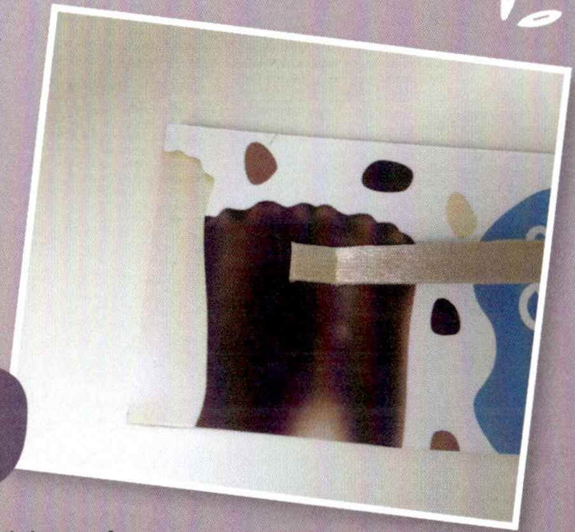

4 Auf die kleine Fläche Kleber auftragen. Den Standfuß auf der Spiegelrückseite anbringen und trocknen lassen.

21 Hocker mit Sitzkissen

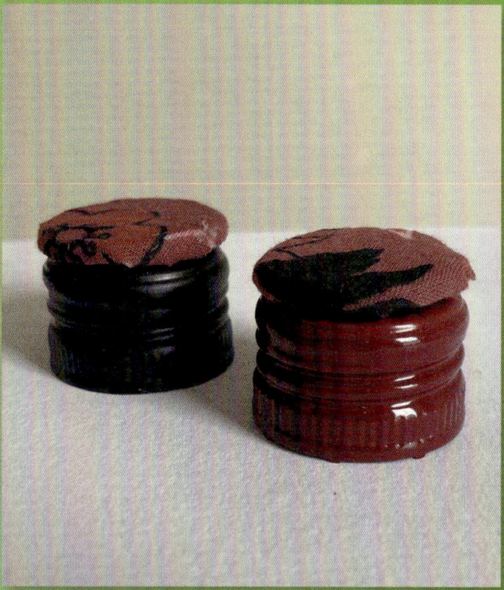

So ein Hocker ist schnell gemacht und immer einsatzbereit, wenn man eine Sitzgelegenheit braucht.

Material

- Weinflaschendeckel
- Papperest
- Stoffrest
- Klebestift

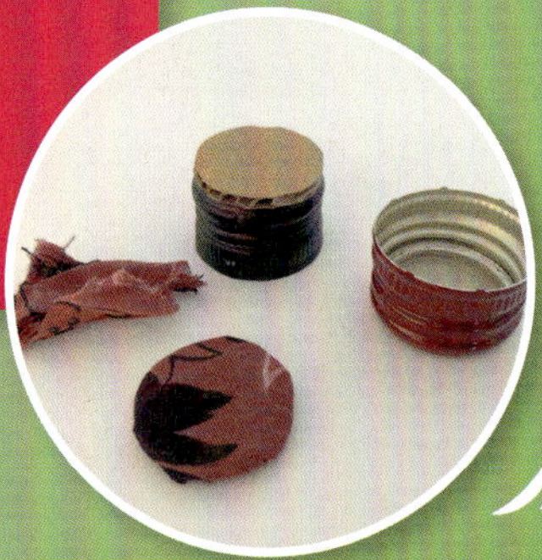

1 Schneide für den Weindeckel aus der Pappe einen passenden Kreis aus

2 Aus dem Stoff einen etwas größeren Kreis zuschneiden und diesen fest über den Pappkreis ziehen. Mit Klebestift den Stoff auf dem Pappkreis fixieren.

3 Das fertige Sitzkissen auf die Oberseite des Weindeckels kleben.

TIPP: *Wenn du etwas dickeren Stoff verwendest, klappt das saubere Einschlagen der Pappe besser, wenn du den überstehenden Rand des Stoffes keilförmig einschneidest.*

22

Hocker auf Füßen

Selbst, wenn kein Wichtel auf diesem Hocker Platz nimmt, sorgt er mit seiner skandinavischen Optik für das gewisse Etwas.

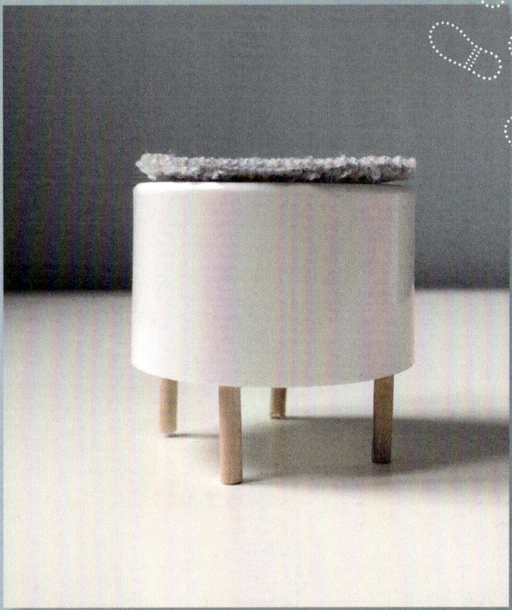

Material

- Deckel
- Holzspieß
- Mikrofasertuch
- Klebeband

1 Schneide vom Spieß vier gleich lange Stücke für die Standfüße ab.

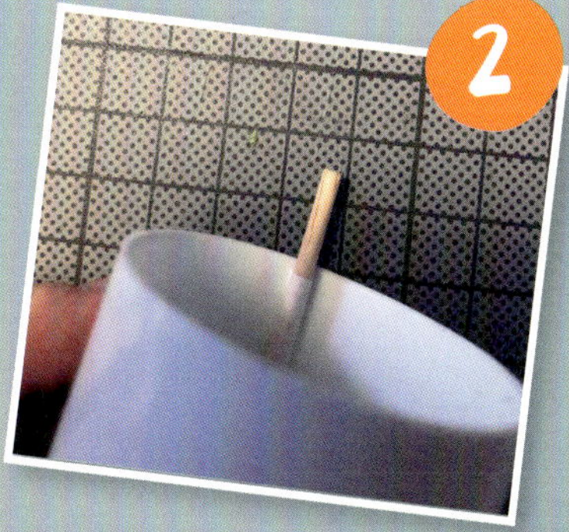

2 Befestige die Füße gleichmäßig mit Klebeband von innen am Deckel.

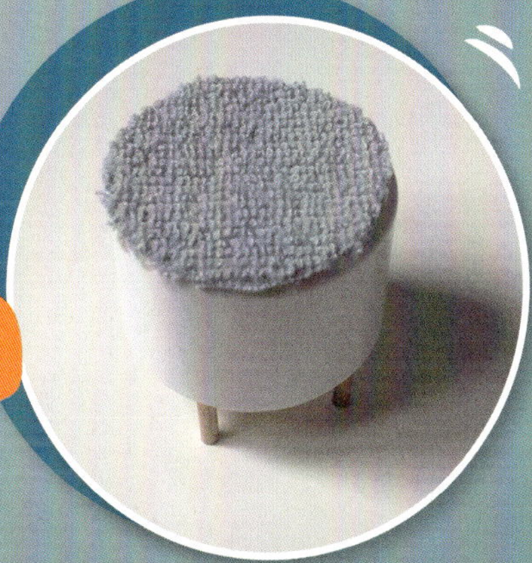

3 Jetzt noch aus einem Mikrofasertuch ein passendes Kissen ausschneiden.

23

EDLE CHAISELONGUE

Wer viel Schabernack treibt, muss auch mal eine Pause einlegen. Gemütlicher, als auf dieser Liege, ist das kaum vorstellbar!

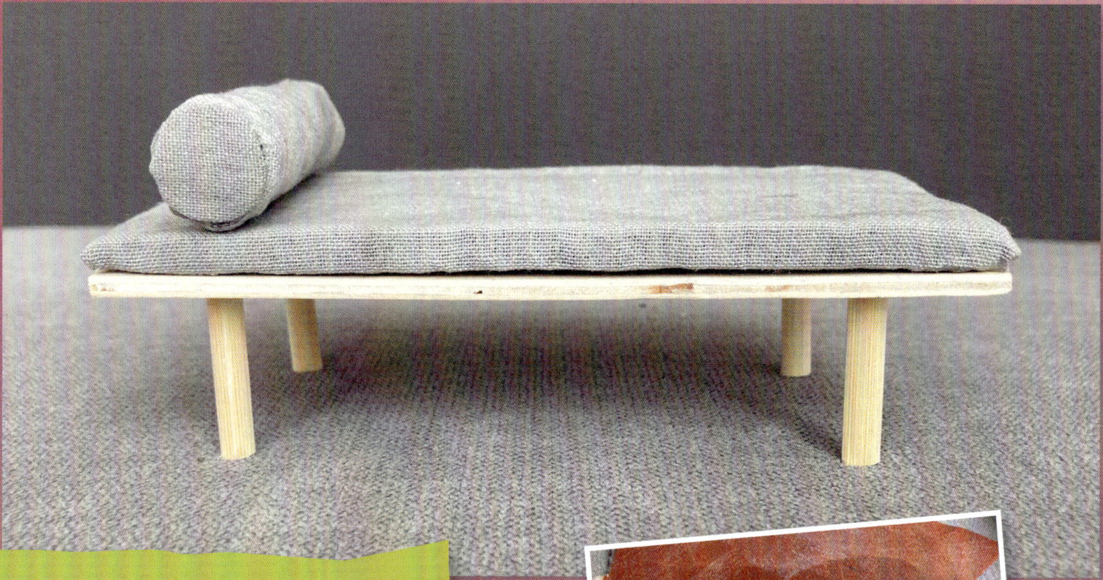

MATERIAL

- Sperrholzrest (evtl. auch dicke Pappe), 15 cm x 7 cm
- 1–4 Einweg-Essstäbchen
- dicke Pappe, 14,5 cm x 6,5 cm
- Baumwollstoff in Grau oder Weiß, 17,5 cm x 10 cm plus Rest für das Kissen
- leere Toilettenpapierrolle
- dünner Kartonrest
- Rosenschere
- Schmirgelpapier
- Heißkleber
- Klebestift
- Bastelkleber

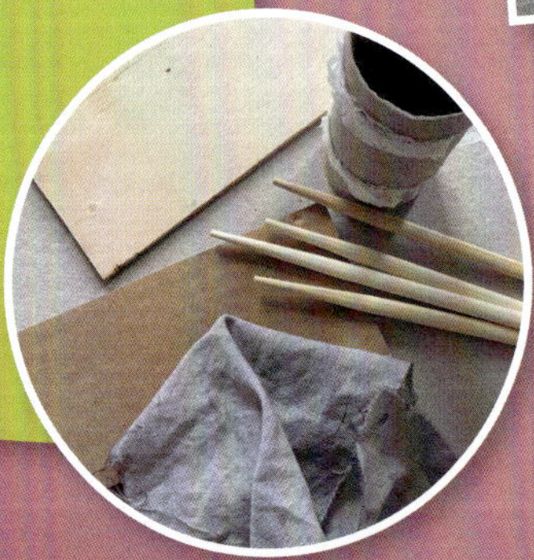

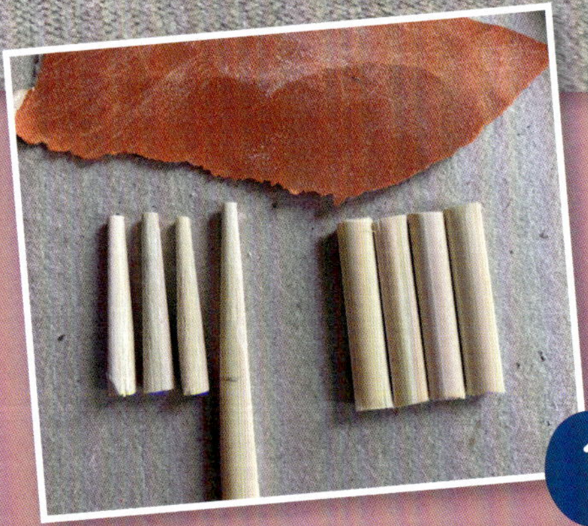

1

Für gerade Beine ein Stäbchen in etwa 3 cm lange Stücke schneiden. Möchtest du kegelförmige Beine, schneide von vier Stäbchen jeweils das spitz zulaufende Ende ab. Die Schnittkanten mit feinem Schmirgelpapier glätten.

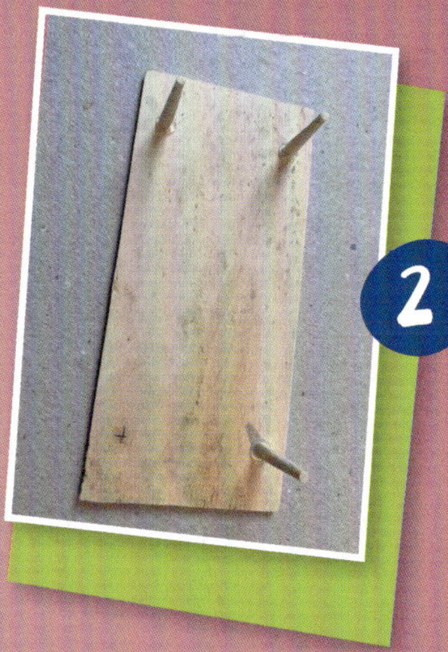

2 Die Beine mit Heißkleber im gleichmäßigen Abstand auf das Sperrholz kleben.

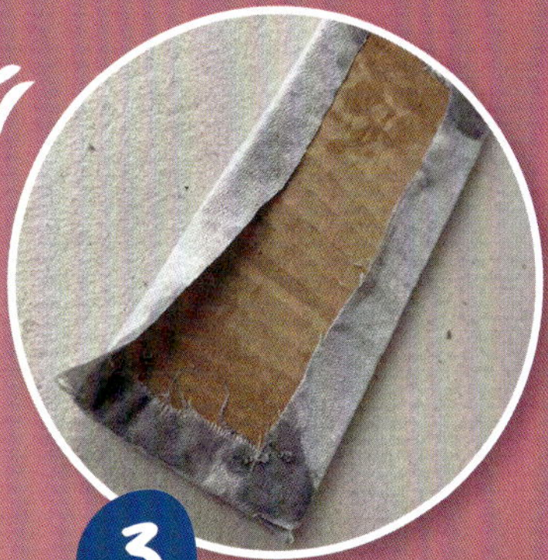

3 Trage Klebestift auf die Pappe auf und klebe den Stoff schön glatt fest. Die überstehenden Stoffränder auf der Unterseite mit Bastelkleber fixieren.

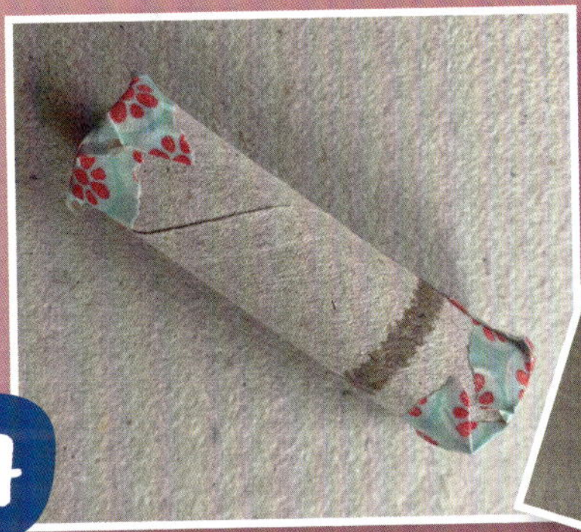

4 Schneide für das Kissen aus der Toilettenpapierrolle ein 6,5 cm langes Stück zu. Die Breite kannst du selbst wählen: zusammengerollt sollte das Kissen max. 2 cm Durchmesser haben. Klebe die Rolle zusammen und schließe die Enden mit Klebeband.

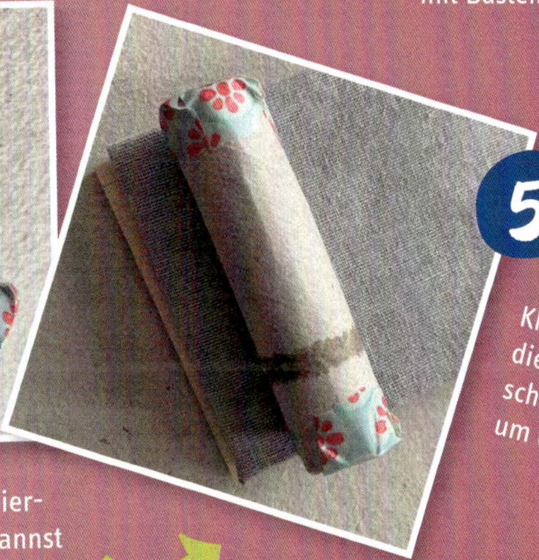

5 Klebe ein Stück Stoff um die Rolle herum und schlage den Stoff knapp um die Enden.

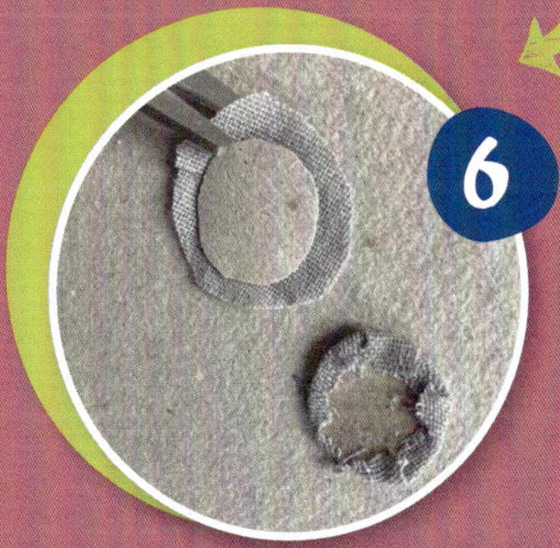

6 Aus der dünnen Pappe zwei Kreise mit dem Durchmesser der Kissenrolle zuschneiden und von einer Seite mit Stoff bekleben.

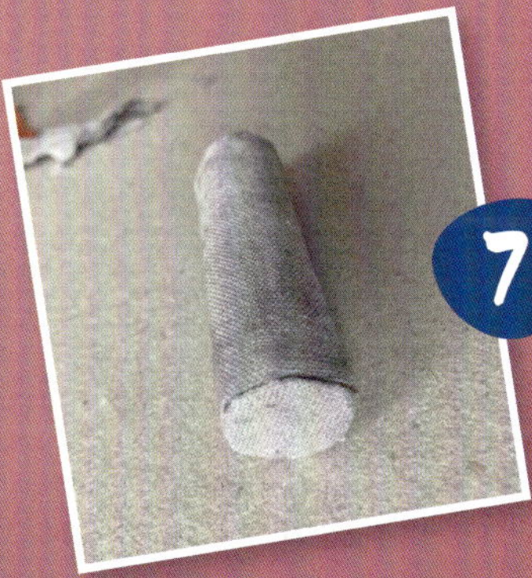

7 Die Kreise auf die Enden der Kissenrolle kleben.

24 Stehlampe

Für dunkle Abende liefert diese Lampe das perfekte Leselicht.

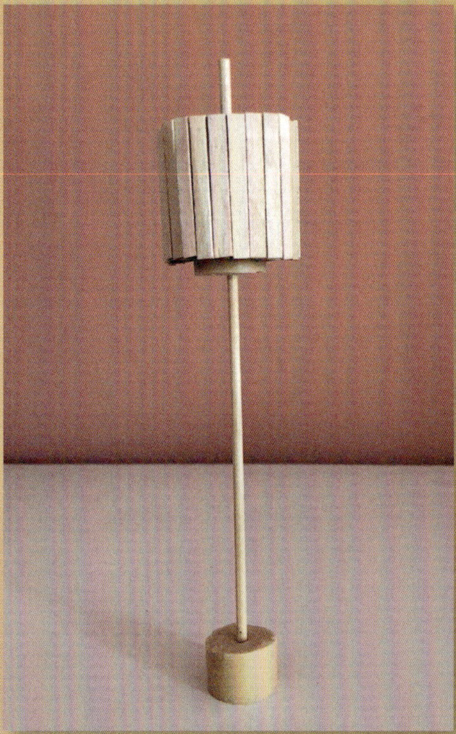

Material

- leere Toilettenpapierrolle
- ca. 20 Eisstiele oder Bastelholzstäbchen
- Korken
- Spieß
- Cutter
- Kleber

1 Schneide für den Lampenschirm die Klopapierrolle auf die gewünschte Länge.

2 Schneide die Holzstäbchen in der Höhe des Lampenschirms zu und beklebe die Rolle mit den Stäbchen.

3 Schneide aus dem Korken einen Standfuß für die Lampe sowie eine Halterung für den Lampenschirm.

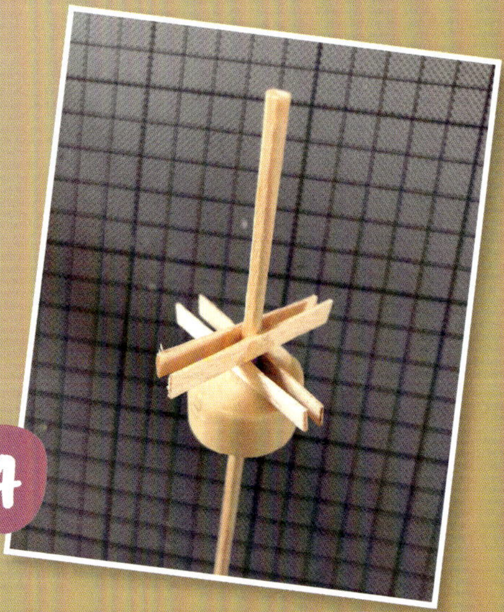

4 Vier Holzstäbchen auf die Länge des Innendurchmessers des Lampenschirms zuschneiden. Klebe sie wie abgebildet auf den Korken. Trocknen lassen!

5 Schiebe den Spieß durch die Halterung, fixiere ihn evtl. auch mit Kleber und stecke ihn dann in den Standfuß.

6 Jetzt den Lampenschirm über die Halterung schieben.

LAMPEN MIT PLISSEE- UND STOFFSCHIRM

QUICK & EASY

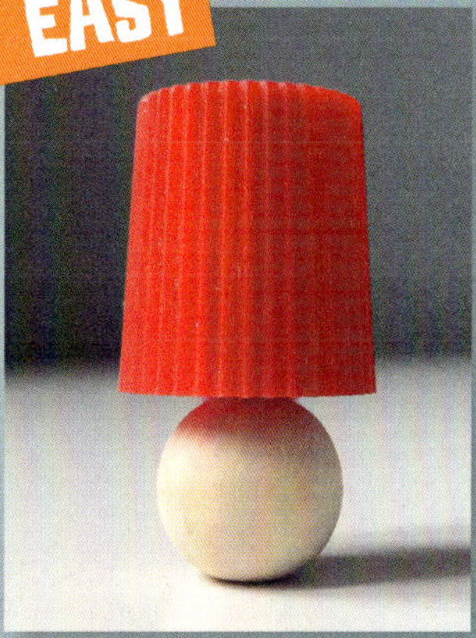

Hier eine Lampe, da noch eine – gemütliches Licht kann man ja wirklich nicht genug haben! Auch in der Küche oder im Bad sorgt ein schöner Lampenschirm für besondere Stimmung.

25

MATERIAL

- Tubendeckel
- Zahnstocher
- kleiner Pompom
- kleine Holzperle, ø 1 cm

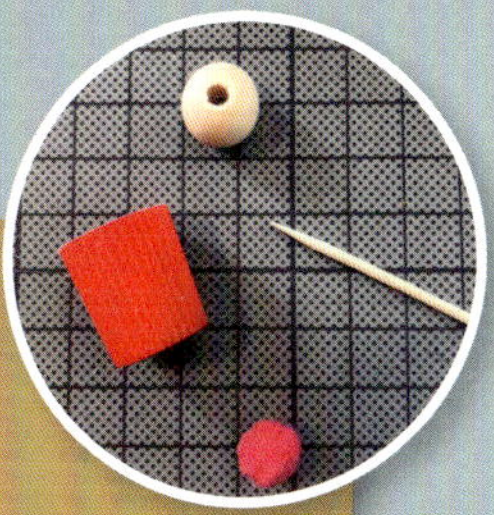

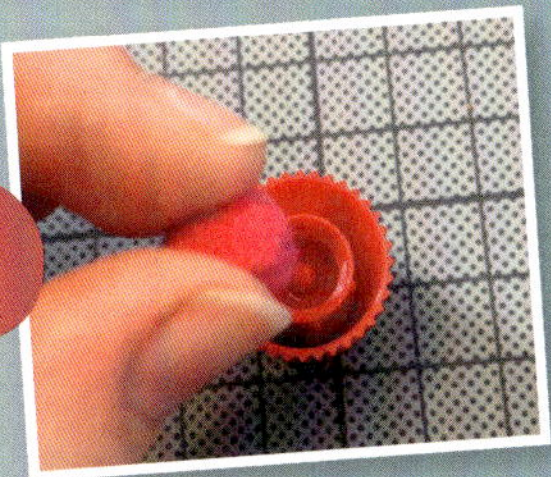

1 Pompom in Tubendeckel stecken.

2 Schneide aus dem Zahnstocher zwei gleich lange Stücke. Schiebe beide in die Holzperle.

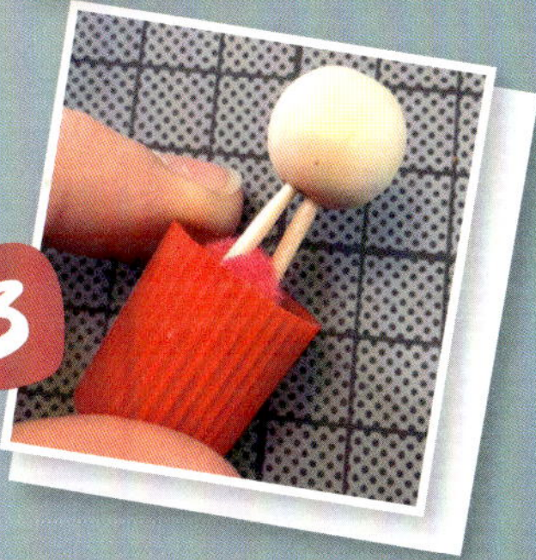

3 Die Zahnstocherbeinchen samt Kugel in den Pompom im Deckel stecken.

26

MATERIAL

- leere Klopapierrolle
- Stoffrest
- Korken
- Eisstiel oder Bastelholzstäbchen
- Cutter
- Kleber

1 Schneide die Klopapierrolle auf die gewünschte Länge. Sie ist die Basis für deinen Lampenschirm.

2 Den Stoffrest passend zuschneiden, um den Lampenschirm legen und festkleben.

3 Vier Holzstäbchen auf die Länge des Innendurchmessers des Lampenschirms zuschneiden. Klebe sie auf den Korken (s. S. 34, Schritt 4!).

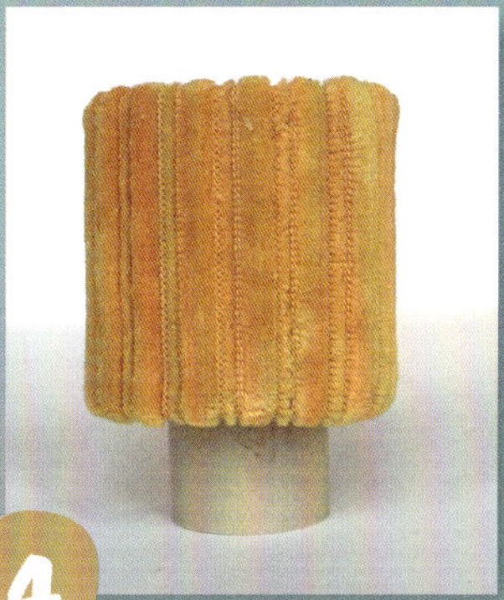

4 Jetzt den Lampenschirm über die Halterung schieben.

27 KUSCHELIGES LAMMFELL

Als Bettvorleger, vor dem Kamin oder auf dem Sessel – das weiche Lammfell sorgt sofort für eine wohlige Atmosphäre.

MATERIAL

- Teddystoffrest

VORLAGE AUF SEITE 136

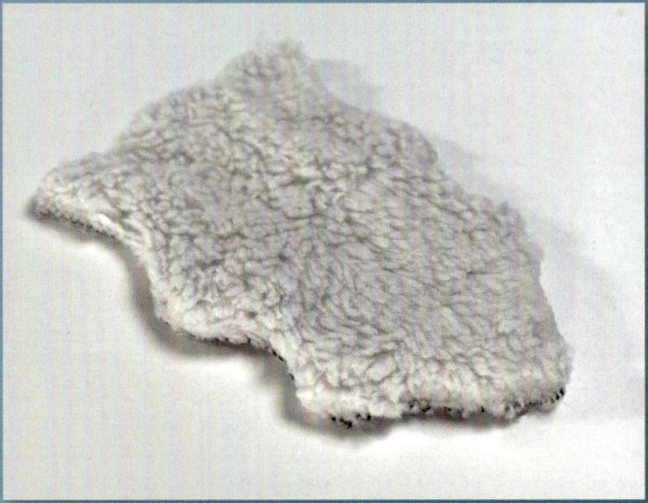

1. Übertrage die Form des Schaffells von der Vorlage auf den Teddystoff.

2. Schneide den Stoff zu und schon hast du ein gemütliches, flauschiges Fell für deinen Wichtel!

TIPP: *Du kannst den Stoff natürlich auch in jeder anderen Form zuschneiden, z.B. rund oder eckig als Sitzkissen für einen Hocker bzw. einen Stuhl.*

28 DEKOTISCHCHEN

Sowohl drinnen als auch im Garten ist dieses Tischchen sehr praktisch und kann mit Blumen oder schönen Gegenständen dekoriert werden.

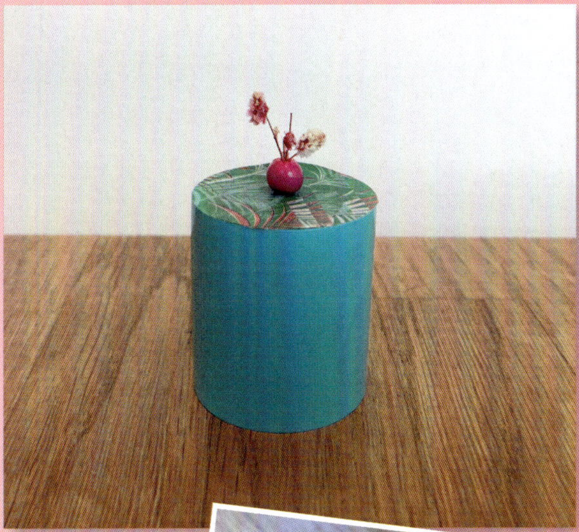

MATERIAL

- kleine Spraydosenkappe
- gemustertes Masking-Tape
- Nagelschere

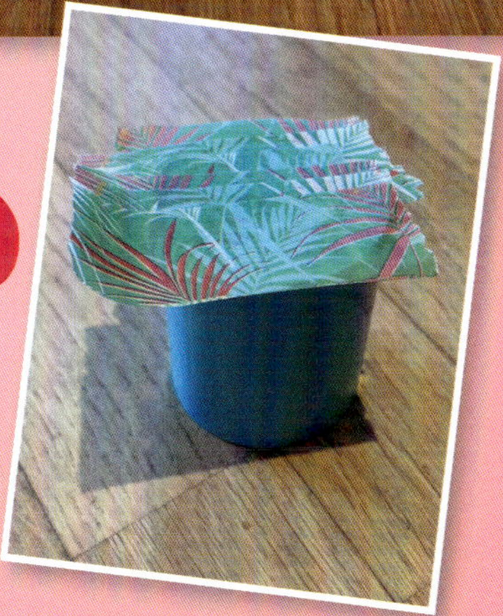

1

Beklebe die Oberseite des Deckels mit Masking-Tape (entweder die Streifen sauber nebeneinander oder leicht versetzt übereinander kleben).

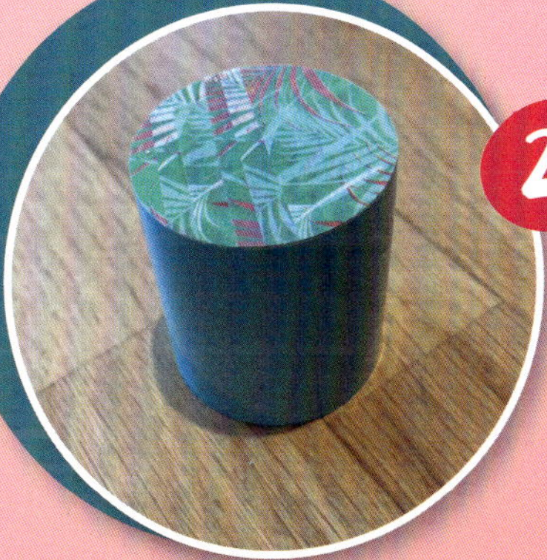

2

Klebeband, das über die Kante des Deckels hinaussteht, sorgfältig entlang der Kante abschneiden.

29 SCHRANK

Auch Wichtel lieben es (manchmal) ordentlich und verstauen ihre Lieblingsdinge griffbereit im Schrank.

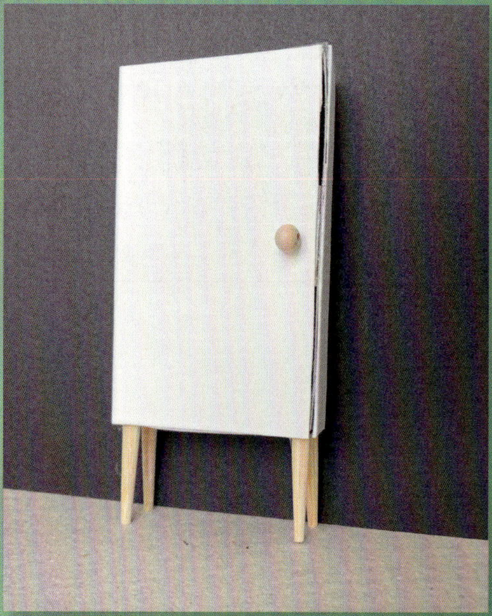

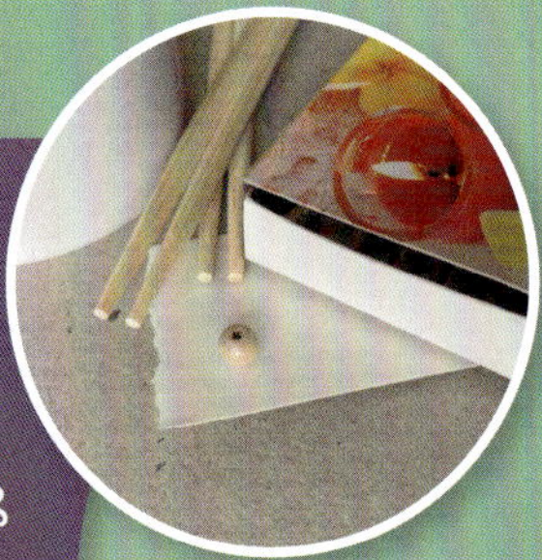

Material

- große Streichholzschachtel
- kleine Holzperle, ø 4 mm
- Acryl- oder Sprühfarbe in Weiß
- 4 Einweg-Essstäbchen
- Bastelkleber

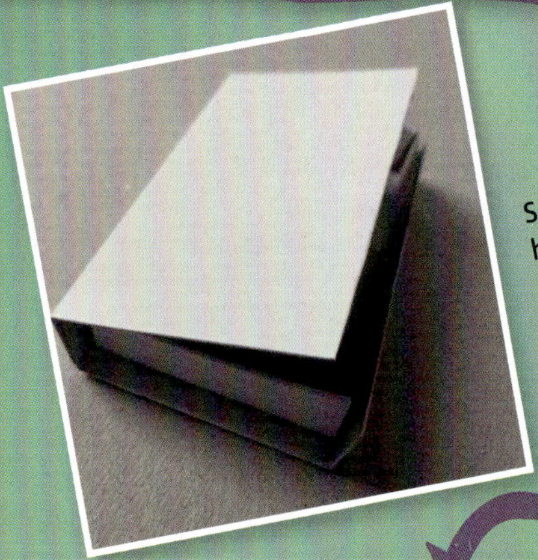

1 Schneide die Hülse der Streichholzschachtel an einer Längsseite genau an der Kante auf.

2 Klebe die Lade an der Rückseite und den beiden schmalen Seiten mit der Hülse zusammen. Die eingeschnittene Vorderseite – die Schranktür – wird nicht mit der Lade verklebt.

3 Male bzw. sprühe alles Weiß (oder in einer anderen Farbe) an.

4 Klebe die Perle als Türknauf an.

5 Schneide von den spitz zulaufenden Enden der Essstäbchen vier gleich lange Stücke zu. Klebe sie als Füße auf die Unterseite des Schranks.

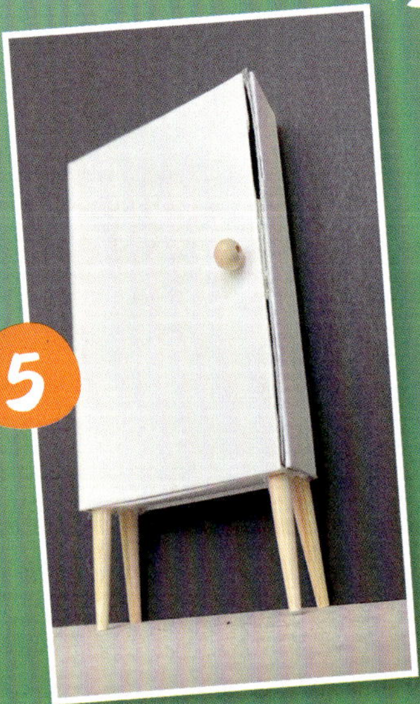

TIPP: *Richtig super sieht der Schrank aus, wenn du noch einen Schaschlikspieß als Kleiderstange oder Regalböden aus Pappe einbaust.*

30

Lounge-Sessel

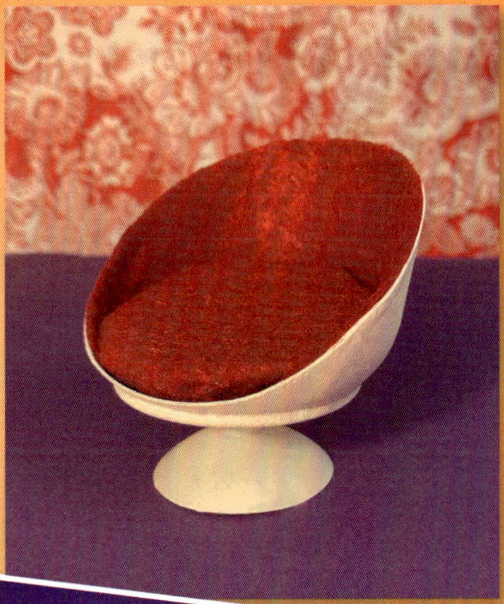

Einfach nur relaxen und entspannen muss auch mal sein! Nirgendwo klappt das besser – und stilvoller! – als in diesem Sessel.

Material

- leerer Milchreis- oder Joghurtbecher (runde Form)
- Saugnapf, ø 3–4 cm
- Stück Knete in Weiß
- Sprühfarbe in Weiß
- Filzrest in beliebiger Farbe
- 2 Wattepads
- Bastelkleber
- Cutter

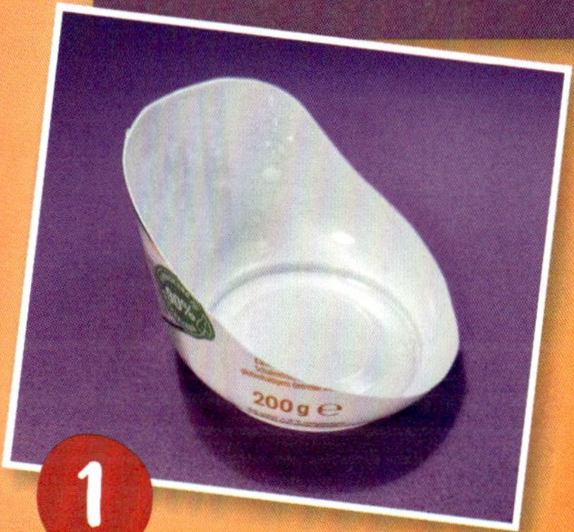

1 Zeichne auf dem Becher zunächst die Form des Stuhls auf (s. Bild) und schneide den Becher dann entsprechend zu.

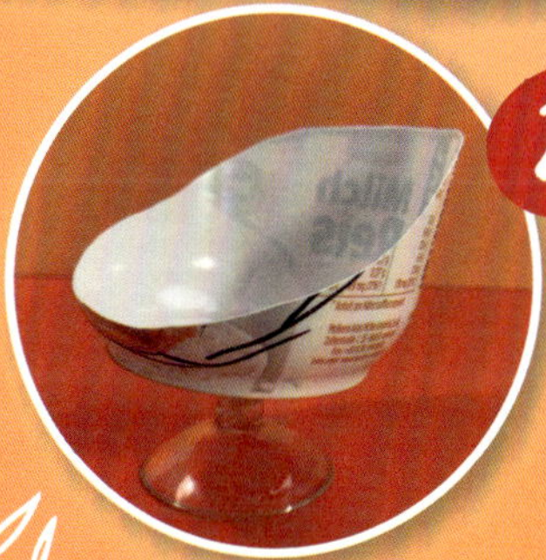

2 Befestige den Saugnapf mit Knete von unten mittig am Becherboden. Die Knete dient zusätzlich zur Verlängerung des Fußes.

3 Den gesamten Sessel mit Farbe besprühen. Trocknen lassen!

4 Für die Verkleidung der Lehne den Filz zuerst einkleben und dann alles Überstehende abschneiden.

5 Für das Kissen die Wattepads so zurechtlegen, dass sie genau auf die Sitzfläche passen. Ein Stück Filz mit etwas größerem Durchmesser als die Wattepads zuschneiden, auf die Watte kleben, unten einschlagen und nochmals festkleben.

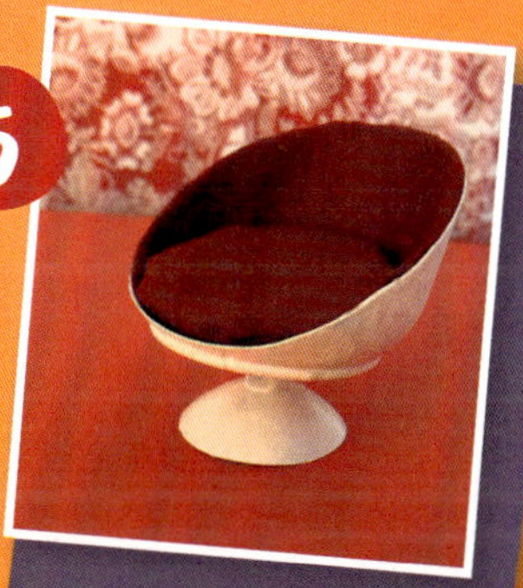

31

GOLDENER STUHL

An Festtagen – oder wenn sich dein Wichtel auch im Alltag mal königlich fühlen möchte – werden die goldenen Stühle hervorgeholt. Noch edler kann man nicht sitzen!

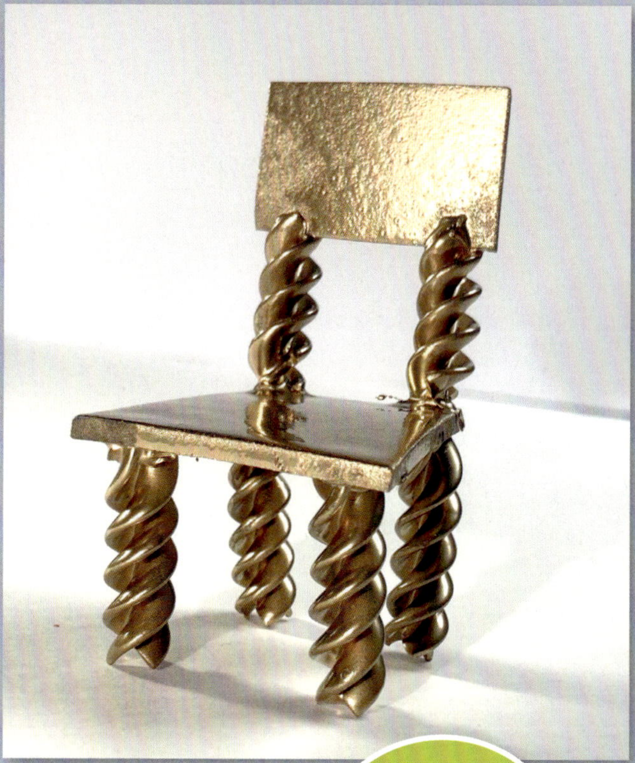

MATERIAL

- 6 Spiralnudeln, möglichst gleich lang und gerade
- Moosgummi oder Pappe, 3–4 mm stark
- Sprühlack in Goldfarben
- Heißkleber

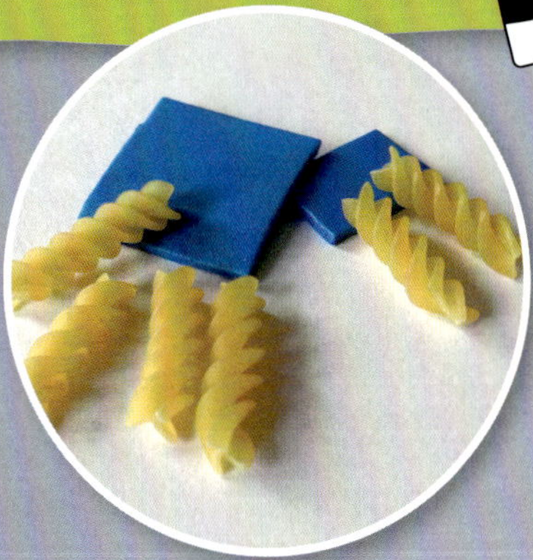

Moosgummi lässt sich sehr viel besser als dicke Pappe schneiden und bearbeiten, aber weniger gut lackieren!

1 Schneide die Rückenlehne und die Sitzfläche für den Stuhl aus Moosgummi (oder Pappe) zu.

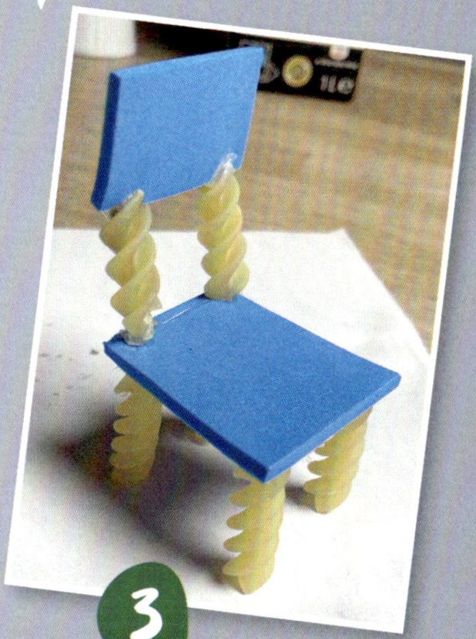

2

In alle vier Ecken der Sitzfläche jeweils eine Nudel kleben. Die Sitzfläche soll gerade sein und der Stuhl gerade stehen. Pass auf, dass der Heißkleber für das Moosgummi nicht zu heiß wird!

3

Die beiden übrigen Nudeln hinten auf die Sitzfläche kleben. Am oberen Ende die Rückenlehne befestigen.

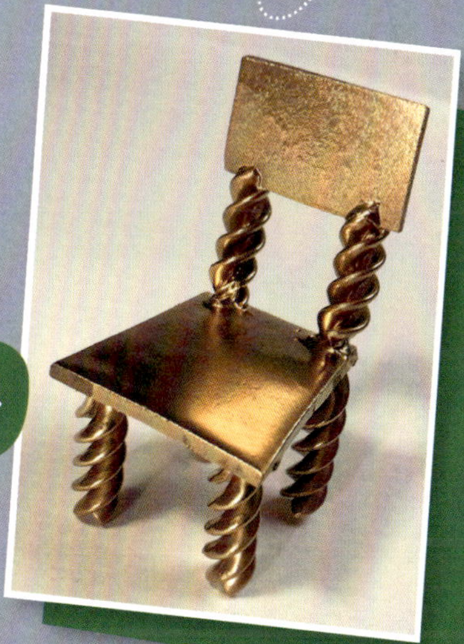

4

Den gesamten Stuhl mit Farblack besprühen. Bei Moosgummi mehrere Sprühgänge einplanen!

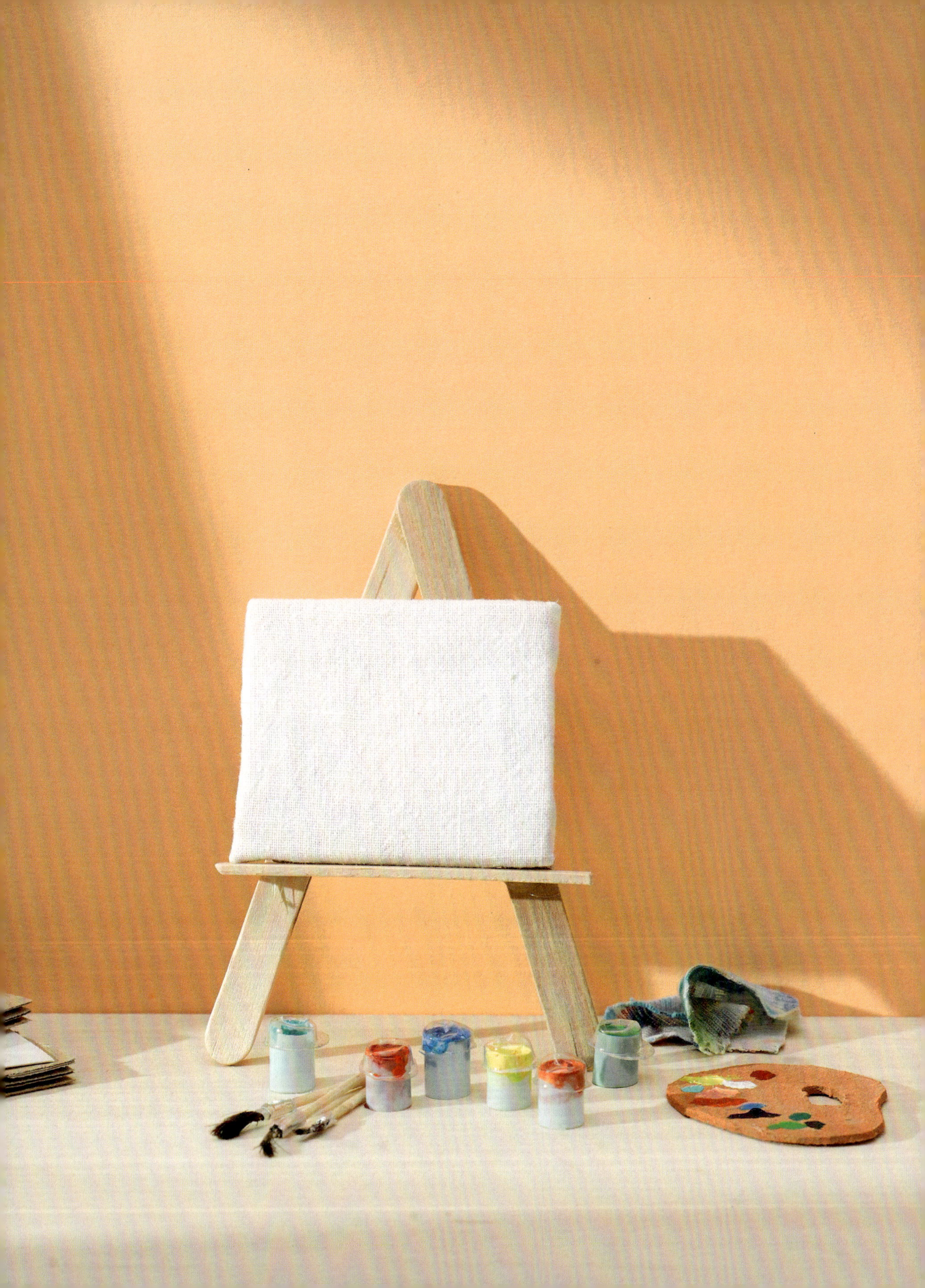

HOBBY & SPIEL

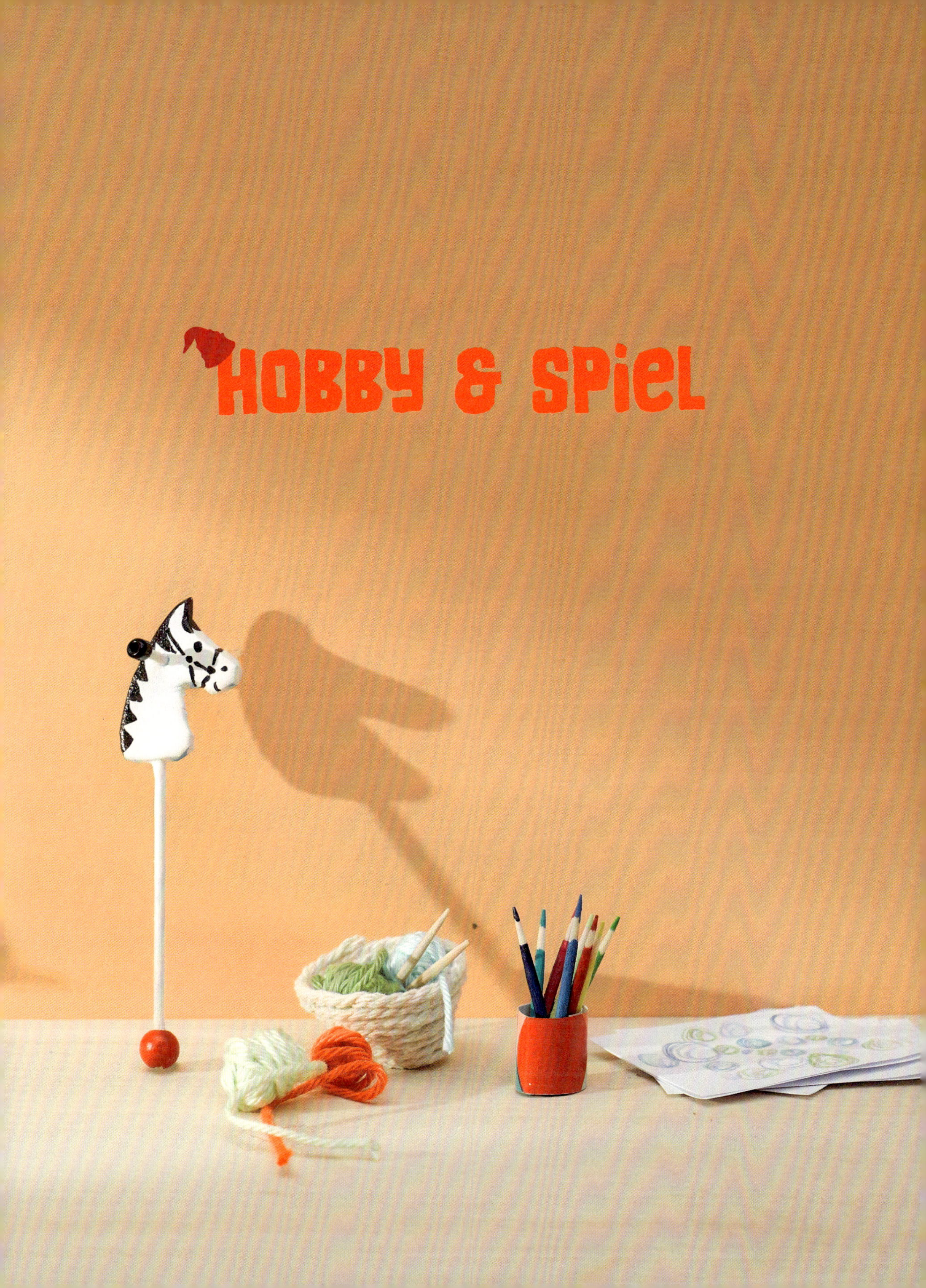

32 Steckenpferd

Wenn du nachts von wildem Galopp aus dem Schlaf gerissen wirst, sind bestimmt die Wichtelkinder auf ihrem Steckenpferd unterwegs!

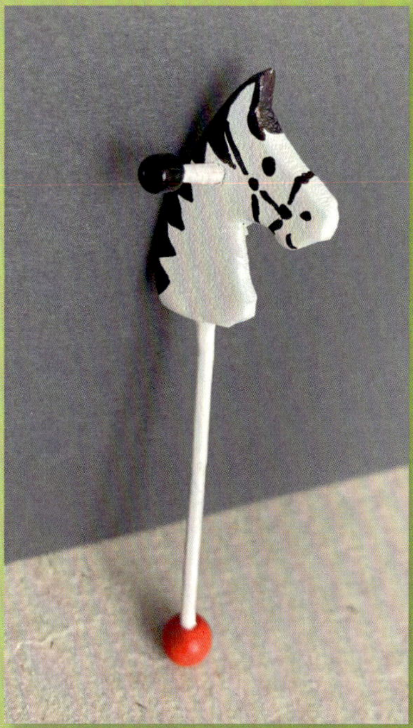

Material

- Moosgummirest, 3 mm stark
- 2 Zahnstocher
- 2 Perlen in Schwarz, ø 2 mm
- Holzperle in Rot, ø 4 mm
- Acrylfarbe in Weiß und Schwarz
- Bastelkleber

Vorlage auf Seite 136

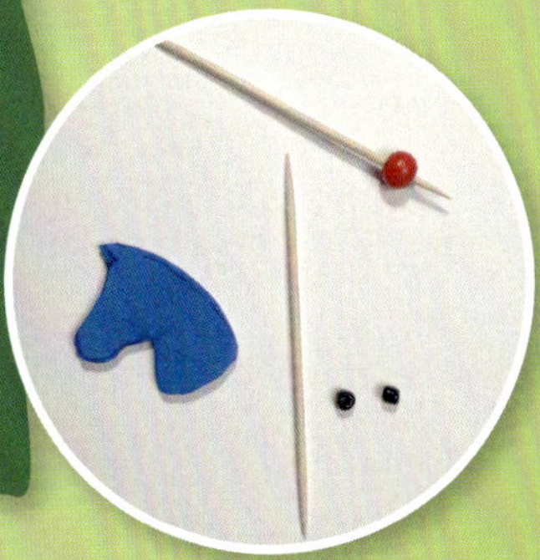

1 Schneide die Form für das Steckenpferd aus dem Moosgummi zurecht.

2 Stecke einen Zahnstocher von unten vorsichtig ein ganzes Stück weit in das Moosgummi hinein.

3 Markiere die Stelle für die Griffe. Stecke den zweiten Zahnstocher dort quer durch das Moosgummi. Kürze es auf beiden Seiten auf ca. 0,8 – 1 cm Gesamtlänge.

4 Alles weiß anpinseln bzw. ansprühen.

5 Die schwarzen Perlen mit Bastelkleber am Griff anbringen. Die rote Perle unten am Stecken festkleben.

6 Jetzt mit schwarzer Farbe Mähne, Augen und Nüstern sowie den Halfter von beiden Seiten auf den Pferdekopf malen.

33 Körbchen mit Strickzeug

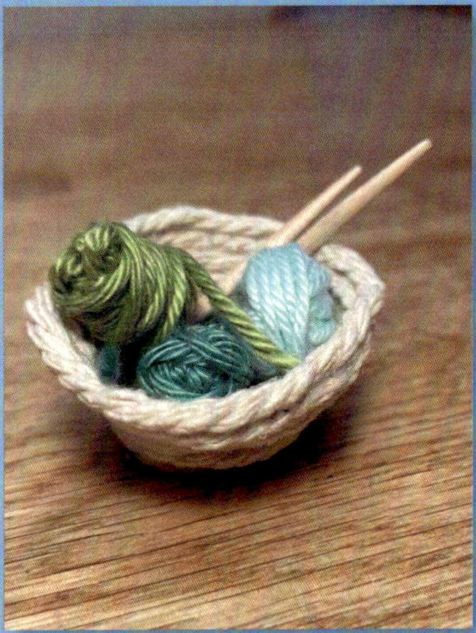

Socken, bunte Schals und Bommelmützen – all das entsteht nachts still und heimlich hinter der Wichteltür. Leg deinem Wichtel ein Körbchen mit Wollnachschub bereit!

Material

- feste Makramee-Kordel
- Wollreste in verschiedenen Farben
- Zahnstocher
- Kleber

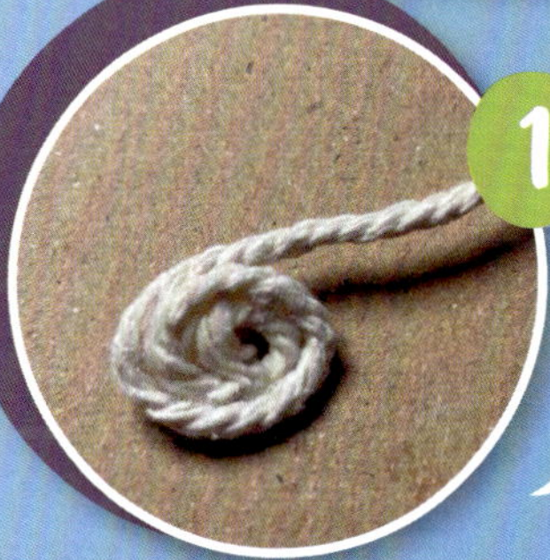

1 Wickel die Makramee-Kordel wie abgebildet schneckenhausartig auf. Dabei fixierst du die Runden immer wieder mit wenig Kleber.

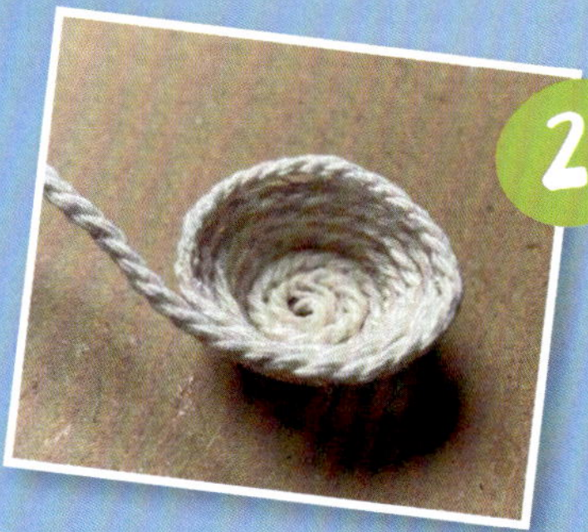

2 Sobald dein Korb den gewünschten Bodendurchmesser erreicht hat, in die Höhe arbeiten und Reihen aufeinandersetzen. Auf jede Reihe Klebstoff auftragen.

3 Die Wollreste jeweils zu Miniknäueln aufwickeln.

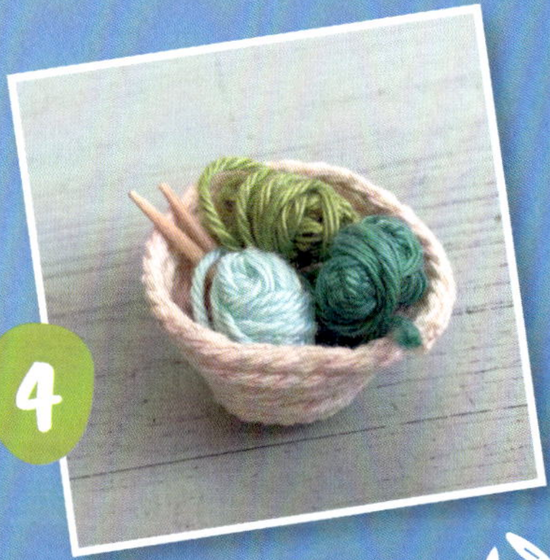

4 An beiden Enden des Zahnstochers 2 cm abschneiden, ggf. die Spitze minimal kürzen oder mit Schmirgelpapier ganz leicht runden. Wollknäuel und Stricknadeln im Körbchen drapieren.

Den Korb kannst du natürlich auch anders nutzen, zum Beispiel als Obstschale oder Brotkorb.

34 Schreibtischlampe

Sorge für angenehmes Arbeitslicht – dein Wichtel wird es dir mit einer hübschen Zeichnung oder einem selbst geschriebenen Gedicht danken.

Material

- Button
- bunte Büroklammer
- Spitze einer Einwegspritze
- Pappkreis, ø wie Button
- Schnurrest
- Acrylfarbe in Wunschfarbe
- Cutter
- Schere
- Bohrer, ø xx cm
- Seitenschneider
- Heißkleber

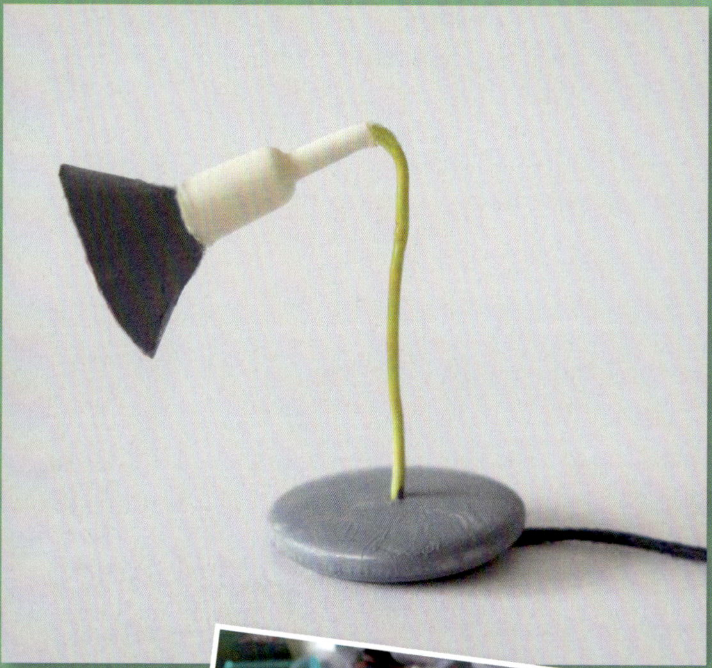

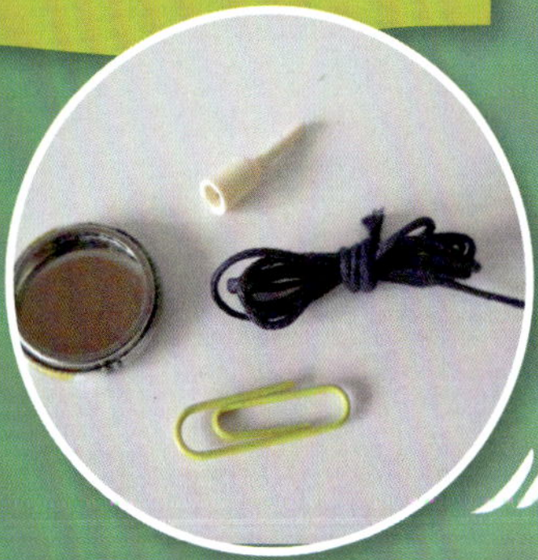

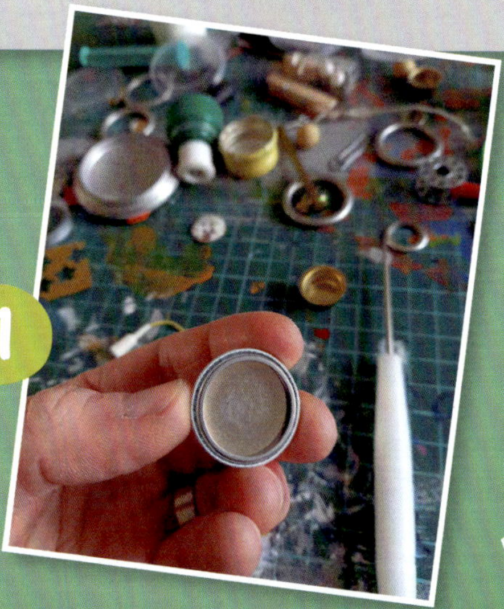

1

Ein Loch in die Mitte des Buttons bohren.

2 Die Büroklammer aufbiegen und durch das Loch stecken. Mit einem Klecks Heißkleber von unten die Klammer am Button fixieren.

3 Die Büroklammer auf die gewünschte Länge mit einem Seitenschneider kürzen.

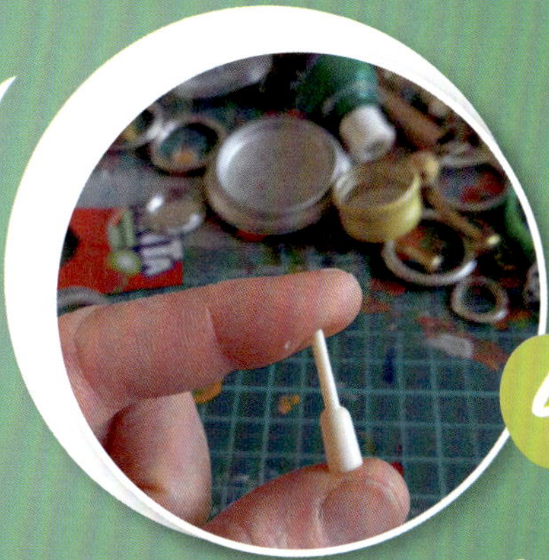

4 Die Spritzenspitze an das Ende der Büroklammer kleben.

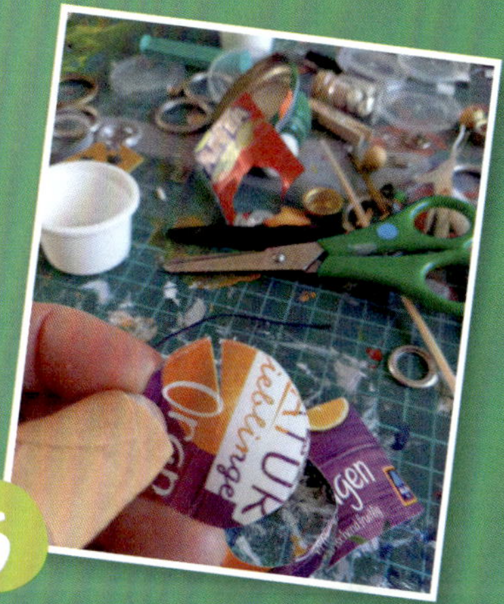

5 Den Pappkreis einmal vom Rand bis zur Mitte einschneiden, dann einen Lampenschirm in der passenden Größe formen und zusammenkleben.

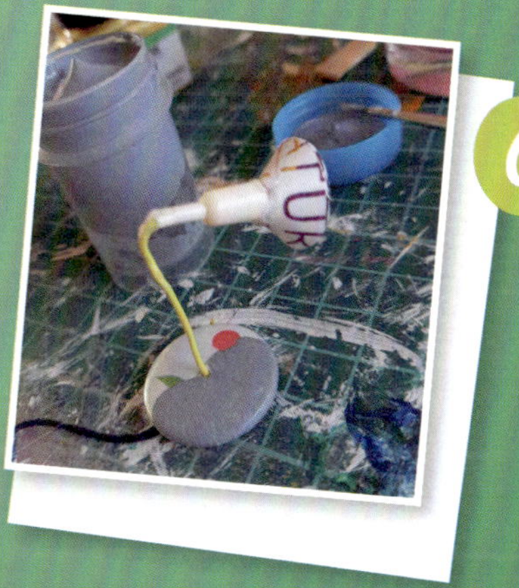

6 Den Lampenschirm an das breite Ende der Spritzenspitze kleben.

7 Die Schnur als Kabel von unten an den Button kleben. Alles nach Wunsch mit Acrylfarbe bemalen.

35

BUNTER STIFTEBECHER

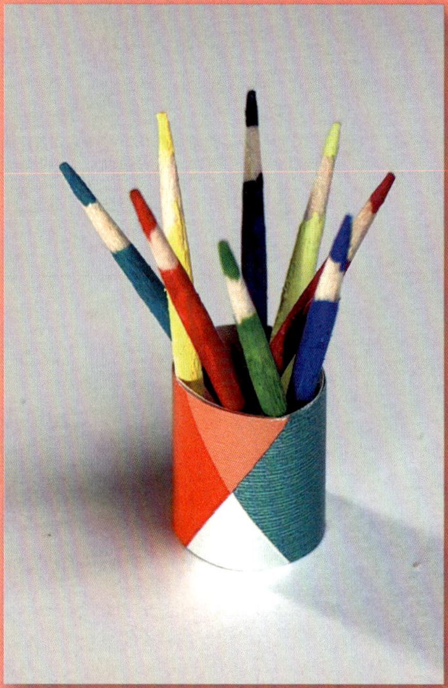

Dein Wichtel malt dir gerne ein schönes Bild in allen Farben des Regenbogens – du musst dich nur um jederzeit gespitzte Stifte kümmern.

MATERIAL

- Zahnstocher
- Acrylfarbe in Gelb, Rot, Grün, Blau und Schwarz
- Geschenkpapierrest
- Pappe oder kleiner Deckel
- Schmirgelpapier
- Kleber

1

Die Zahnstocher in der Mitte durchschneiden und ggf. etwas kürzen (z. B. an der Spitze). Mit Schmirgelpapier glätten.

2

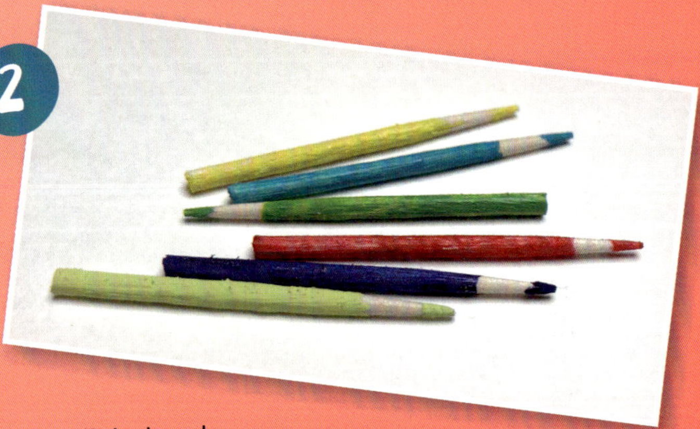

Die Spitze bemalen, ein Stückchen frei lassen, dann auch den Rest des Zahnstochers mit derselben Farbe bemalen.

3

Forme aus Pappe einen Stiftebecher oder verwende einen kleinen Deckel. Beklebe den Becher mit Geschenkpapier.

36

Staffelei mit Leinwand

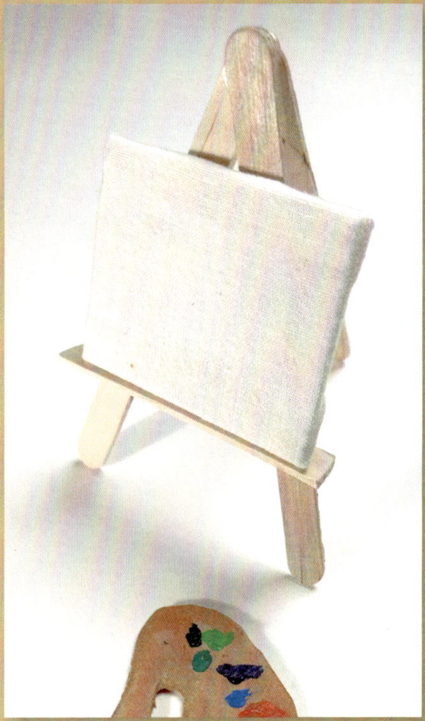

Bob Ross kann einpacken! Auf dieser Staffelei lässt dein Wichtel die wunderbarsten Kunstwerke entstehen. Vielleicht lässt er sich ja von eurem Familienalltag inspirieren?

Material

- 5 Eisstäbchen
- Stoffrest in Weiß
- Schmirgelpapier
- Heißkleber

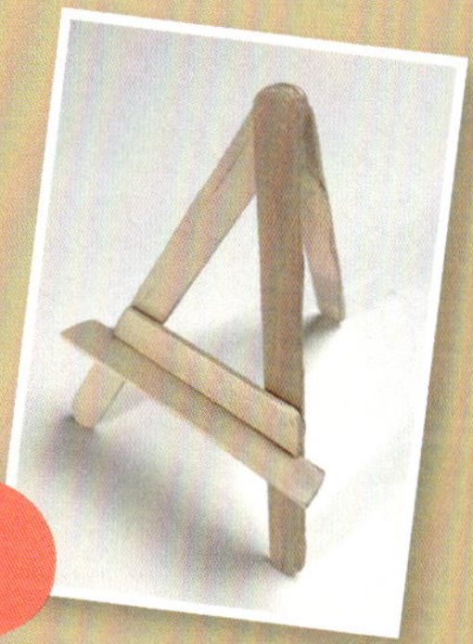

Staffelei

1

Klebe drei der Eisstäbchen so aneinander, dass sie eine spitze Pyramide bilden (s. Bild) und einen geraden Stand haben. Zwei Stäbchen bilden dabei die Vorderseite der Staffelei.

2

Schneide für die Auflagefläche für die Leinwand zwei Stäbchen passend zu. Das obere Stäbchen soll passgenau auf den beiden Schenkeln der Staffelei flach aufgeklebt werden. Das untere Stäbchen darf etwas länger sein und wird mit der Kante unter das obere Stäbchen geklebt. Die Enden schräg zuschneiden und abschmirgeln.

Leinwand

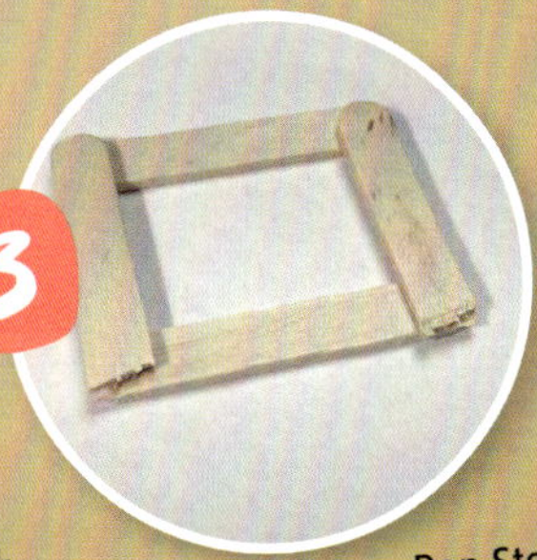

3

Die restlichen Eisstäbchen evtl. passend zuschneiden und zu einem Rahmen zusammensetzen. Damit der Rahmen gleichmäßig wird, die Zwischenräume auch mit Stäbchenstücken auffüllen.

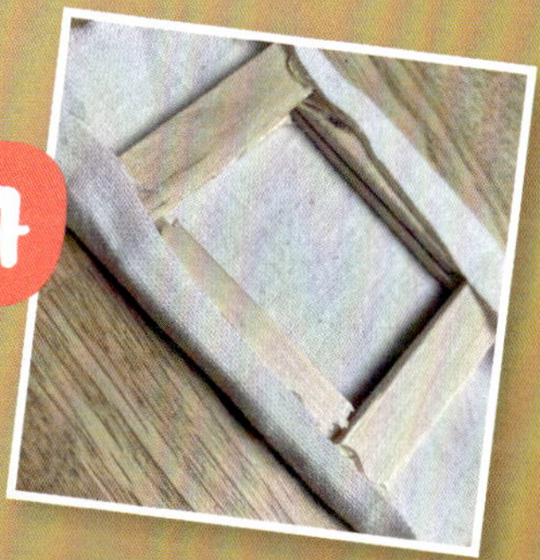

4

Den Stoff gut über den Rahmen spannen und von hinten festkleben. Stark überstehenden Stoff hinten abschneiden.

37

Farbpalette mit Pinsel

Farbpalette in die Hand und Pinsel schwingen! Lass‘ dich überraschen von den Kunstfertigkeiten deines Wichtels (und halte den Wischmopp bereit, falls es doch mal wilder werden sollte!).

Material für die Palette

- Papperest
- Wasserfarbe in Braun
- Acrylfarbe in verschiedenen Farben
- Locher

Für den Pinsel

- Zahnstocher
- Haare von einem groben Pinsel (oder eine eigene Haarsträhne)
- Alufolie
- Klebeband

Für die Farbtöpfe

- Strohhalm
- Tablettenblister, ø der Blisterhaube ähnlich wie ø des Strohhalms
- Acrylfarbe in verschiedenen Farben

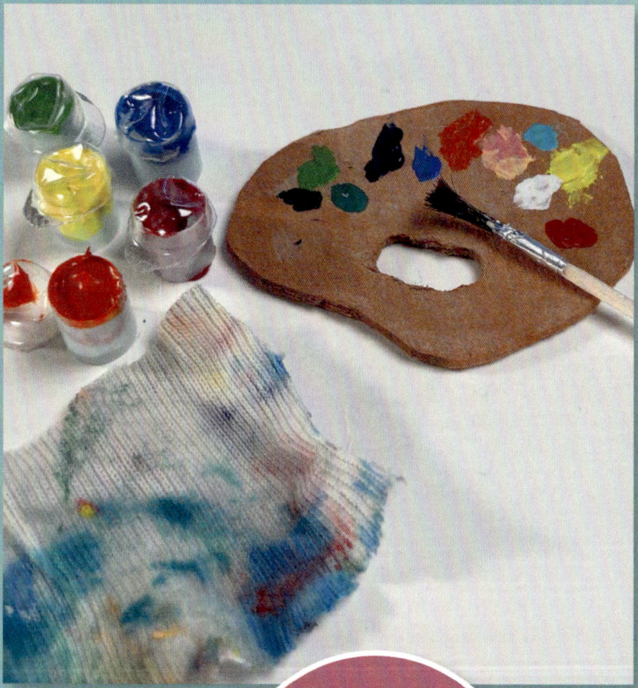

Du kannst ein kleines Stoffstück bunt einfärben und als Pinseltuch verwenden. Ein kleiner durchsichtiger Dosendeckel geht super als Pinselglas durch.

Palette

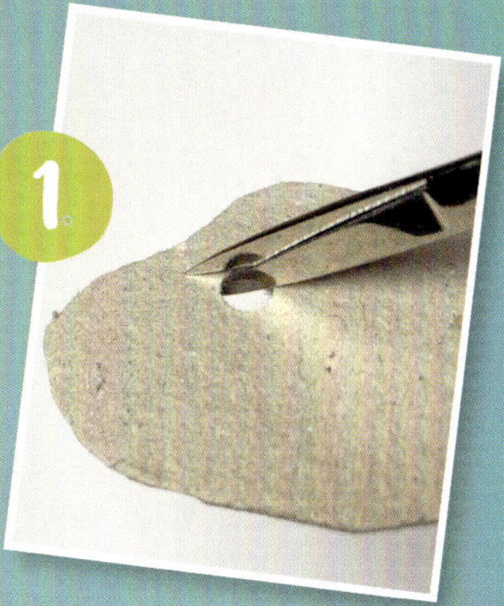

1

Schneide die Pappe in Form einer Künstlerpalette zu. Für die Halteöffnung erst mit dem Locher ein Loch stanzen, dieses dann mit der Schere weiten.

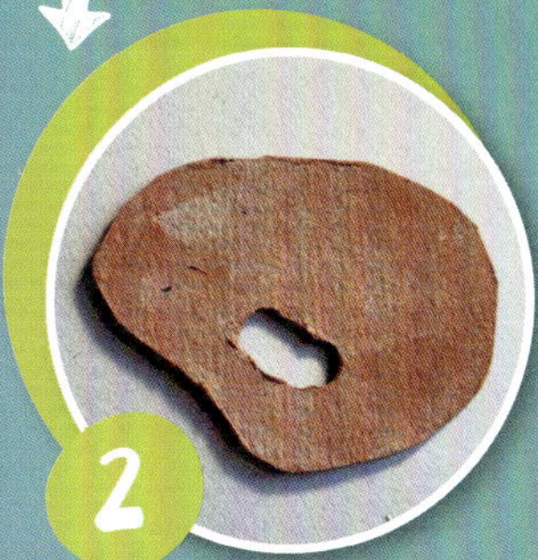

2

Die Palette für einen Holzeffekt dünn mit Wasserfarbe bemalen. Trocknen lassen.

3

Mit Acrylfarbe in verschiedenen Farben auf die Palette tupfen.

Pinsel

1

Zahnstocher auf Wunschlänge kürzen.

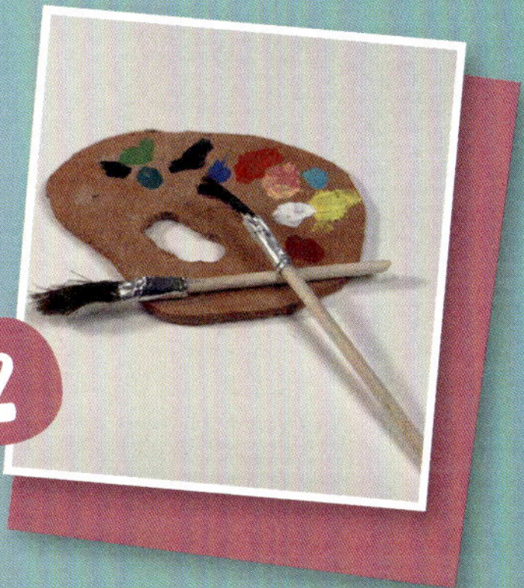

2

Das Haarbüschel mithilfe von Klebeband an den Stiel kleben. Die Klebestelle mit Alufolie umwickeln.

3

Haare gerade oder leicht spitz abschneiden.

Farbtöpfe

1

Den Strohhalm in kleine Stücke schneiden. Die Stücke mit Acrylfarbe in verschiedenen Farben befüllen. Auf einer geeigneten Unterlage durchtrocknen lassen.

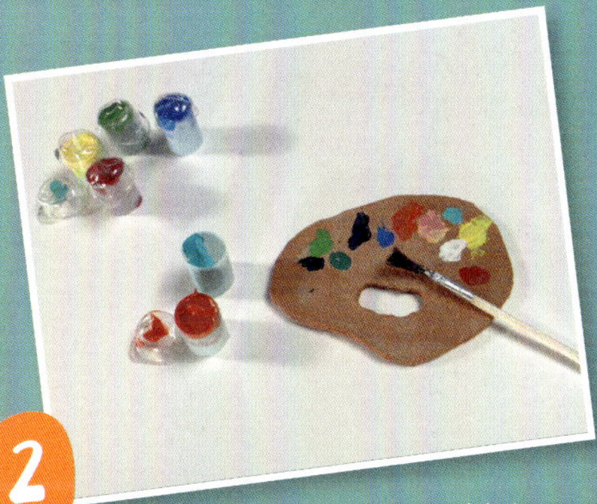

2

Schneide aus dem Tablettenblister die Blisterhauben aus, evtl. so, dass seitlich eine kleine Lasche bleibt. Als Deckel auf die „Farbtöpfe" setzen.

TIPP: *Alternativ kannst du auch die Kunststoffdeckelchen von Heftzwecken nutzen.*

Küche & Haushalt

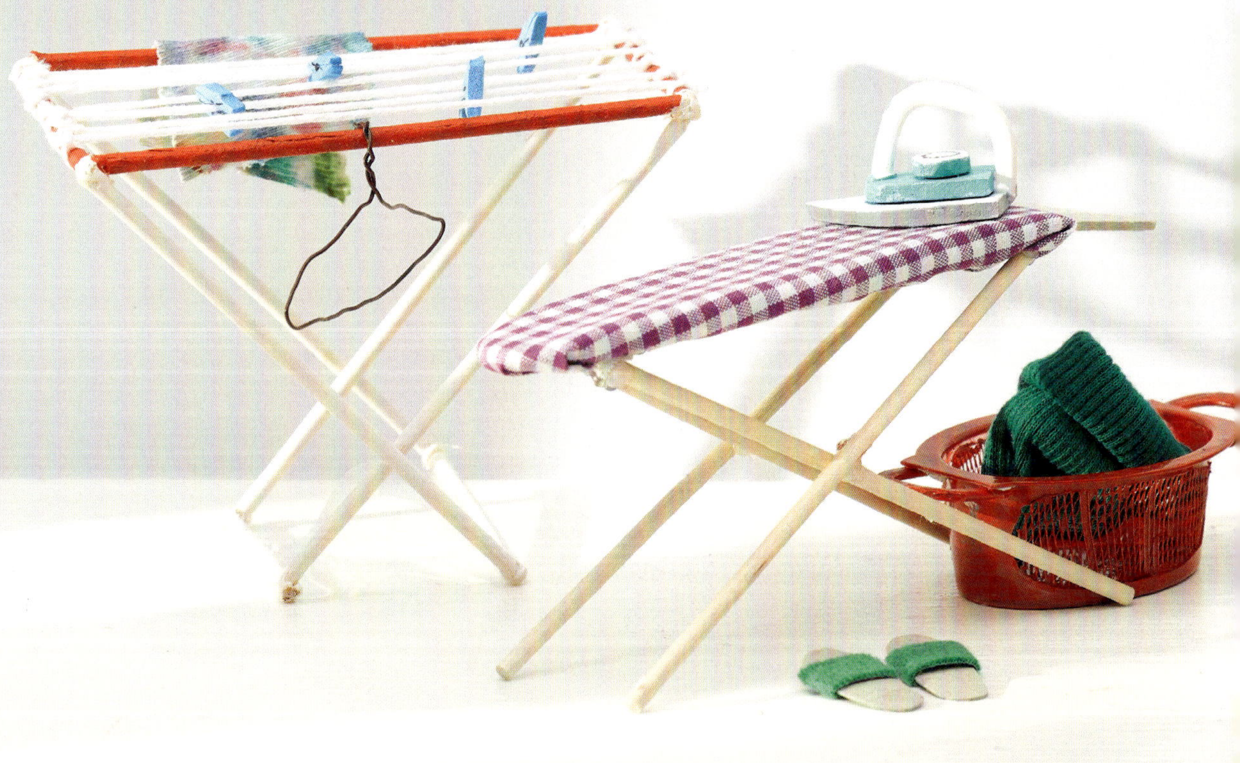

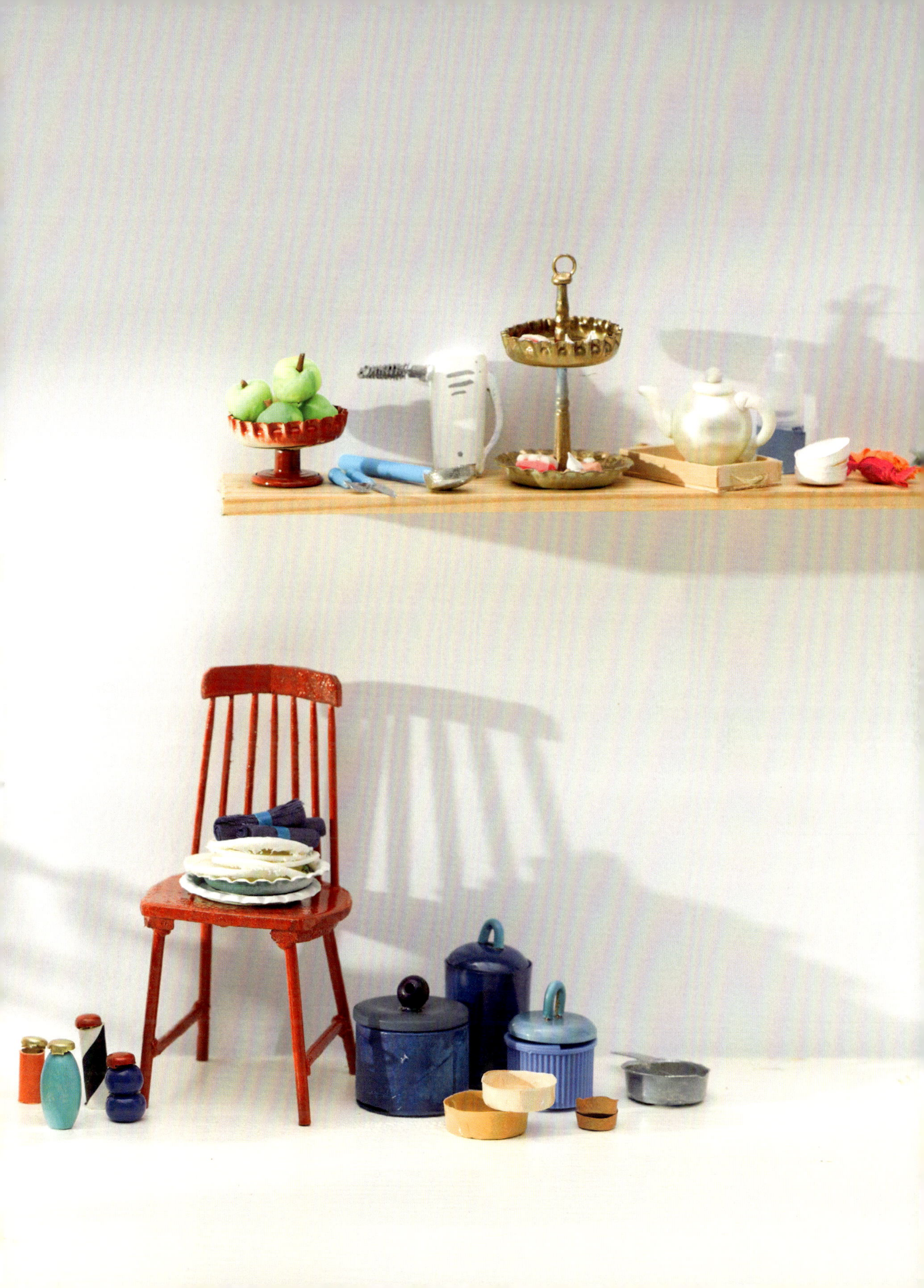

VOLLE KANNE(N)!

Kaffee oder Tee? Egal, wie die Antwort ausfällt, mit diesen beiden Kannen ist dein Wichtel bestens für jede Art von Getränkegelüsten vorbereitet.

38

MATERIAL

- Perle, ø 2 mm
- etwas Knetgummi

1 Forme aus dem Knetgummi einen kleinen Boden als Standfläche, den Ausguss und Henkel sowie einen Deckel mit kleinem Kügelchen als Griff.

2 Alle Teile wie abgebildet an der Perle befestigen.

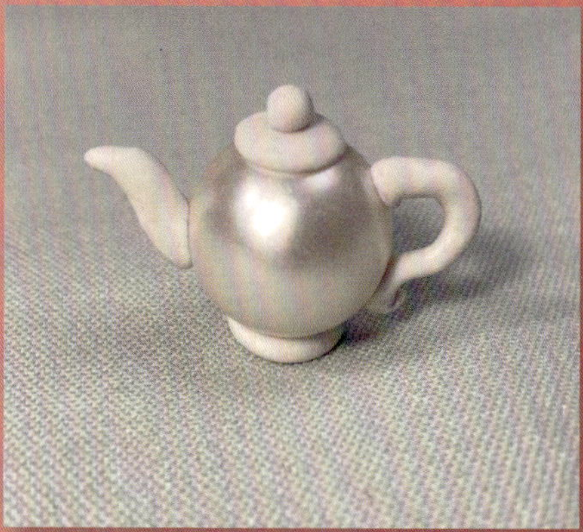

39

MATERIAL

- Würfel in Schwarz
- etwas Knetgummi
- Masking-Tape gemustert
- BH-Haken

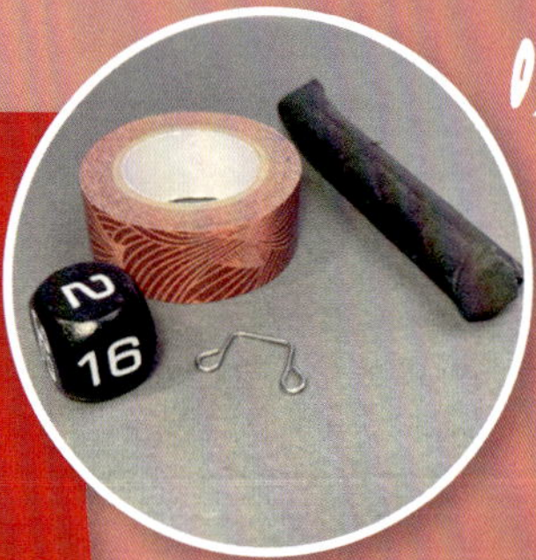

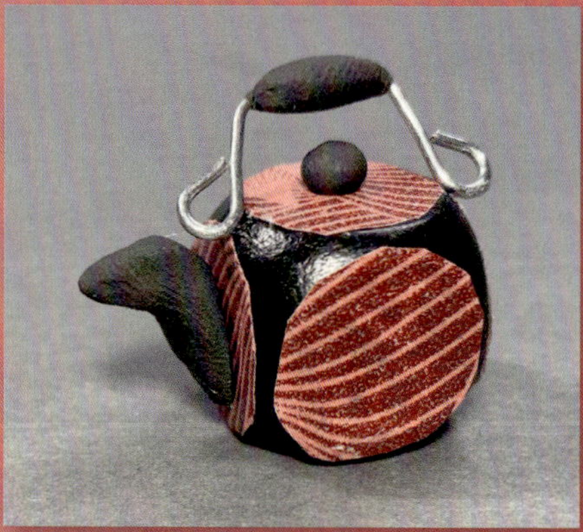

1 Beklebe die Flächen des Würfels mit dem Masking-Tape und schneide Überstehendes sauber ab.

2 Oben ein Kügelchen aus Knete (auch eine Miniperle ist möglich) als Deckelgriff ankleben.

3 Den BH-Haken als Griff ankleben. Du kannst noch Knete um ihn herumlegen (s. Bild), damit es noch echter aussieht.

4 Nun noch einen Ausguss aus Knete formen und anbringen.

40

SERVIERTABLETT

Fünf Teller, zwei Tassen und eine Kanne – wie soll ein Wichtel allein so viel tragen? Mit dem Serviertablett ist nichts leichter als das!

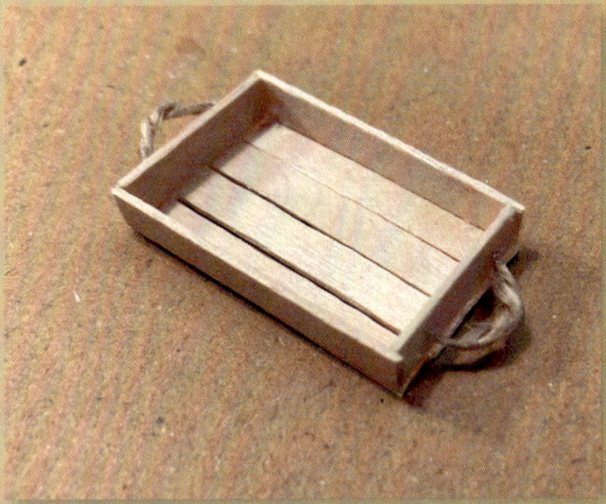

MATERIAL

- 2–3 Holzrührstäbchen
- Kordelrest
- Bastelkleber

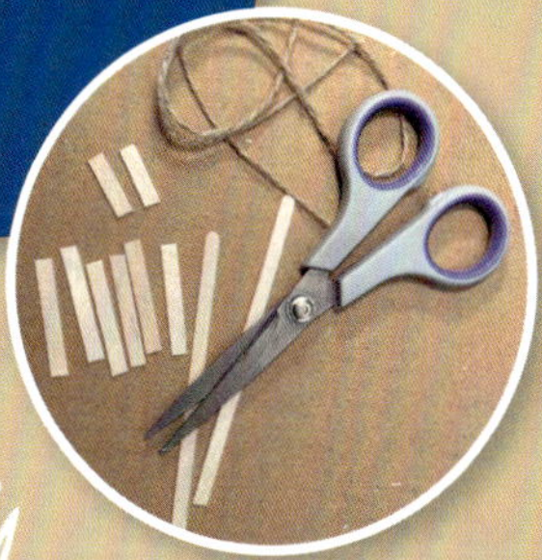

1. Schneide die Holzstäbchen in sechs Stücke à 5 cm.
2. Klebe vier Holzstücke als Boden an den langen Kanten aneinander. Die übrigen 2 Stücke klebst du als lange Seitenteile auf.
3. Schneide aus einem Holzstäbchen die kurzen Seitenteile passend zu und klebe sie auf.
4. Je ein kurzes Stück Kordel als Griff an die kurze Seite kleben.

41 Servietten mit Serviettenringen

Ein hübsch gedeckter Tisch lässt so manches Wichtelherz höherschlagen. Für besondere Anlässe darf es dann auch ganz fein mit Servietten und den passenden Serviettenringen sein.

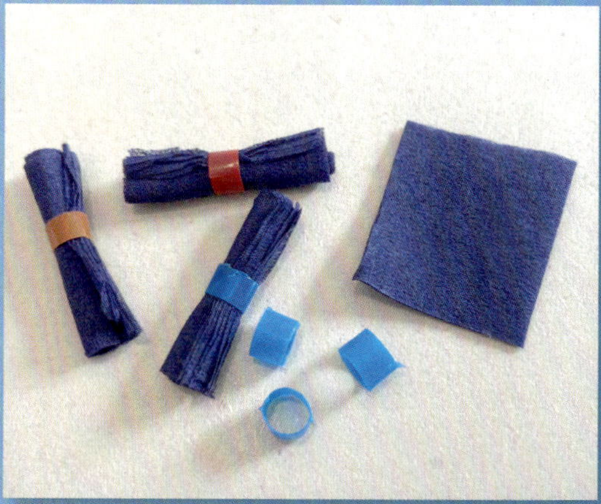

Material

- Papierserviette
- Strohhalm (eventuell mehrere in verschiedenen Farben)

1 Den Strohhalm in ganz schmale, kleine Ringe schneiden.

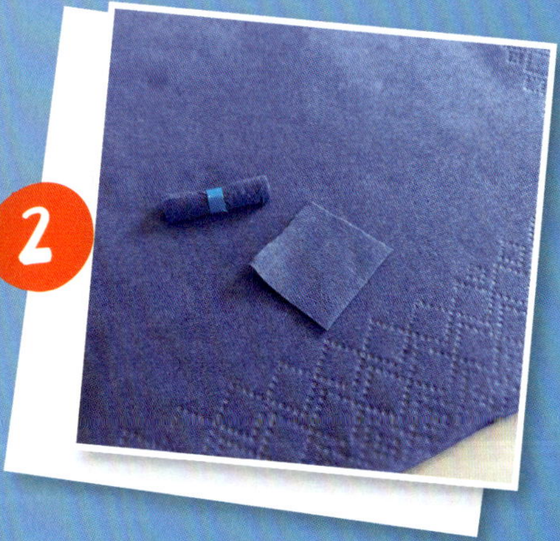

2 Die Serviette in kleine quadratische Stücke schneiden. Die Lagen teilen – du kannst etwa 2–3 Lagen verwenden, je nach dicke der Serviette und Durchmesser der Strohhalmröllchen.

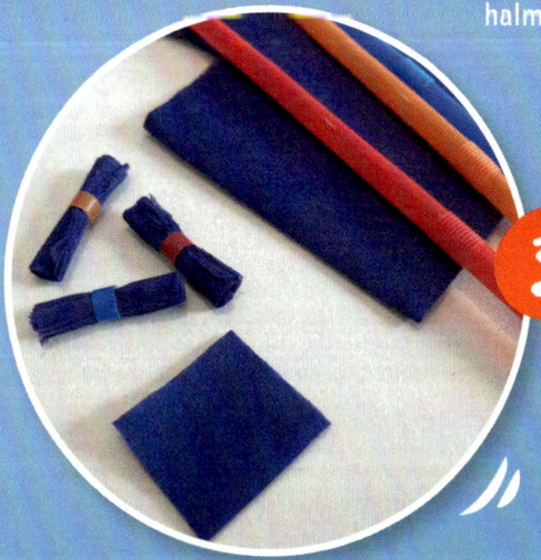

3 Die Serviettenstücke aufrollen und vorsichtig in die Strohhalmringe schieben.

42

OBSTSCHALE

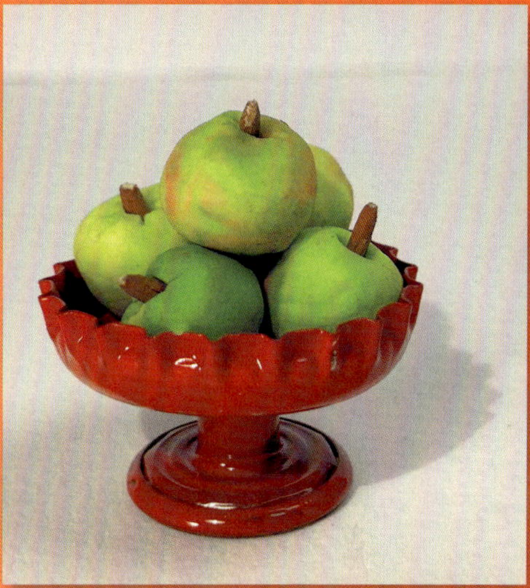

Auch deinem Wichtel tun Obst und Vitamine gut. Und aus einer schönen Schale bedient er sich gleich noch viel lieber!

MATERIAL FÜR DIE SCHALE

- Kronkorken
- Jeansknopf
- Sprühfarbe oder Acrylfarbe in beliebiger Farbe
- Kleber

MATERIAL FÜR DIE ÄPFEL

- Knete in 2–3 verschiedenen Grüntönen und in Orange
- Zahnstocher
- Acrylfarbe in Braun

1 Den Knopf mittig auf der Oberseite des Kronkorkens festkleben.

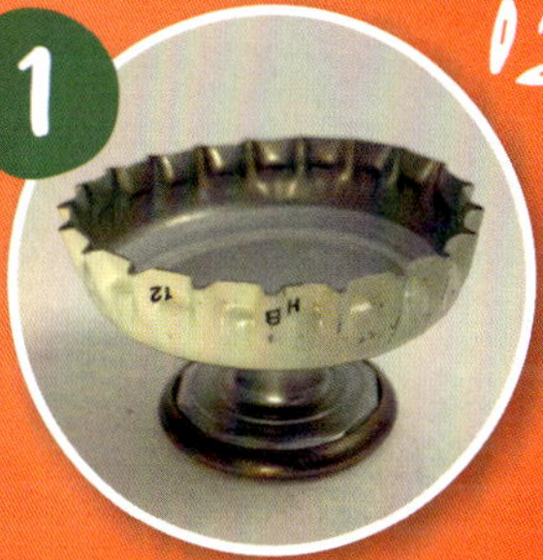

2 Die Obstschale nach Belieben mit Farbe einpinseln oder einsprühen.

3 Aus Knete in den verschiedenen Grüntönen fünf Kugeln formen, etwas größer als erbsengroß. Vorsichtig etwas orange Knete für Farbakzente einarbeiten.

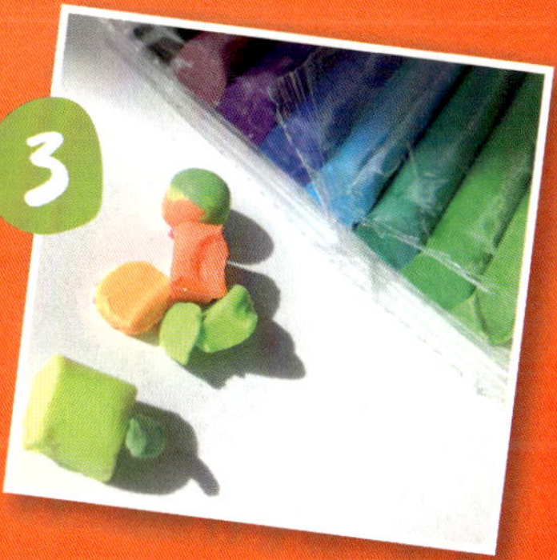

4 Den Zahnstocher braun anpinseln, trocknen lassen. Dann kurze Stücke von 2–3 mm abschneiden und als Stiel in die Äpfel stecken. Die fertigen Äpfel in die Schale legen.

43

Etagere mit süßen Leckereien

Na, heute schon genascht? Was dir Freude macht, liebt dein Wichtel mindestens genauso sehr. Also gönn ihm doch einen Keks. Oder fünf.

Material für die Etagere

- 2 Kronkorken
- 2 Interdental-Bürstchen
- Biegering von einer Schmuckkette (oder ein Stück Draht)
- Sprühlack in Gold oder beliebiger anderer Farbe (auch Acrylfarbe ist möglich)
- Heißkleber
- Hammer

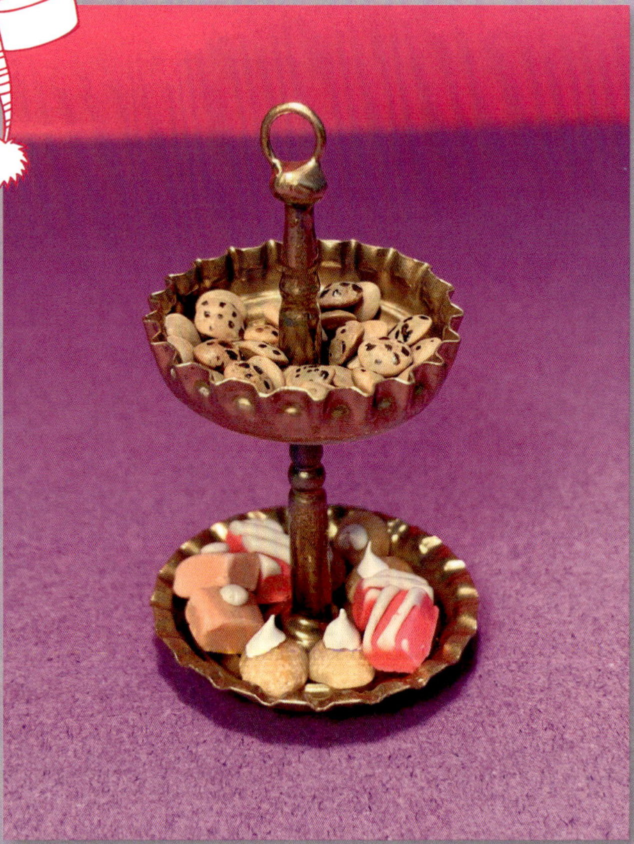

Material für die Küchlein und Kekse

- halbe getrocknete Schälerbsen
- Linsen
- Knete in Rosa, Pink und Weiß
- Acrylfarbe in Weiß und Braun
- Heißkleber

Etagere

1

Den Rand von einem Kronkorken mit einem Hammer etwas platt schlagen.

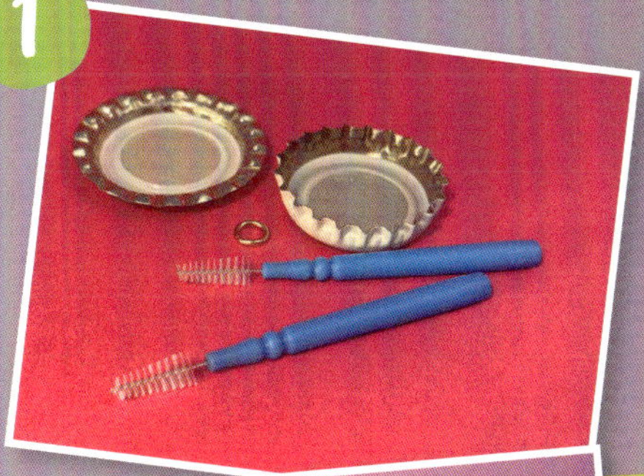

Die Interdental-Bürstchen wie auf dem Foto abschneiden. Kronkorken und Bürstchenteile mit Heißkleber zusammensetzen, zuletzt den Biegering oben aufkleben.

2

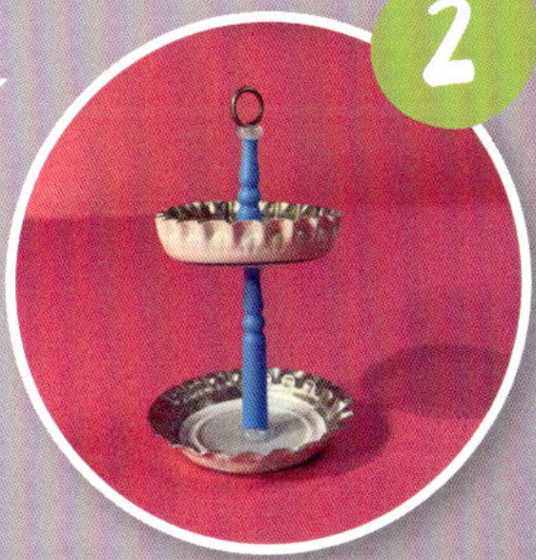

Jetzt alles mit Farbe ansprühen oder anmalen.

3

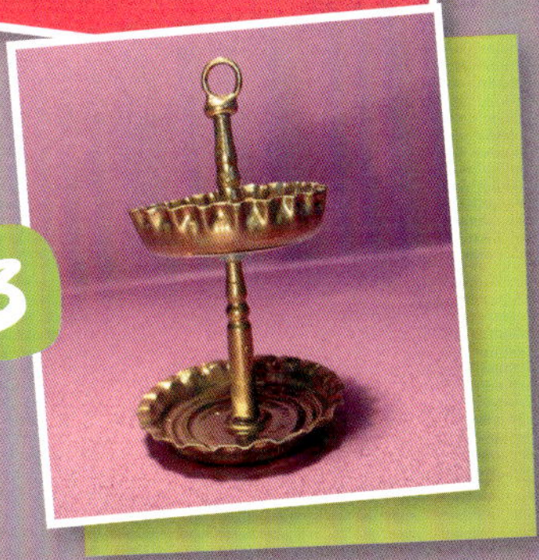

Küchlein und Kekse

1

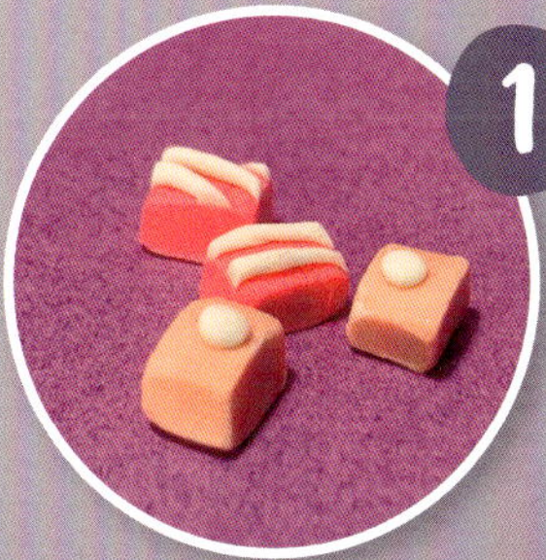

Die Petit Fours kannst du aus Knete formen und schneiden. Dazu drückst du die Knete zu einer flachen Fläche und legst dünne weiße Knetröllchen in Streifen darüber. Dann schneidest du kleine viereckige Schnittchen zu.

2

Auf die Schälerbsen tupfst du einen Klecks Heißkleber. Warte ein paar Sekunden und ziehe dann mit der Fingerkuppe eine kleine Spitze als Sahnehaube hoch. Diese kannst du anschließend weiß bemalen.

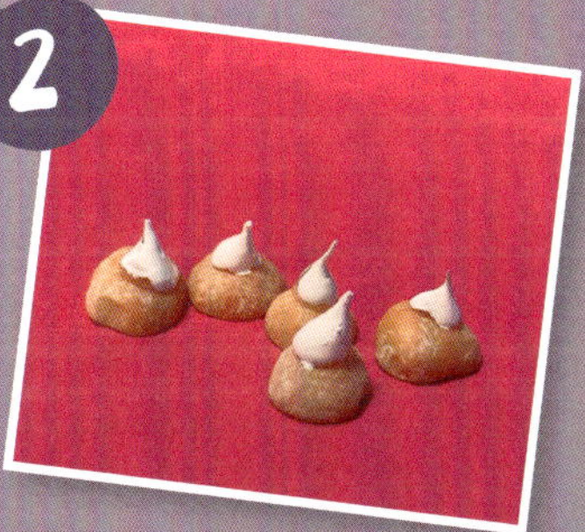

3

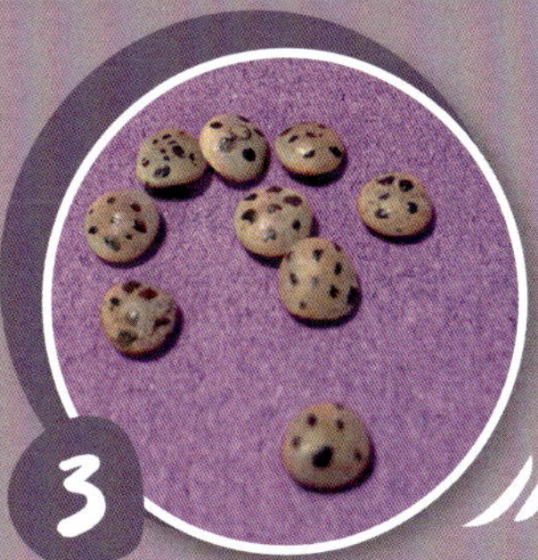

Für die Schokokekse einfach mit brauner Farbe kleine Minikleckse auf die Linsen tupfen – fertig!

44 Töpfe

Wie viele Töpfe sind genug? Eine Frage, die sich dein Wichtel niemals stellen würde. Je mehr Töpfe, desto mehr kann gekocht werden. Und wer möchte sich darüber schon beschweren?

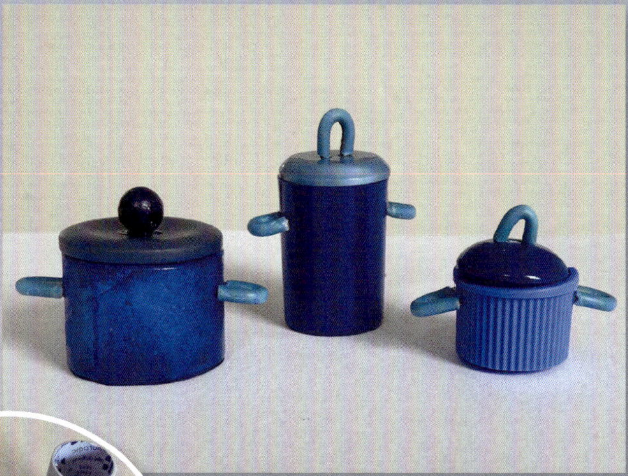

Material

- leere Klebebandrolle/Deckel
- größere Knöpfe (ø ähnlich wie Klebebandrolle/Deckel)
- Kabel (oder dickerer Draht)
- kleine Perlen
- Papperest für die Topfböden
- Acryl- oder Sprühfarbe in beliebiger Farbe
- Bastelkleber

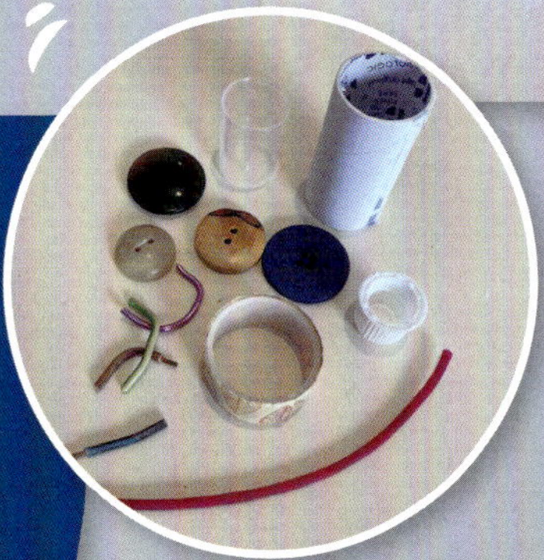

1 Aus Pappe passend zur Klebebandrolle bzw. zum Deckel einen Topfboden ausschneiden.

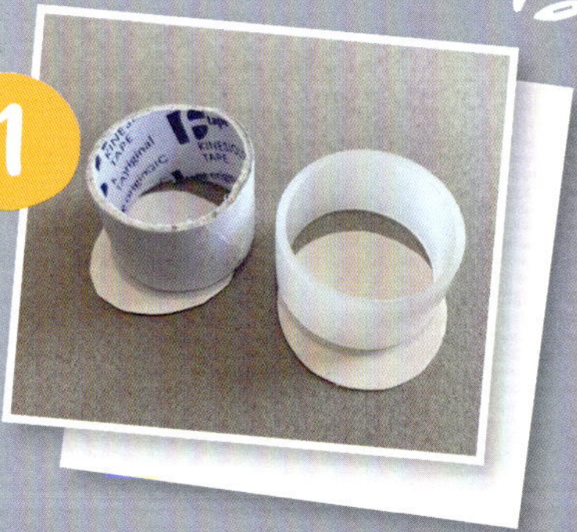

2 Aus dem Kabel passende Stücke für die Griffe und Topfdeckel zuschneiden und festkleben. Du kannst für die Deckel auch kleine Perlen verwenden.

3 „Töpfe“ und Knöpfe für die Deckel nach Belieben anmalen oder ansprühen.

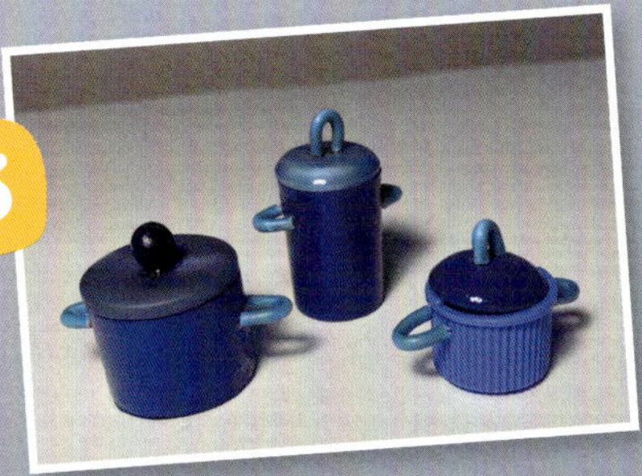

KÜCHENSCHLACHT!

Jetzt wird gerührt, gekocht, gedünstet und gebraten. Wichtel sind wahre Meister in der Küche, erzählt man sich. In den Genuss der geheimen Wichtelküche kommen allerdings nur die wenigsten.

45 SUPPENKELLE

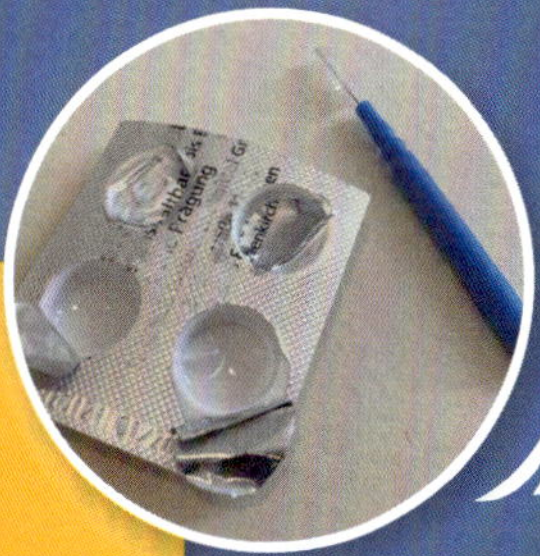

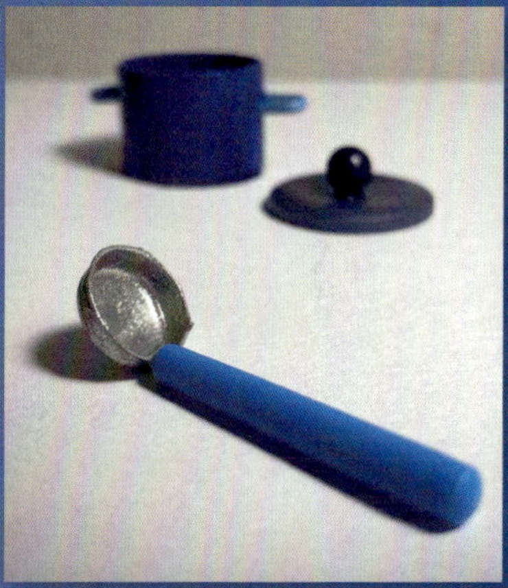

MATERIAL

- leerer Tablettenblister von mittelgroßen Tabletten
- Farbe in Grau oder Silberfarben
- Interdental-Bürstchen
- Bastelkleber

1. Schneide eine Blisterhaube sauber aus.
2. Male sie von innen und außen grau oder silberfarben an und lasse die Farbe trocknen.
3. Den Stiel der Bürste nach Belieben kürzen. Die Blisterhaube schräg an ein Ende kleben.

46 BRATPFANNE

MATERIAL

- leerer Tablettenblister von möglichst großen Tabletten
- Farbe in Grau oder Silberfarben

1. Die Blisterhaube sauber ausschneiden. Dabei etwas von der Fläche des Blisters als Griff übriglassen.
2. Die Pfanne nach Belieben anpinseln bzw. ansprühen.

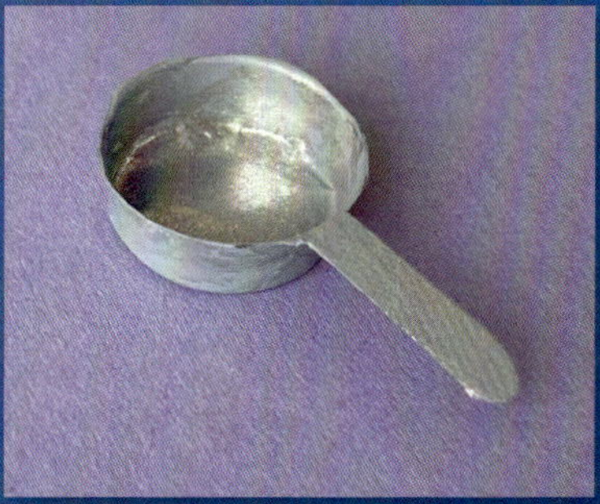

47

Handrührgerät

Fluffige Pfannkuchen, knusprige Plätzchen und fruchtige Sahnecreme lieben große und kleine Wichtel gleichermaßen. Damit der Genuss nicht von Muskelkater im Arm überschattet wird, wird für die anstrengende Rührarbeit der Handmixer eingesetzt.

Material

- eckige Stiftkappe (z. B. kleiner Textmarker)
- 2 Interdental-Bürstchen
- Moosgummirest
- Klebeband
- Acrylfarbe in Weiß, Grau und Rot
- Heißkleber

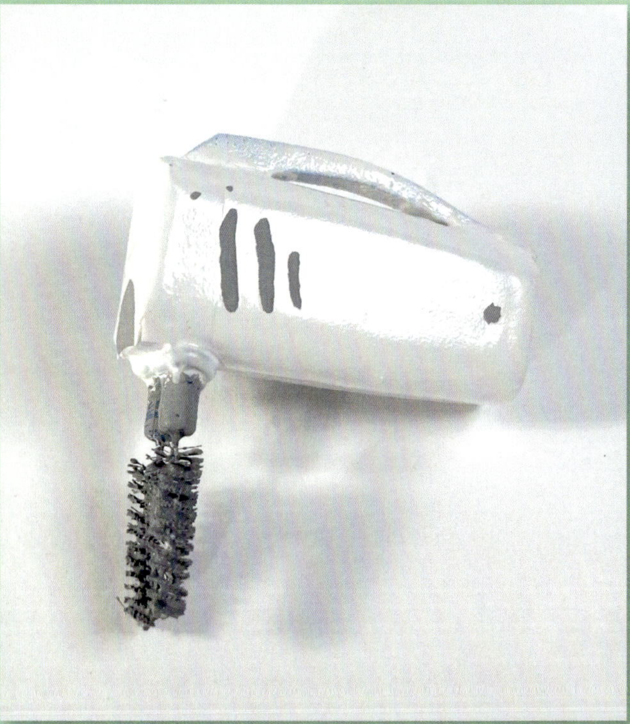

1 Die Öffnung der Stiftkappe sauber mit Klebeband zukleben. Seitlich überstehende Reste abschneiden.

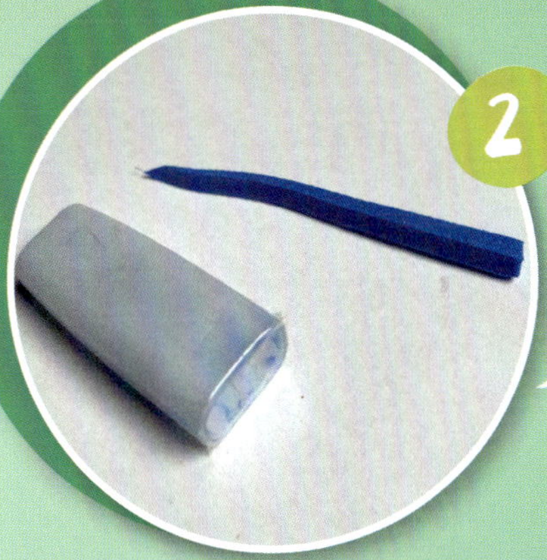

2

Aus dem Moosgummi einen schmalen Streifen schneiden. Auf die schmale Seite der Stiftkappe leicht gebogen als Haltegriff aufkleben.

3

Die Griffe der Bürstchen bis auf einen kleinen Rest wegschneiden (s. Bild). Auf die andere schmale Seite der Kappe nahe der Öffnung kleben.

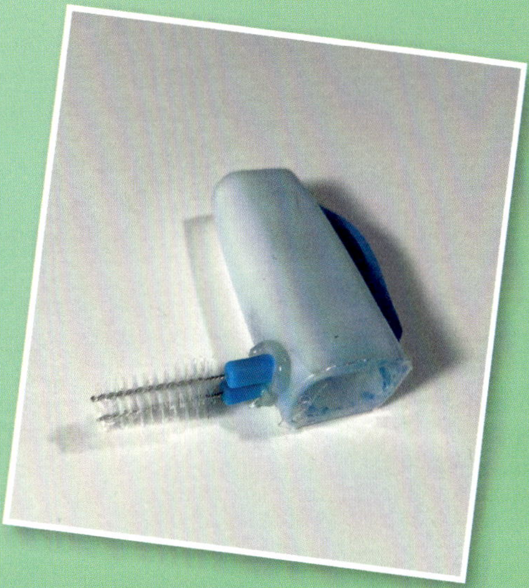

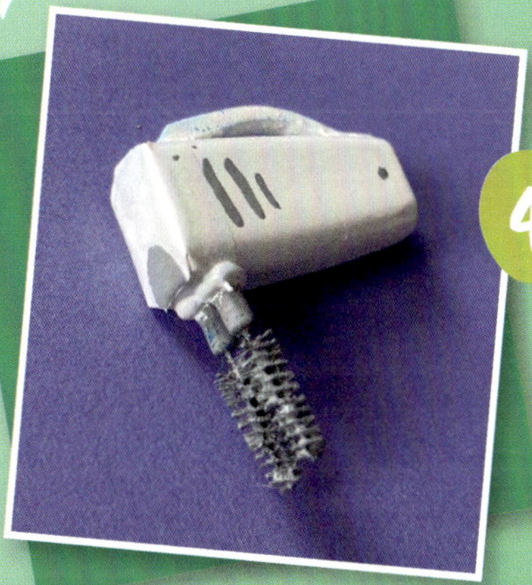

4

Danach malst du das ganze Mixgerät weiß und die Bürsten grau an. Zum Schluss malst du Knöpfe und Lüftungsschlitze auf, wie bei einem echten Mixgerät.

48 AUFBEWAHRUNGSDOSEN

Kleine Dosen eignen sich hervorragend für Vorräte, kleine Leckereien und Eingekochtes. Dabei sehen sie auch noch so hübsch aus!

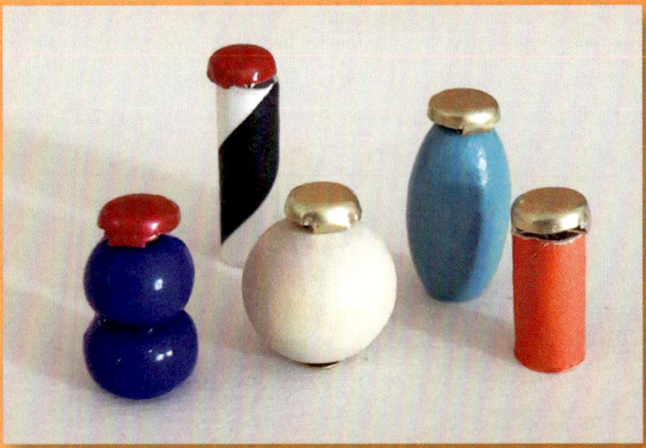

MATERIAL

- Papierstrohhalm
- 2 kleine Holzperlen
- 1 Holzkugel
- Musterbeutelklammer
- Nagellack
- evtl. Kleber

1. Dose 1: Den Strohhalm auf die gewünschte Länge kürzen. Dose 2: Zwei kleine Holzperlen aufeinander kleben.
2. Die Klammerkappen nach Belieben mit Nagellack anpinseln.
3. Jeweils eine Klammer als Deckel in ein Strohhalmstück, in die zusammengeklebten Perlen oder die Holzkugel stecken.

49 BONBONS

QUICK & EASY

Erst wird geknistert und geraschelt, dann genüsslich geschlotzt!

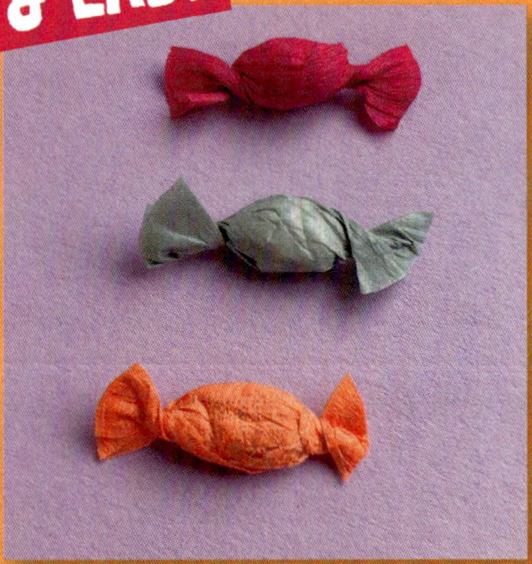

MATERIAL

- Krepppapierreste in verschiedenen Farben
- Papierrest

1. Krepppapier in kleine Rechtecke schneiden.
2. Papierrest zu einem Kügelchen zusammenknüllen und mittig auf das Krepppapier legen.
3. Die Papierkugel einschlagen und die Enden des Krepppapiers links und rechts einzwirbeln.

50 Flasche

Für durstige Wichtel sollte eine Trinkflasche immer bereitstehen. Oder vielleicht am besten gleich ein ganzer Getränkekasten?

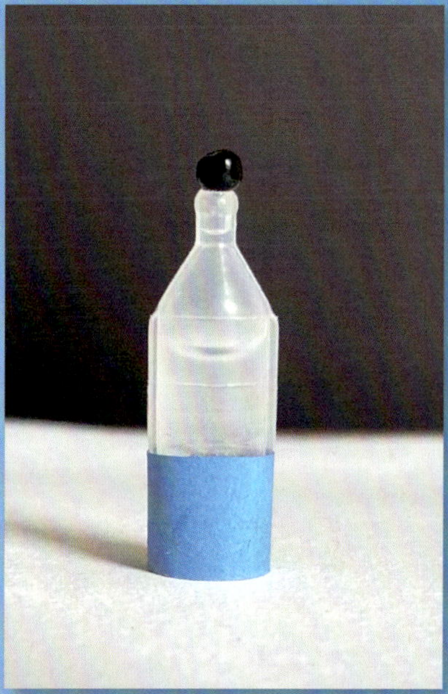

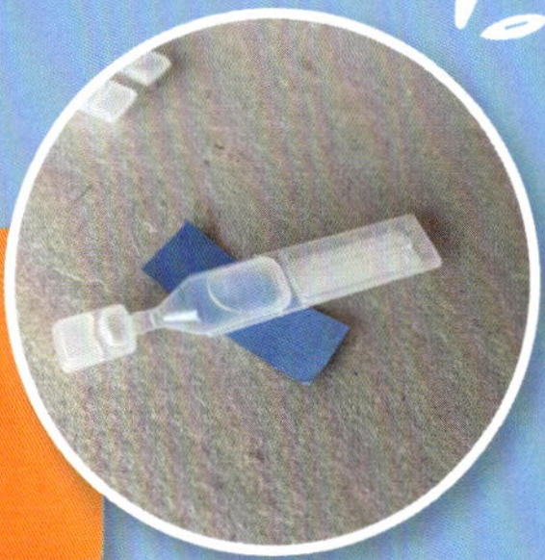

Material

- leere Einzeldosispipette (z. B. von Augentropfen)
- Tonpapierrest in beliebiger Farbe
- Miniperle
- Kleber

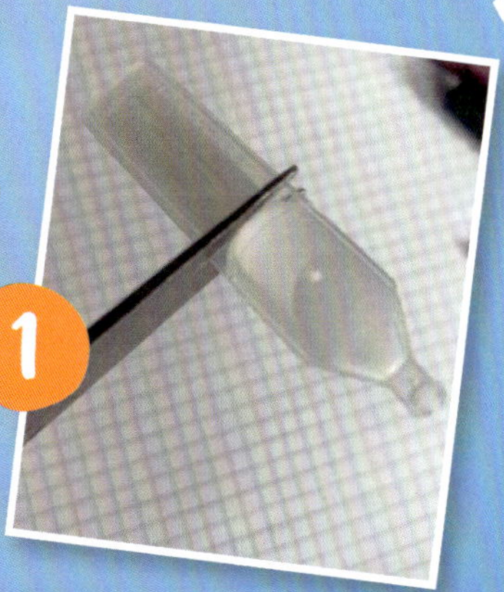

1. Den unteren flachen Teil der Pipette abschneiden.

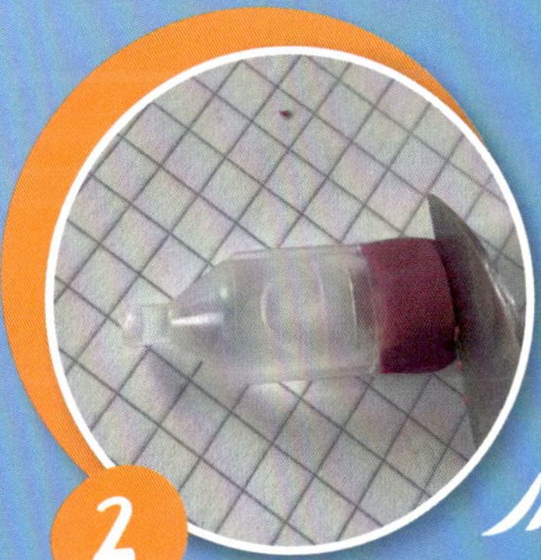

2. Einen schmalen Streifen Tonpapier zuschneiden und um das Fläschchen legen und zusammenkleben. Alternativ den Fläschchenboden mit Knete umschließen (s. Bild).

3. Die kleine Perle als Deckel auf den Flaschenhals kleben.

51 BRETTCHEN MIT SCHNEIDEMESSER

Für die tägliche Portion Vitamine schneidet sich dein Wichtel gerne ein paar Apfelschnitze oder ein Stück Gurke. Lecker!

Material

- Blechdeckel, z. B. von einer Erdnussdose
- Gemüsespieß aus Holz, eckig
- Papperest in Braun
- Schmirgelpapier
- Rosenschere
- Bastelkleber

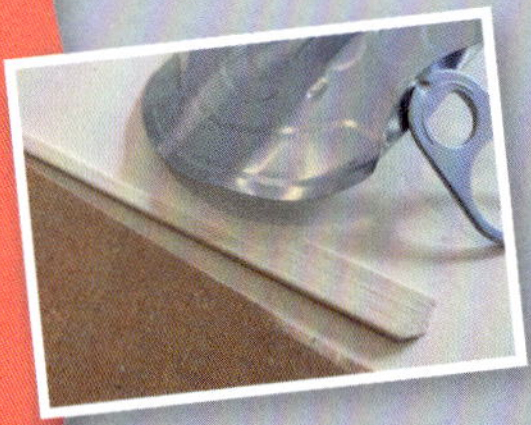

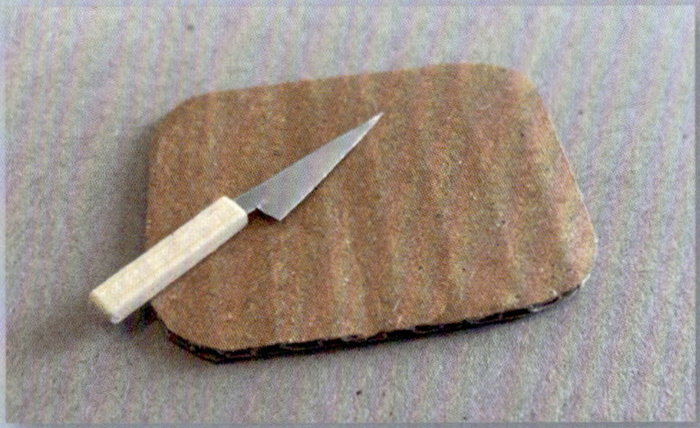

1. Aus dem Blech ein spitzes Stück als Messerschneide ausschneiden.
2. Aus dem Spieß ein Stück als Messergriff schneiden. Die Enden mit Schmirgelpapier glätten. Die Klinge auf den Griff kleben.
3. Aus Pappe ein Schneidebrett ausschneiden.

52 SCHÜSSELN

Verschiedene Schüsseln und Schüsselchen für allerhand Leckereien und Köstlichkeiten.

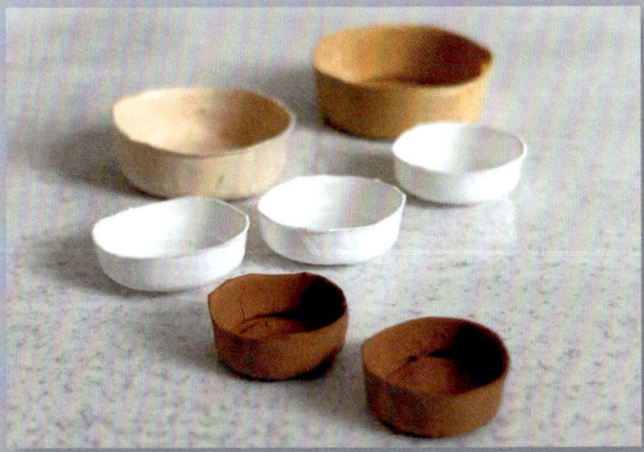

Material

- leere Tablettenverpackungsblister in verschiedenen Größen
- Acrylfarbe in beliebiger Farbe

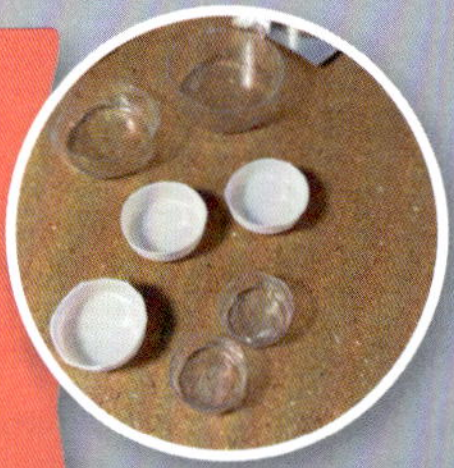

1. Die Blisterhauben sauber ausschneiden.
2. In unterschiedlichen Farben anmalen.

53 Besteck

Fördere die guten Tischmanieren deines Wichtels mit Messer, Gabel und Löffel.

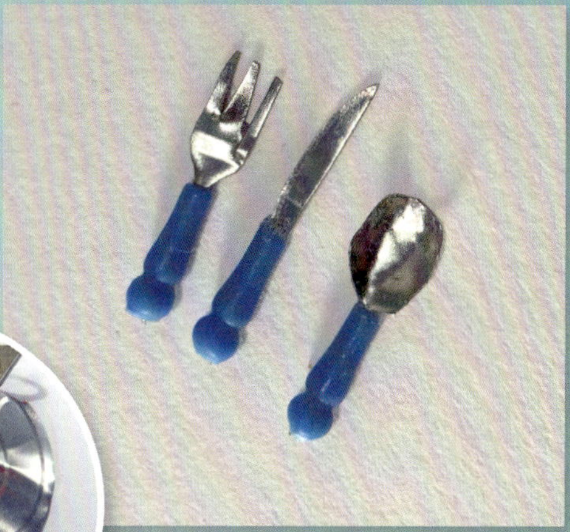

Material

- Blechdeckel, z. B. von einer Erdnussdose
- 3 Interdental-Bürstchen
- Bastelkleber

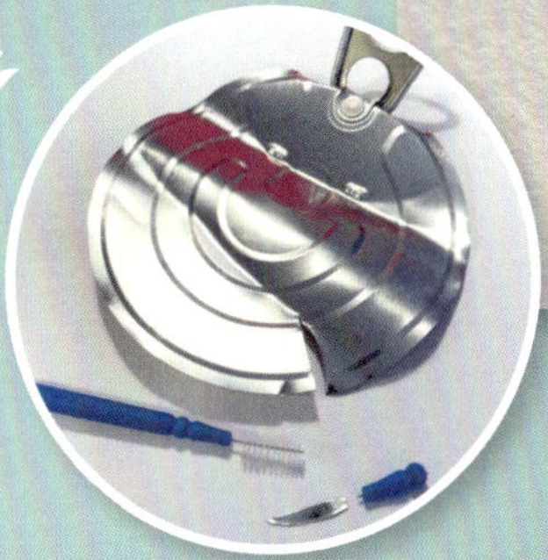

1. Aus dem Blechdeckel die Formen für Löffel, Gabel und Messer ausschneiden.
2. Die Griffe der Bürstchen abschneiden und nach Belieben kürzen.
3. Die Blechteile an die Griffe kleben.

54 Teller

Jetzt geht's rund mit Tellern in allen Größen!

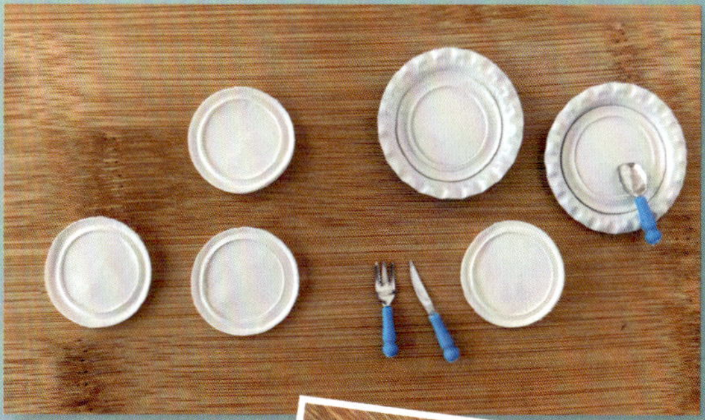

Material

- mehrere Kronkorken
- Acrylfarbe in Weiß
- Hammer

1. Für einen Servierteller einen Kronkorken mit dem Hammer platt schlagen.
2. Für einen flachen Teller löst du aus dem Inneren eines Kronkorkens vorsichtig den Kunststoff heraus (das gelingt nicht bei jedem Kronkorken unbeschadet, es braucht womöglich mehrere Versuche).
3. Nun kannst du den platten Kronkorken und das Kunststoffplättchen weiß bemalen.

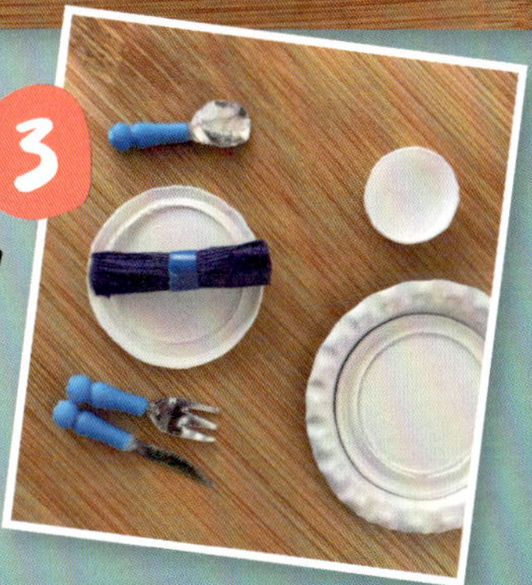

55

ROTER KÜCHENSTUHL

Ein roter Küchenstuhl verströmt Gemütlichkeit und rustikale Wärme. Jetzt heißt es nur noch Platz nehmen und genießen!

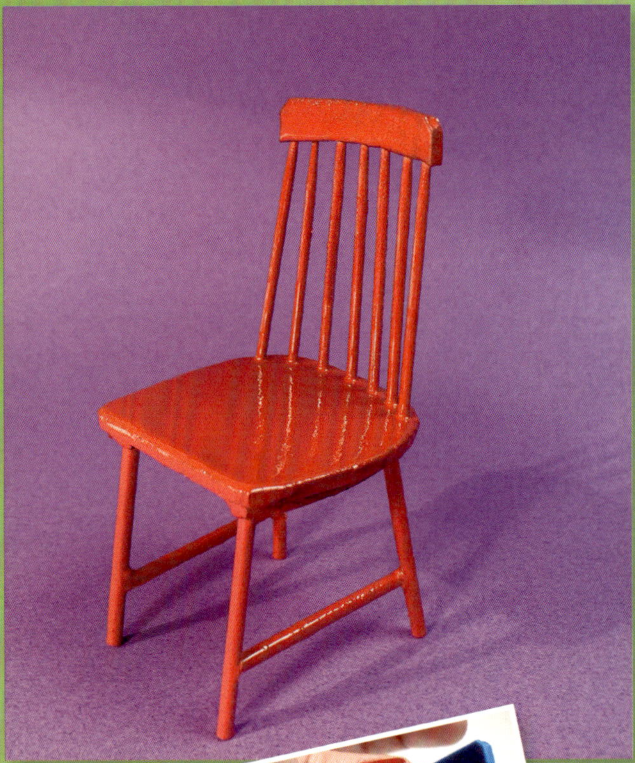

Material

- 7 Zahnstocher
- 2–3 Schaschlikspieße,
- Moosgummi, 3 mm stark
- Sprühfarbe oder Acrylfarbe in Rot
- Kleber

1

Schneide die Rückenlehne und die Sitzfläche für den Stuhl aus Moosgummi aus.

2

Stecke vorsichtig die Zahnstocher von unten in die Stuhllehne. Beginne am besten mit dem mittleren Zahnstocher und arbeite dich in gleichmäßigen Abständen nach außen.

3

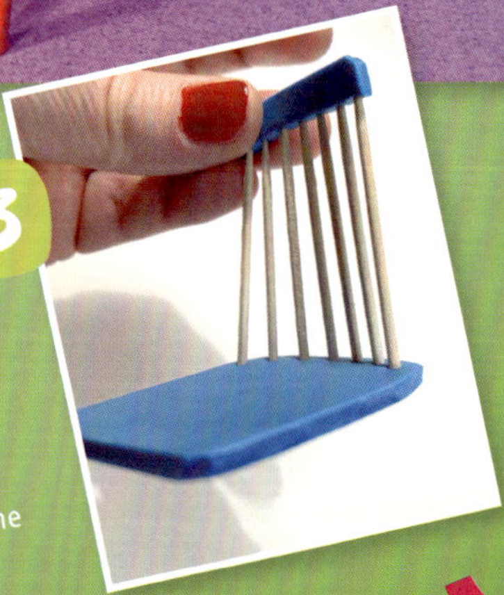

Die anderen Enden der Zahnstocher in gleichmäßigen Abständen von der Mitte aus leicht gerundet in die Sitzfläche stecken (am besten die Position vorher einzeichnen). Die Abstände zwischen den Zahnstochern sind bei der Sitzfläche größer als bei der Rückenlehne.

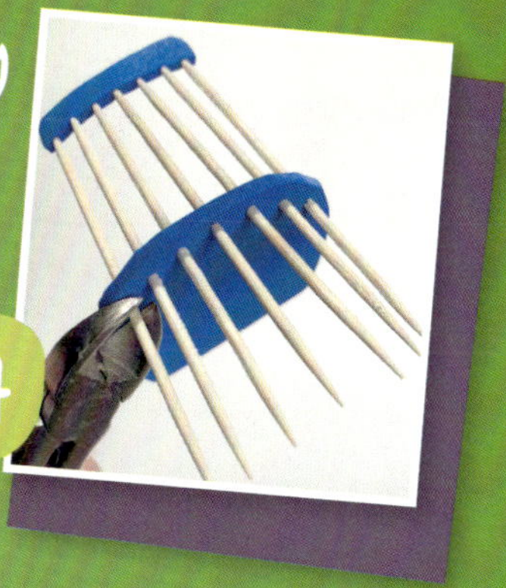

4

Die überstehenden Enden der Zahnstocher unterhalb der Sitzfläche kürzen.

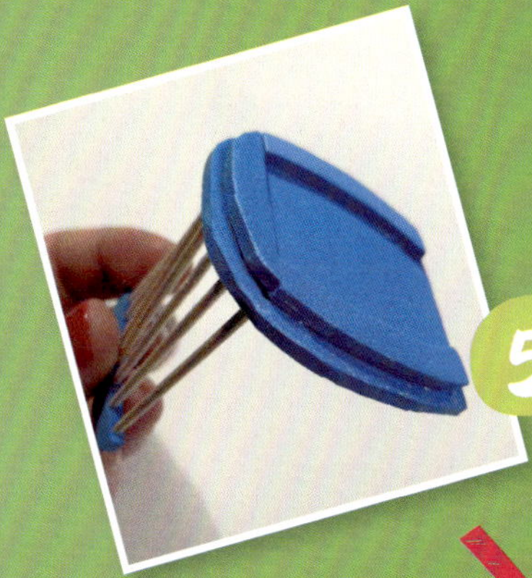

5

Jetzt leicht abgerundete Moosgummistücke zurechtschneiden und unter die Sitzfläche kleben (s. Bild).

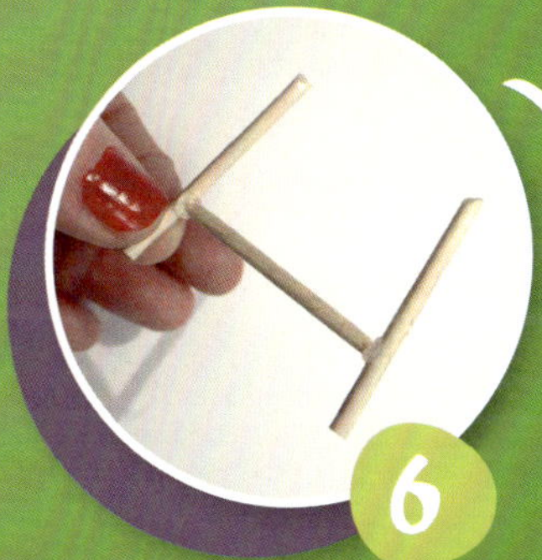

6

Für die Stuhlbeine die Schaschlikspieße kürzen. Jeweils zwischen zwei Beine einen Verbindungssteg kleben.

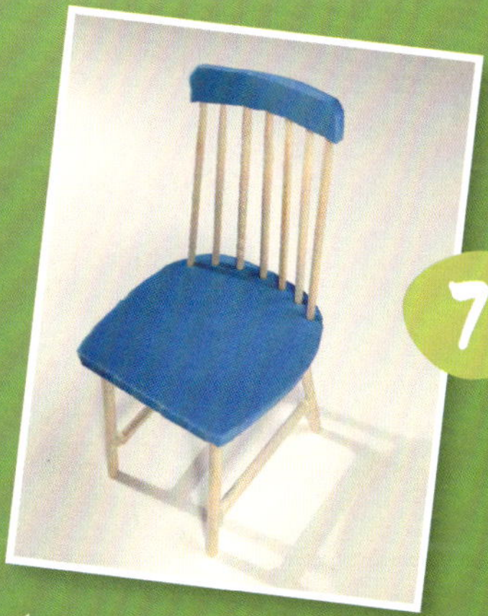

7

Die Stuhlbeine an beiden Seiten des Stuhls unter die Sitzfläche kleben, sodass der Stuhl gerade steht.

8

Den Stuhl rot besprühen oder bemalen.

56

HOCKER

QUICK & EASY

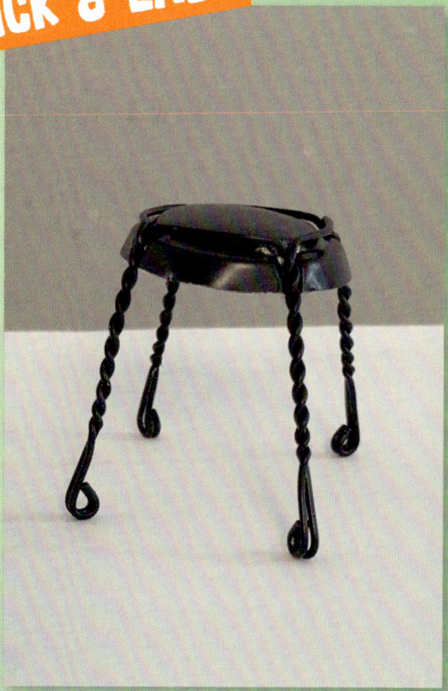

Egal ob größeres Familienfest oder Küchenparty – benötigt dein Wichtel eine zusätzliche Sitzgelegenheit ist dieser Hocker sofort einsatzbereit!

MATERIAL

- Sektkorkenverschlusskappe
- Acrylfarbe in Schwarz
- Seitenschneider

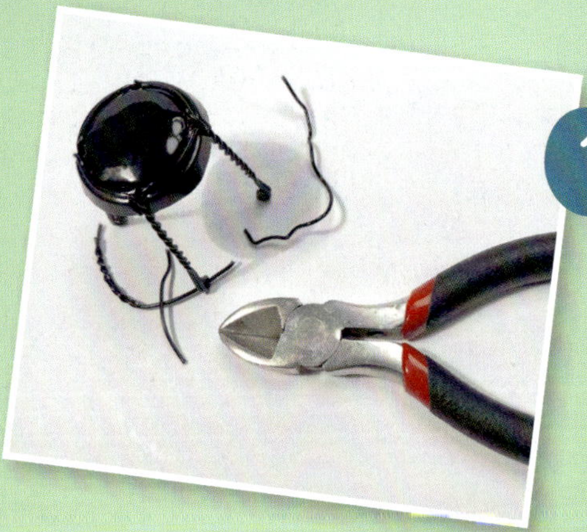

1

Mit einem Seitenschneider das untere Stück Draht vom Korkenverschluss abtrennen und herausziehen.

2

Den Hocker etwas zurechtbiegen. Mit schwarzer Farbe anstreichen, dann ist der Hocker schon fertig!

57 Wäschekorb

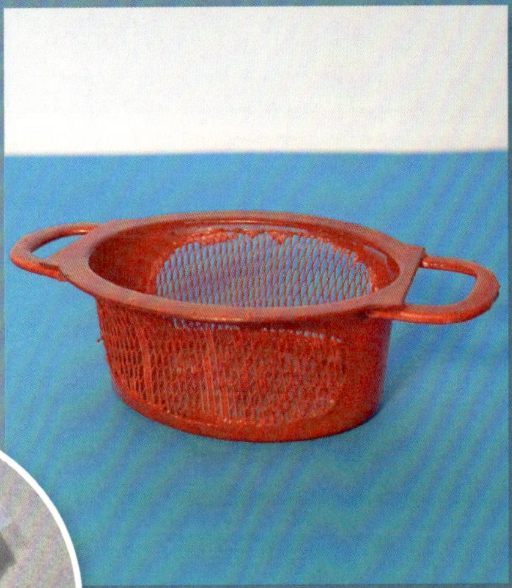

Es ist Waschtag! Frisch gewaschene Zipfelmützen, Mäntelchen und Kleidchen kommen in den Wäschekorb und werden an der frischen Luft zum Trocknen aufgehängt.

Material

- kleines Brühedöschen (oder andere Dose mit länglicher Form)
- feines Netz, z. B. Knoblauchnetz
- 2 Zahnseide-Sticks
- Sprühfarbe oder Acrylfarbe in Rot
- Cutter
- Bastelkleber

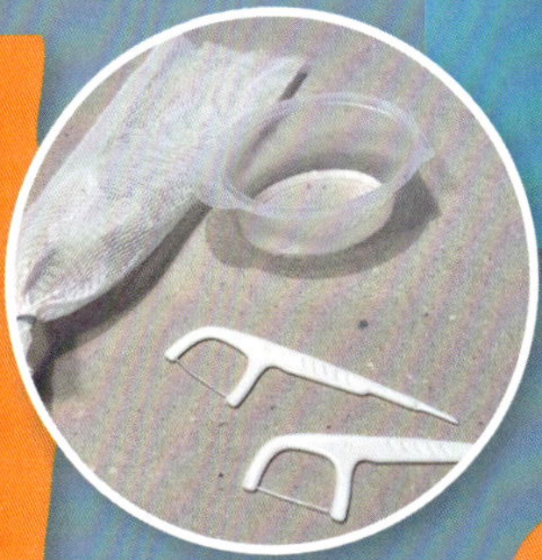

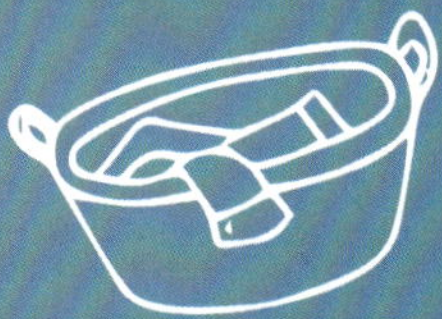

1 Zwei gleichmäßige Löcher in die längeren Seiten des Döschens schneiden.

2 Trenne die Bügel der Zahnseide-Sticks sorgfältig ab und klebe sie an die beiden schmalen Enden des Döschens als Griffe für den Korb.

3 Nun schneidest du das Knoblauchnetz passend zu den Löchern in der Dose zu. Du kannst die ausgeschnittenen Dosenteile als Schablone verwenden.

Kleberreste kannst du nachher vorsichtig mit einer kleinen Bürste entfernen.

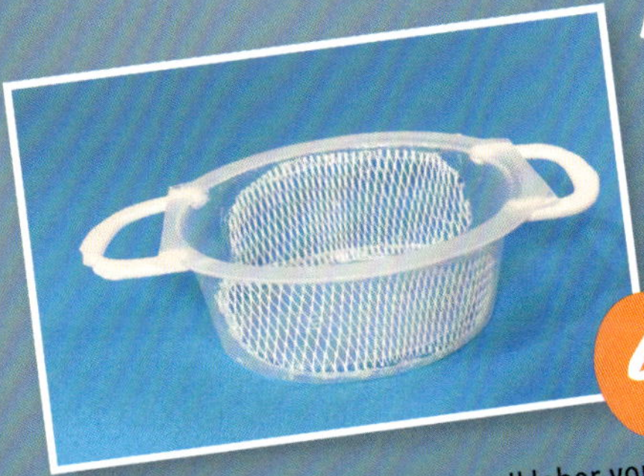

4 Einen schmalen Streifen Bastelkleber von innen um die Löcher herum auftragen und die Netzstücke aufkleben.

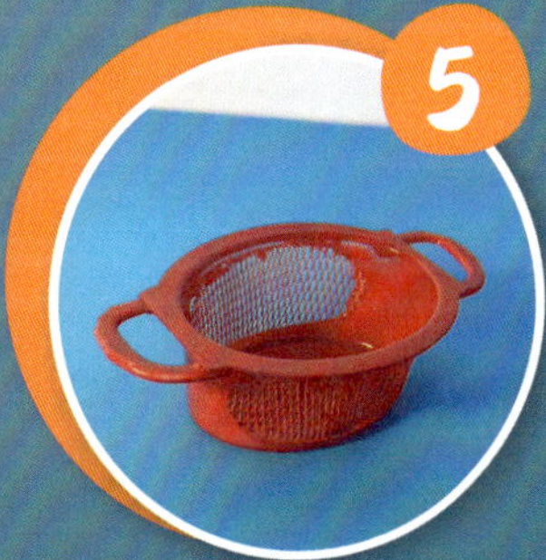

5 Zum Schluss den Wäschekorb farbig ansprühen bzw. -malen.

58

Wäscheständer

Frische Wäsche in Reih und Glied! Damit der Wind nichts mit sich reißt, nicht vergessen, mit Wäscheklammern zu sichern.

Material

- 6 Schaschlikspieße
- Baumwollgarn in Weiß
- Acrylfarbe in Rot und Weiß
- Moosgummirest in Blau
- Permanentmarker in Schwarz
- Heißkleber

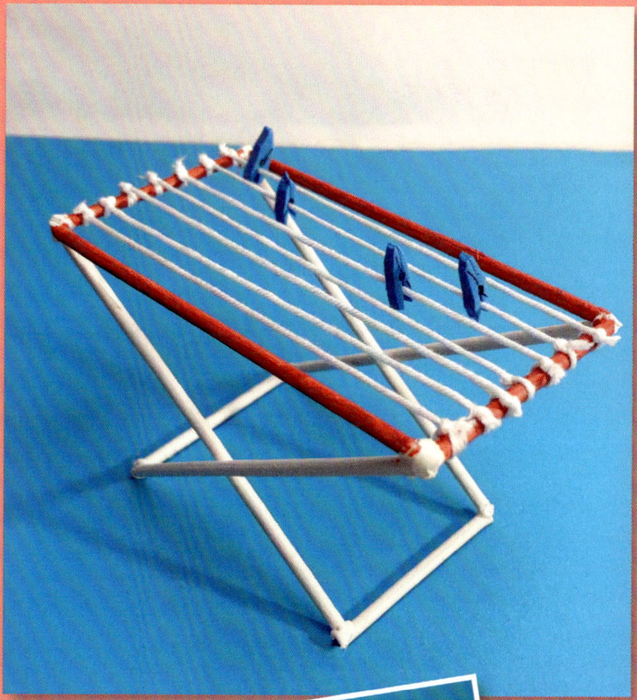

1

Schneide aus den Schaschlikspießen Stücke in folgenden Längen: 6x 10 cm, 3x 5,5 cm und 1x 5 cm.

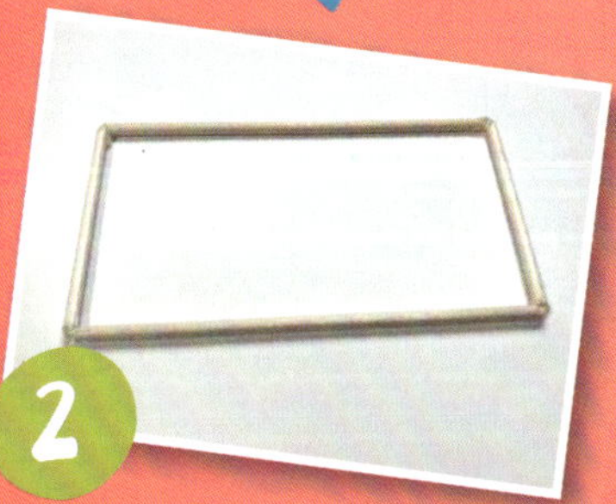

2

Mit Heißkleber einen Rahmen aus je zwei Stücken à 10 cm und 5,5 cm zusammenkleben.

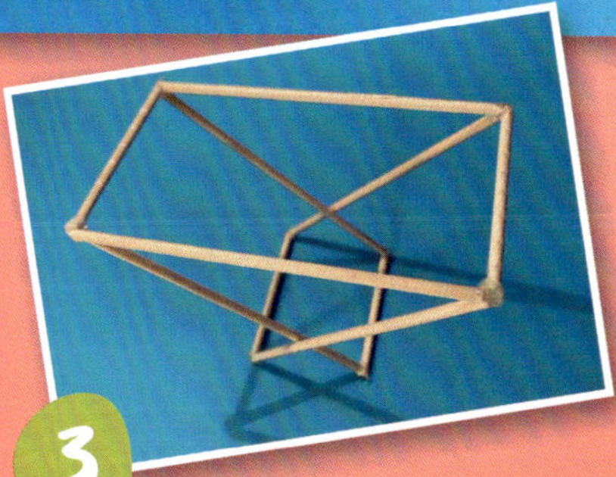

3

Danach an den langen Seiten des Rahmens je zwei Stücke à 10 cm x-förmig festkleben. Der Ständer sollte jetzt schon deine Wunschhöhe erhalten (ca. 6 cm sind optimal) und gerade stehen.

4

Nun die beiden übrigen Holzstücke unten an die Füße kleben.

5

Das Gestell nach Belieben mit Farbe bemalen und trocknen lassen.

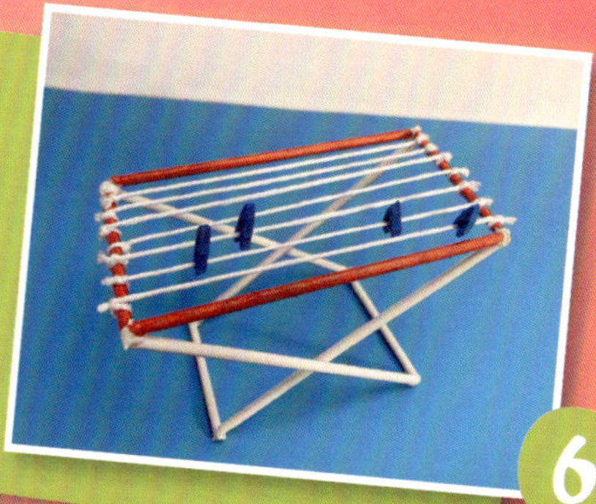

TIPP: *Wenn du den Wäscheständer lieber naturfarben belassen willst, solltest du eher mit Bastelkleber oder nur sehr sparsam mit Heißkleber arbeiten, da man sonst die Kleberreste sehen kann.*

6

Das Baumwollgarn in gleichmäßigen Abständen am Rahmen befestigen.

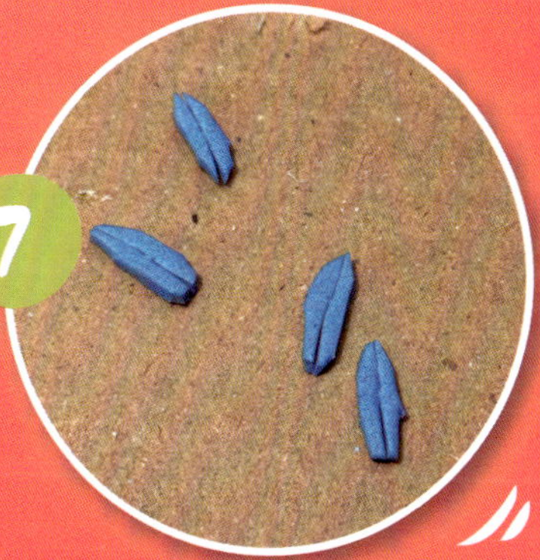

7

Die Wäscheklammern schneidest du aus Moosgummi zurecht (s. Bild): erst einen kleinen Streifen, die Ecken etwas abrunden und dann von oben und unten ein wenig in Richtung Mitte einschneiden, so kannst du sie auch auf die Leinen setzen (Wäsche können diese Klammern allerdings nicht halten ...).

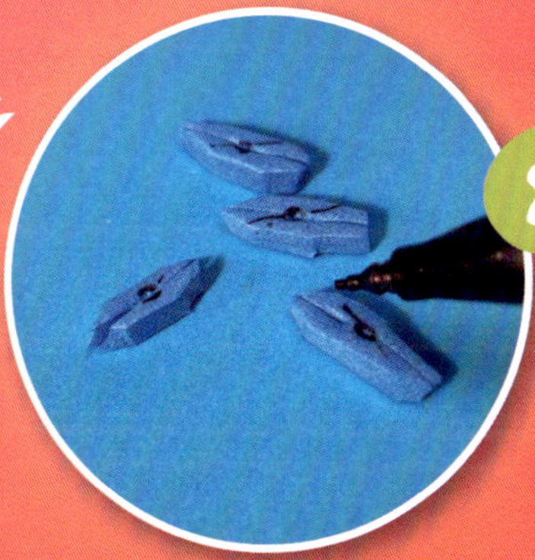

8

Zum Schluss mit schwarzem Permanentmarker die Klammern in der Mitte aufmalen.

59 Bügeleisen

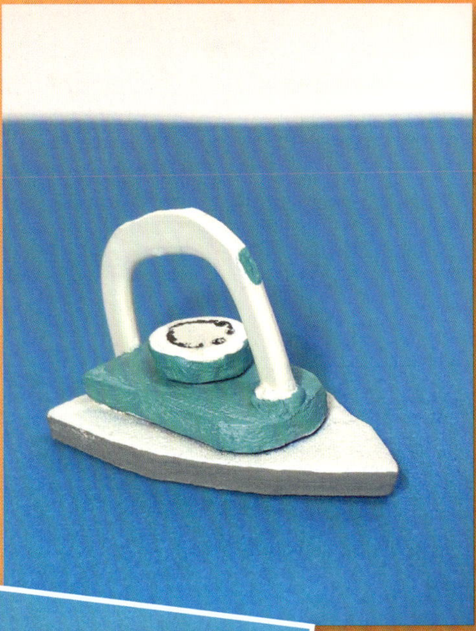

Auch wenn die Menschen heutzutage nicht mehr so häufig bügeln, lieben Wichtel glatte Bettwäsche und Tischtücher. Und auch das Zipfelmützchen wird für den perfekten Stand gerne mit dem Bügeleisen bearbeitet!

Material

- Moosgummirest, 3 mm stark
- Zahnseide-Stick
- Acrylfarbe in Weiß, Blau, Schwarz und Grau oder Silberfarben
- Bastelkleber

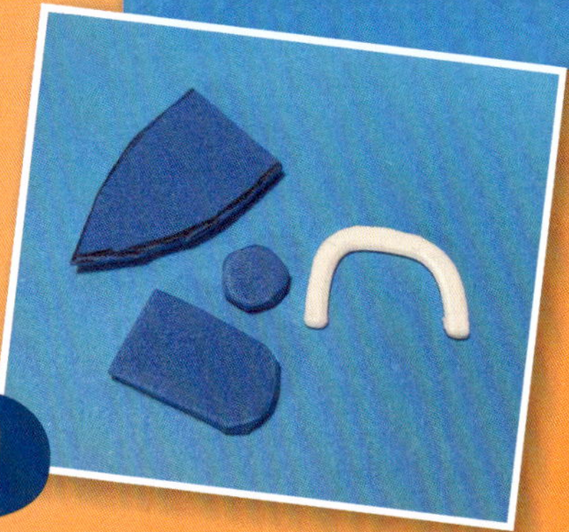

1 Schneide aus dem Moosgummi die Einzelteile für das Bügeleisen aus – orientiere dich dafür am Bild.

2 Den Bügel vom Zahnseide-Stick sauber heraustrennen.

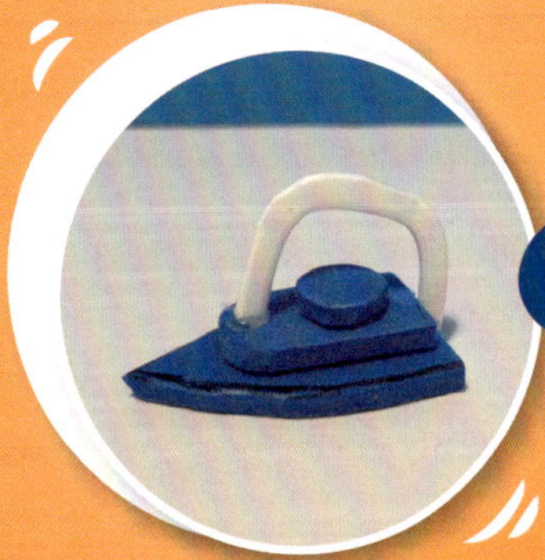

3 Alles zusammenkleben (s. Bild).

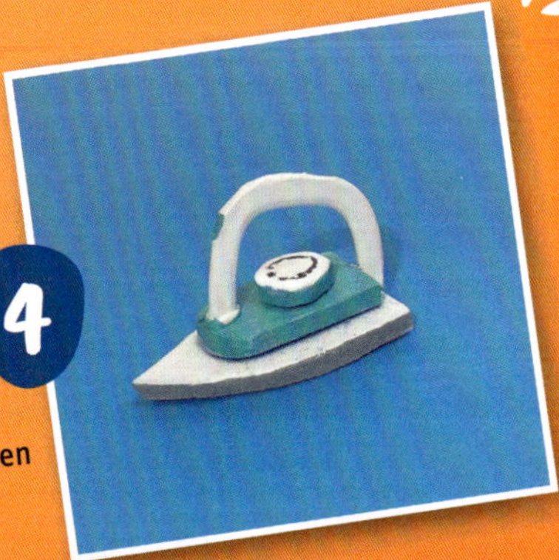

4 Zum Schluss das Bügeleisen mit Acrylfarbe bemalen.

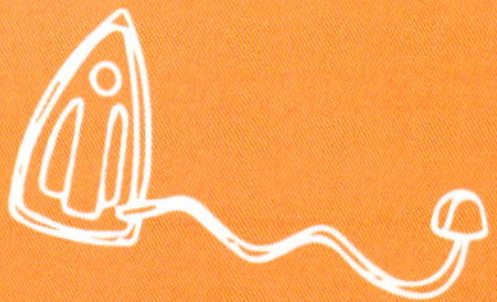

60

Bügelbrett

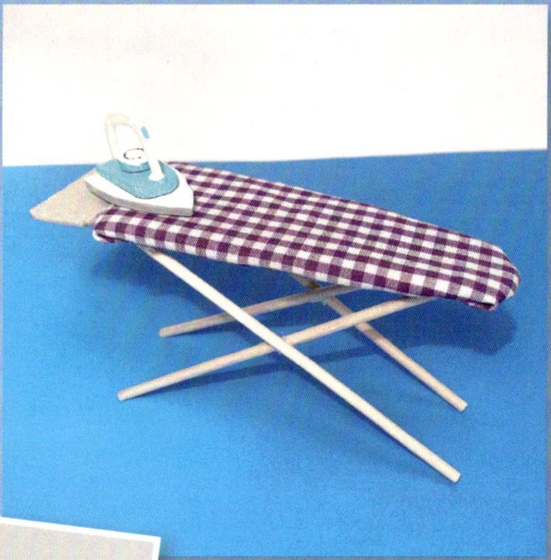

Das beste Bügeleisen nützt nichts ohne ein ordentliches Bügelbrett. Hier wird jeder noch so hartnäckigen Falte der Garaus gemacht!

Material

- Papperest (dick)
- Kartonrest (dünn)
- Filzrest
- Stoffrest, gemustert
- 4 Schaschlikspieße
- Kleber

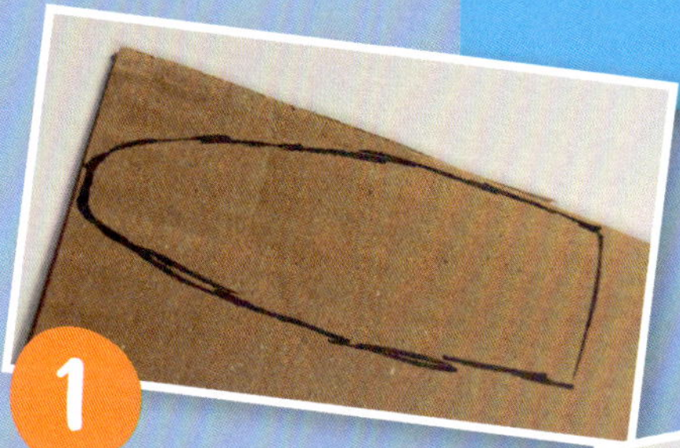

1 Schneide aus der dickeren Pappe das Bügelbrett mit ca. 10 cm Länge und ca. 3,5 cm Breite zu.

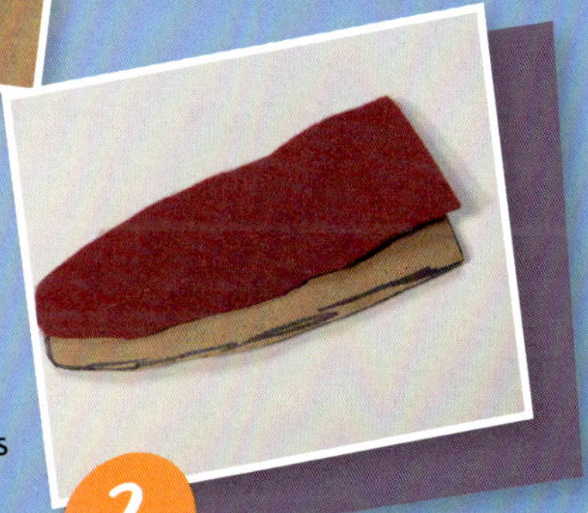

2 Damit das Bügelbrett weicher wird, eine Seite des Bretts mit Filz bekleben.

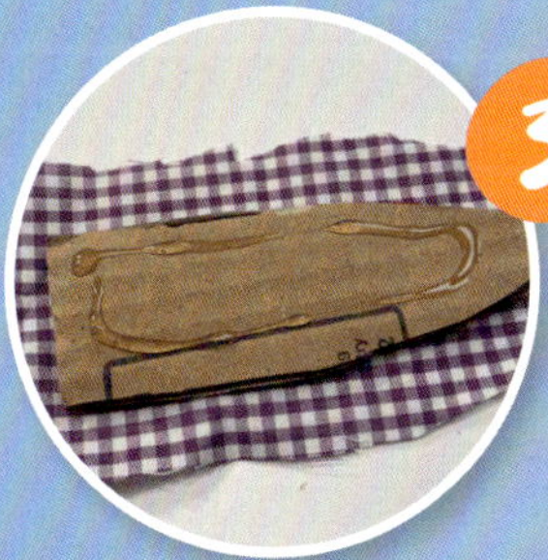

3 Schneide den Stoff so zurecht, dass er rundherum ca. 1 cm größer als das Bügelbrett ist. Klebe den Stoff auf die mit Filz beklebte Seite, schlage die überstehenden Ränder nach unten um und klebe sie dort gut fest.

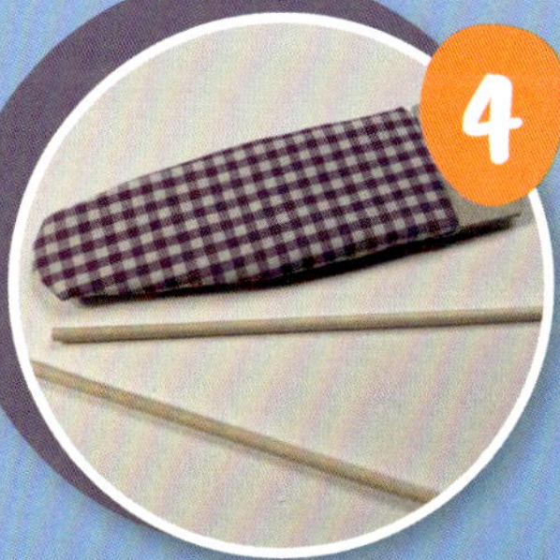

4 Aus dem dünneren Karton ein kleines Rechteck zurechtschneiden und als Ablage für das Bügeleisen an das breitere Ende des Bügelbretts kleben.

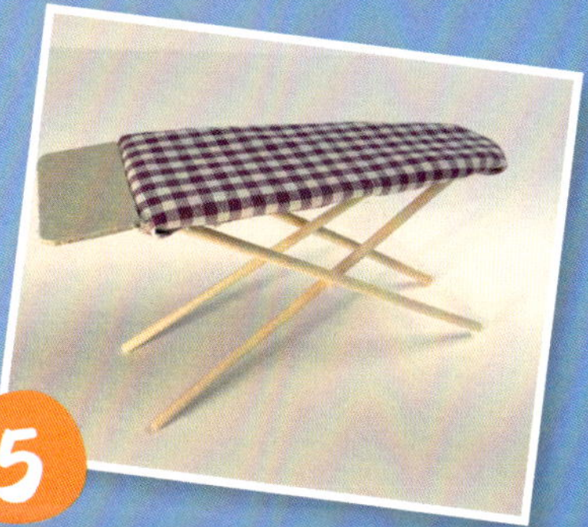

5 Schneide die Schaschlikspieße auf dieselbe Länge und klebe sie als Ständer überkreuzt an das Bügelbrett, sodass es einen geraden Stand hat.

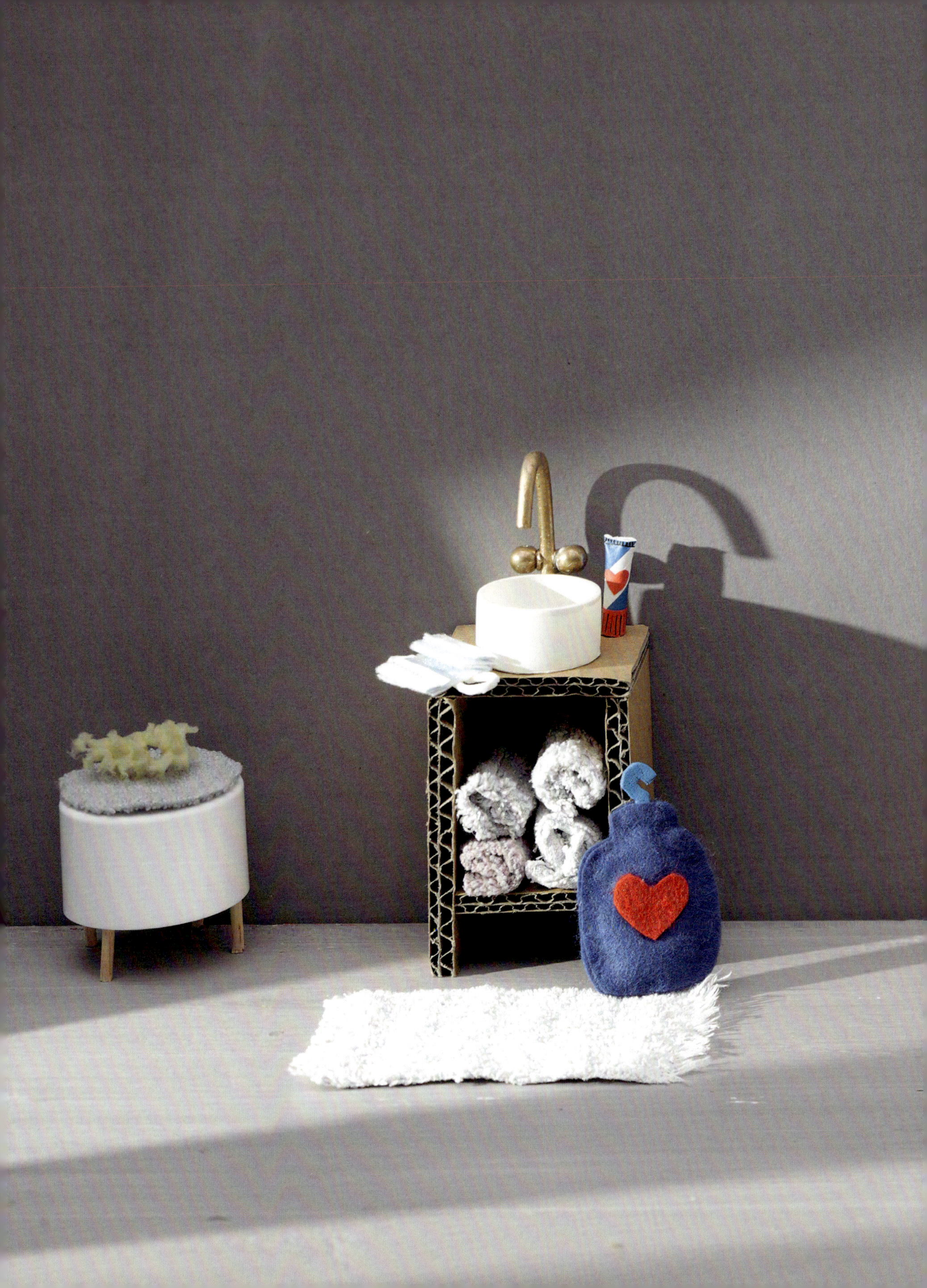

Bad & Beauty

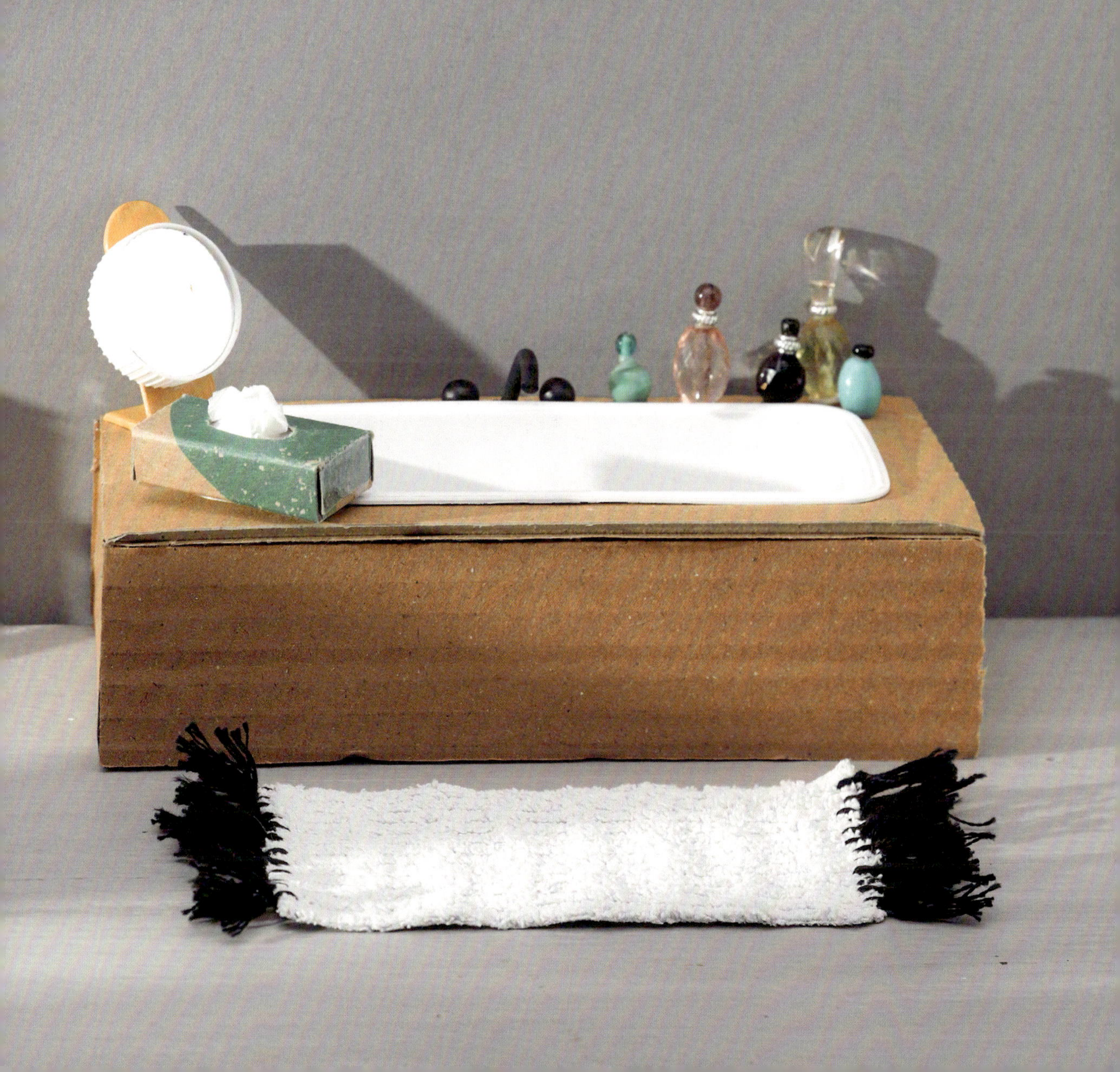

61

Badewanne

Wenn es draußen kalt und ungemütlich wird, verbringen Wichtel gerne ruhige Abende in der Badewanne. Schaum darf natürlich nicht fehlen!

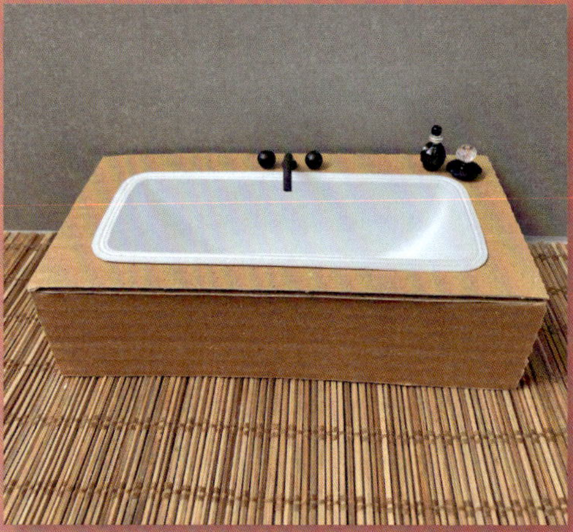

Material

- leere Schmelzkäseverpackung
- Paketpappe
- Lolli-Stiel
- 2 Holzperlen, ø 3-4 mm
- etwas Knetgummi in Schwarz
- Acrylfarbe in Schwarz
- Bastelkleber

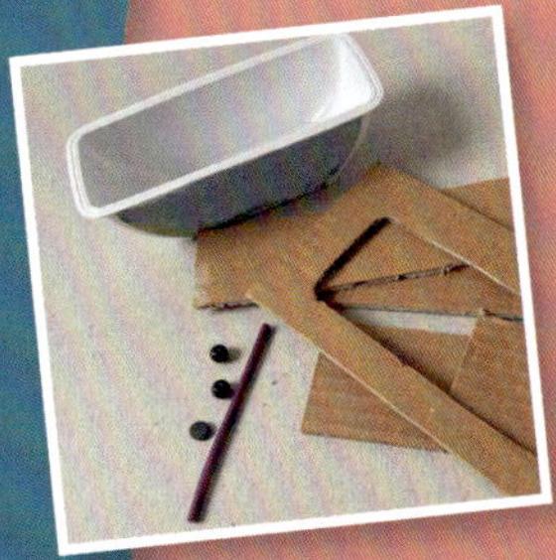

1 Schneide ein Pappstück so zu, dass es rundum ca. 2 cm größer ist als die Schmelzkäseverpackung.

2 Die Öffnung für die Verpackung einzeichnen. Sie sollte kleiner als die offene Seite der Verpackung sein und nicht ganz mittig liegen (eine lange Seite sollte breiter sein, da dort der Wasserhahn platziert wird).

3 Schneide für die Seitenteile der Wanne die Pappe mindestens in Höhe der Schmelzkäseverpackung zu. Die Breite passt du an das Deckelteil an. Klebe alles sauber mit Bastelkleber zusammen.

4 Die Schmelzkäseverpackung als Wanne einsetzen.

5 In die Mitte der Wanne ein flaches Stückchen Knete als Abfluss setzen.

TIPP: *Am besten lässt sich ein Lolli-Stab aus Papier biegen!*

6 Den Lolli-Stab in Form eines Wasserhahns biegen.

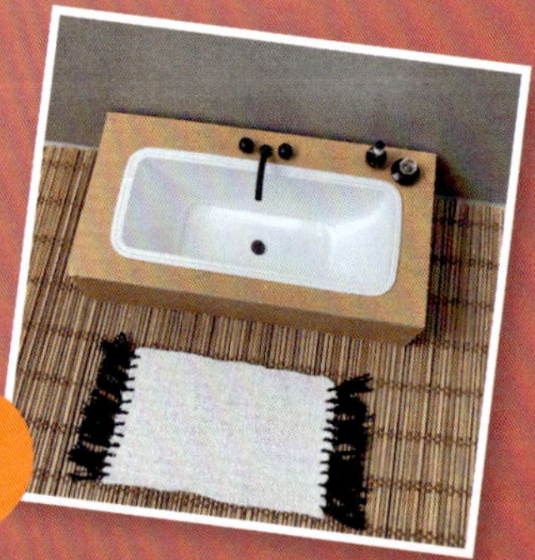

7 Den Lolli-Stab und die Holzperlen schwarz bemalen und mittig an die breitere Seite der Wannenabdeckung kleben.

62 BADTEPPICH

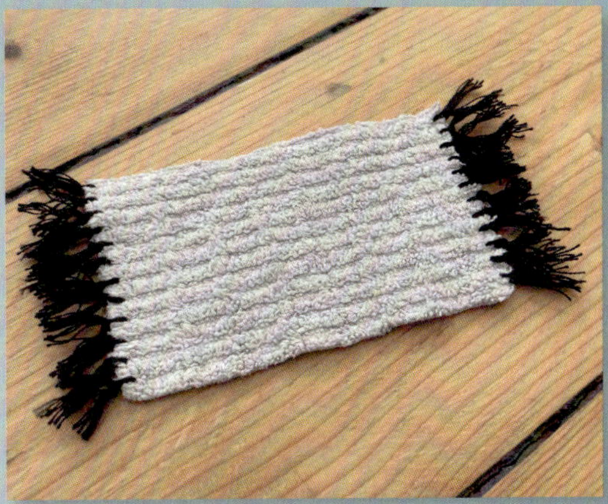

Dieser Teppich sieht schick aus und hält die Füße nach dem Baden schön warm.

MATERIAL

- altes Handtuch/Waschlappen/Putzlappen oder anderer grober Stoff
- Stickgarn in Schwarz
- Sticknadel

1 Aus dem Handtuch schneidest du ein für dich passendes Stück (am besten rechteckig) heraus.

2 Nun werden an den kurzen Seiten die Fransen hergestellt. Dafür das Garn durch den Stoff ziehen, einen sauberen Knoten machen und in etwa 1 cm Länge abschneiden. Diesen Schritt entlang der kurzen Kante alle 2–3 mm wiederholen.

3 Sobald beide kurze Seiten fertig bearbeitet sind, kannst du mit der Nadel das Garn in Einzelstränge zerteilen, so entsteht mehr Volumen an den Fransen.

4 Am Ende Fäden gleichmäßig stutzen und schon ist der Teppich fertig.

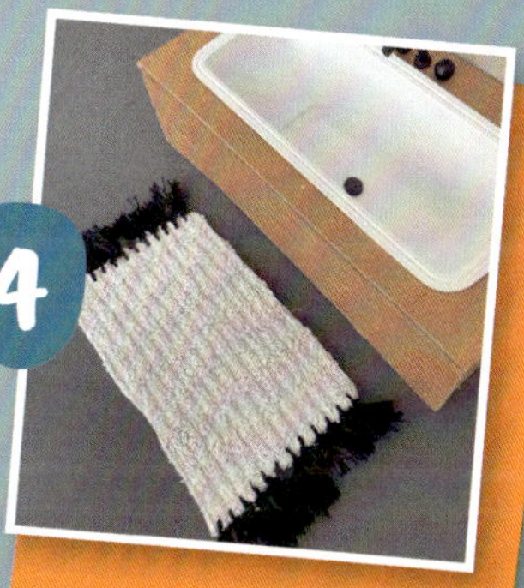

63

Waschbecken & -Tisch

Die morgendliche und abendliche Toilette ist ein wichtiges Ritual, das sich kein Wichtel entgehen lässt.

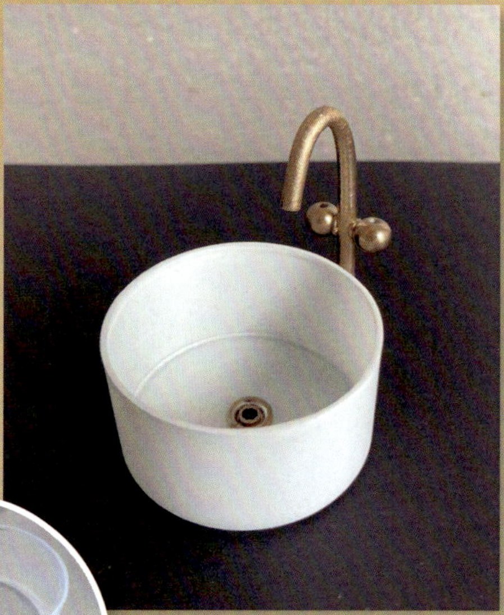

Material für das Waschbecken

- Lolli-Stiel (am besten aus Papier)
- 2 Perlen, ø 3 mm
- Druckknopf, ø 3-4 mm
- rundes Döschen oder Deckelchen (alternativ leere Klebefilmrolle mit Pappboden bekleben)
- Sprühfarbe in Goldfarben (evtl. zusätzlich in Weiß)
- Bastelkleber

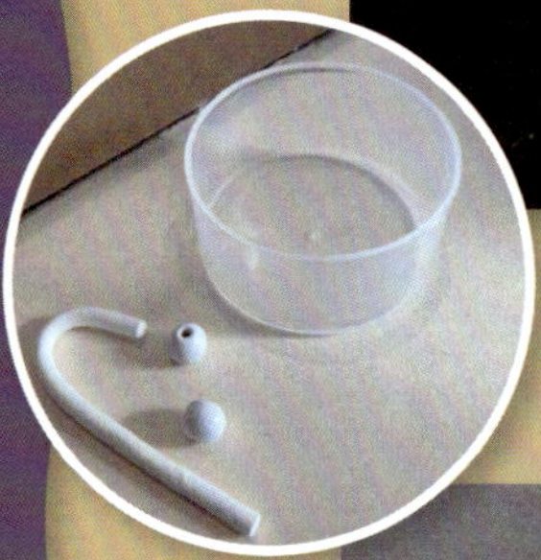

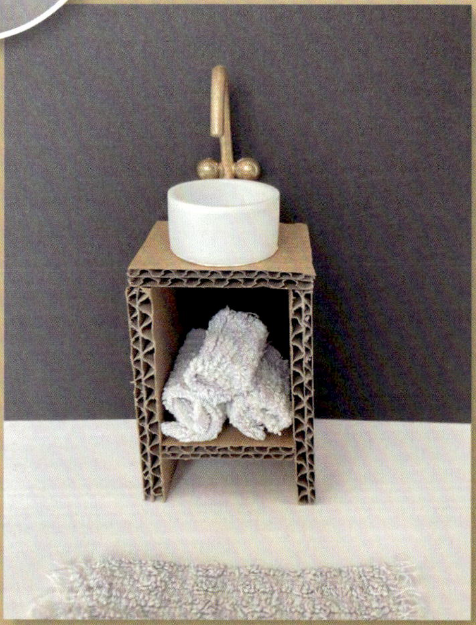

Material für den Waschtisch

- dicke Pappe oder Pappelholz
- altes Handtuch/Putzlappen
- evtl. Masking-Tape oder Motivpapierrest
- Kleber

Waschbecken

1 Den Lolli-Stiel in Form eines Wasserhahns biegen. Von unten kürzen.

2 Die beiden Perlen links und rechts vom Stiel ankleben.

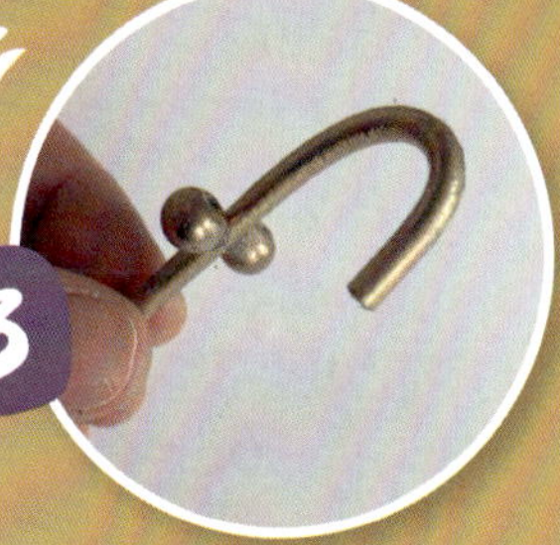

3 Den fertigen Wasserhahn und den Druckknopf goldfarben ansprühen. Alles trocknen lassen.

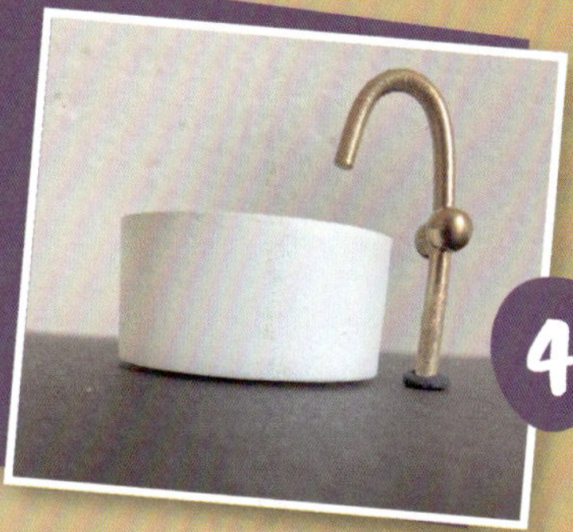

4 Wenn nötig, sprühst du das Deckelchen vorher noch weiß an. Den Druckknopf darin mittig als Abfluss mit Bastelkleber befestigen.

5 Das fertige Waschbecken und den Wasserhahn auf einer beliebigen Fläche platzieren (zum Beispiel auf dem folgenden Waschtisch).

Wenn du das Waschbecken auf den Waschtisch setzen möchtest, verwendest du am besten einen etwas kleineren Deckel und kürzt auch den Wasserhahn etwas mehr.

Waschtisch

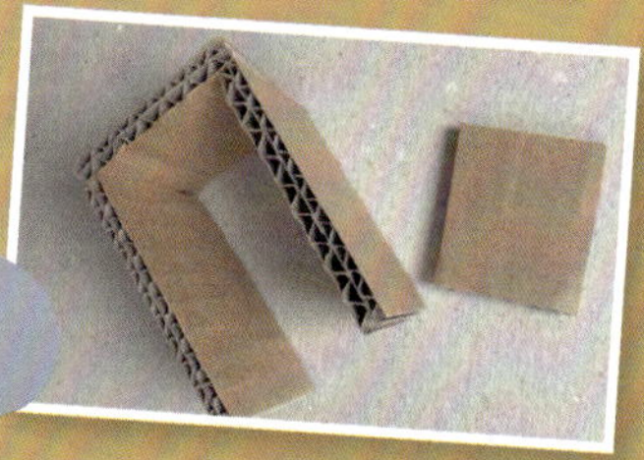

1 Schneide aus der Pappe zwei lange Seitenteile, ein kurzes Teil für die Oberseite des Tisches und ein weiteres kurzes Teil, das als Regalboden zwischen die Seitenteile geklebt wird. Klebe alle Teile zusammen (s. Bild).

2 Wenn dich die offenen Pappkanten stören, kannst du sie mit Masking-Tape oder Papier sauber abdecken.

3 Klebe das Waschbecken und den Wasserhahn auf den Waschtisch.

4 Schneide aus dem Handtuch kleine Handtücher zu. Du kannst sie zusammenrollen oder falten und sie unten auf das Regalbrett legen.

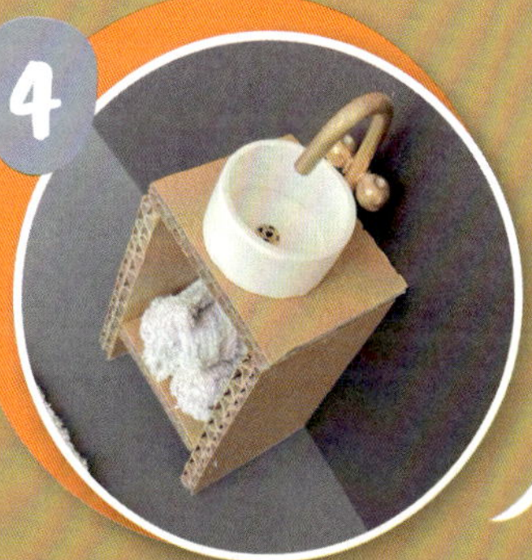

Wenn du möchtest, kannst du aus dem Handtuch auch noch einen passenden Teppich schneiden und nach Belieben ausfransen.

64 Flakons und Flaschen

Duftende Lotionen und herrliche Parfums in funkelnden Fläschchen sind nicht nur eine Wohltat für die Sinne, sondern verschönern auch noch jedes Bad.

QUICK & EASY

Material

- diverse Schmuckperlen und Metallschmuckteile (von alten Ketten oder Armbändern)
- Bastelkleber

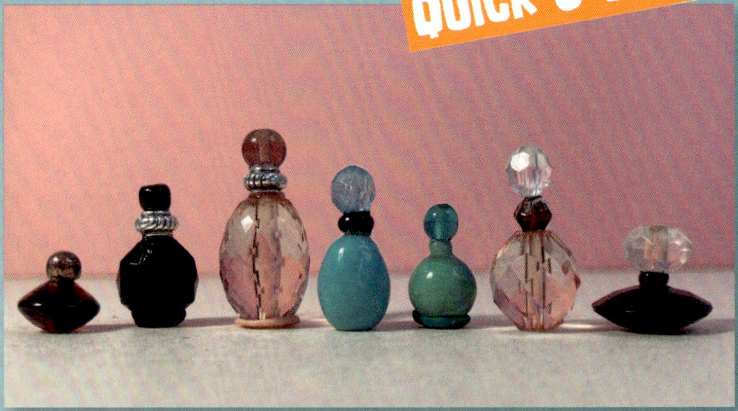

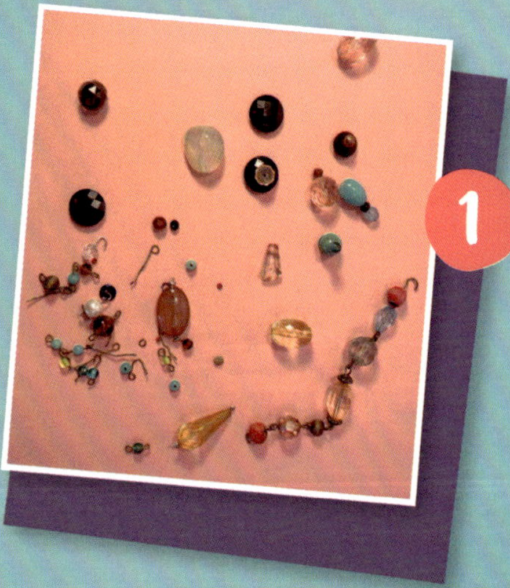

1 Suche passende Perlen und Schmuckteile und experimentiere, was am besten zusammenpasst.

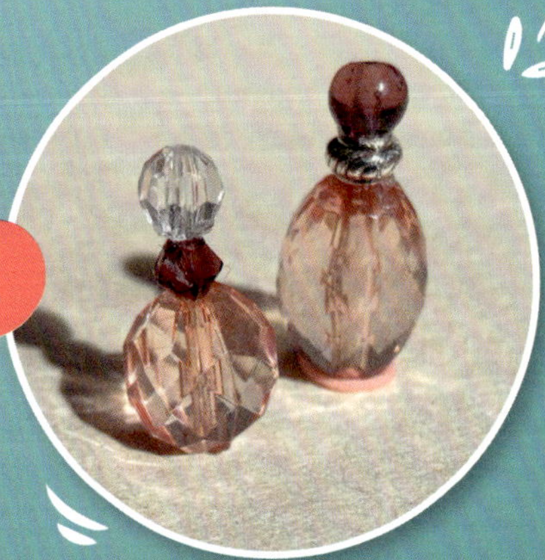

2 Wenn du die Teile für deine Flakons und Flaschen zusammengestellt hast, alles gut festkleben.

65 Tube

Eine der wichtigsten Regeln in Wichtel-Haushalten:
Der letzte dreht die Tube zu!

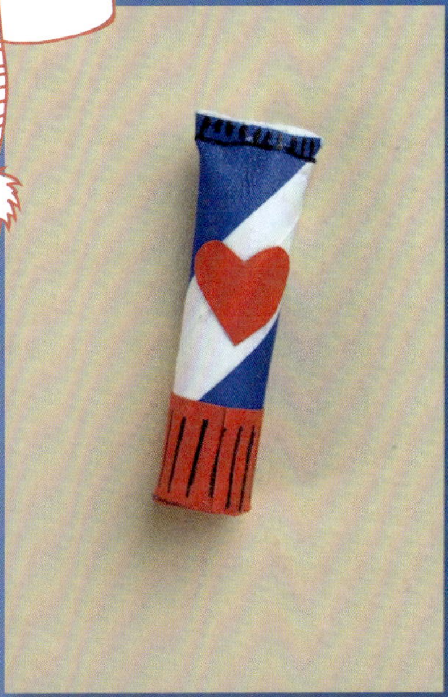

Material

- Papierstrohhalm
- Tonpapierrest
- Fineliner in Schwarz
- Kleber

1 Schneide ein ca. 3 cm langes Stück vom Strohhalm ab.

2 Fahre mit dem Fingernagel über eines der offenen Enden und die Tube ist verschlossen.

3 Klebe die andere Öffnung mit einem Kreis aus Papier zu.

4 Schneide einen Papierstreifen zu und klebe ihn um das runde Ende der Tube. Jetzt hat die Tube einen Deckel.

5 Wenn du magst, verziere die Tube noch mit einem Herz oder Etikett. Du kannst auf der Tube mit dem Fineliner auch die typischen Rillen simulieren.

66 Tischspiegel

Die Wichtelrasur gelingt mit einem gut platzierten Spiegel im Nullkommanichts!

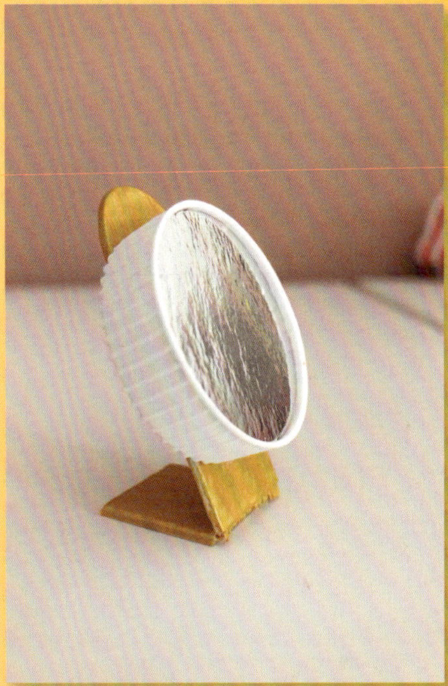

Material

- Deckel (z. B. von Milchkarton)
- Innenseite eines Kartons mit Frischhaltefunktion
- Holzstäbchen
- Kleber oder doppelseitiges Klebeband
- Nagellack in beliebiger Farbe
- Cutter

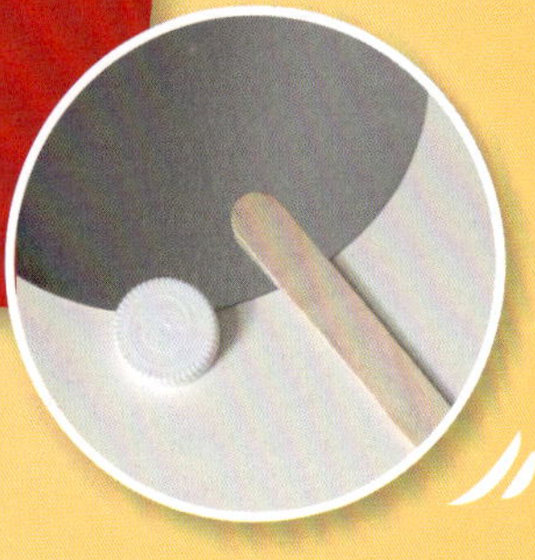

1. Lege den Deckel auf den Karton und übertrage die runde Form.
2. Schneide den Kreis mit der Schere aus und stecke ihn in den Deckel.
3. Kürze das Holzstäbchen, ritze es an einer Stelle ein und knicke es dort. Jetzt ist der Standfuß vorbereitet. Wenn du möchtest, lackiere ihn noch mit Nagellack.

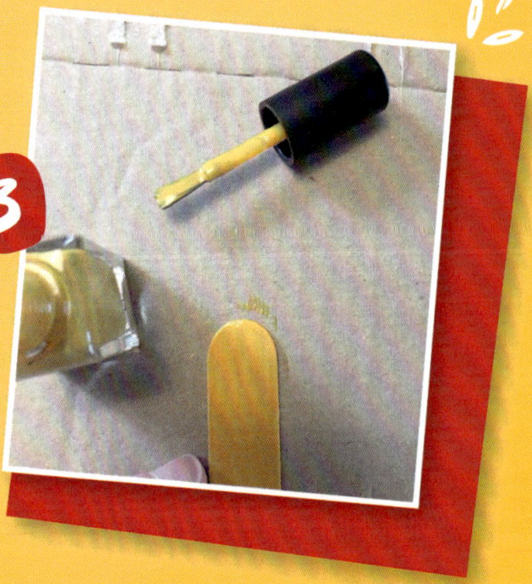

4. Klebe den Deckel auf den Standfuß und fertig ist der schicke Spiegel!

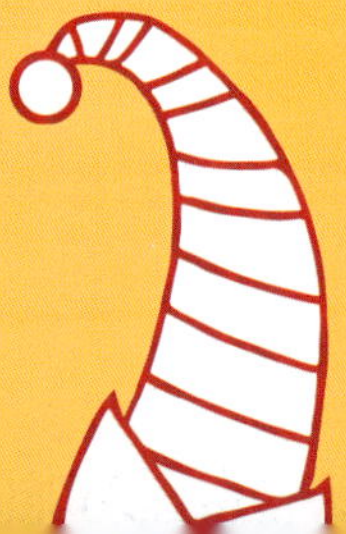

67 Wärmflasche

Abends auf dem Sessel die Füße wärmen oder das Bett für die Nacht wohlig-warm vorbereiten. Eine Wärmflasche ist immer eine gute Idee!

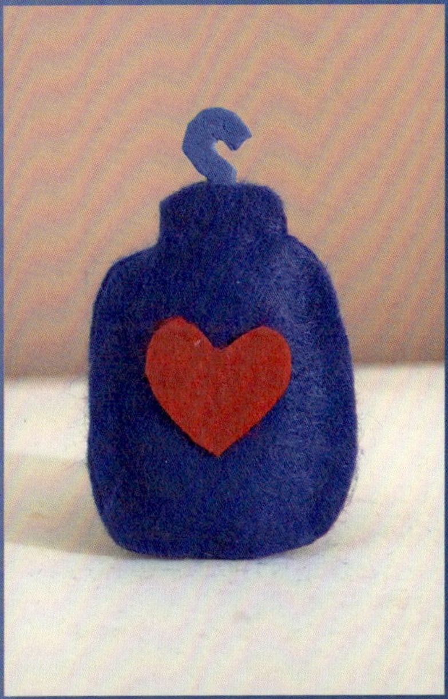

Material

- Filzrest in zwei verschiedenen Farben
- Füllmaterial (Watte, Stoffreste o. Ä.)
- Moosgummirest
- Kleber

Vorlage auf Seite 136

1. Übertrage die Form der Wärmeflasche von der Vorlage zweimal auf den Filz. Schneide beide Teile aus.
2. Schneide aus dem Moosgummi einen Haken zu.
3. Das Füllmaterial und den Haken auf eine Flaschenhälfte legen, beide Teile zusammenkleben, sodass der Haken oben herausschaut.
4. Eine Verzierung, z. B. ein Herz, ausschneiden und auf die Wärmflasche kleben.

68

MUNDSCHUTZ

Wenn es aus jeder Ecke nur noch niest und hustet, greifen Wichtel gerne zu stärkeren Mitteln, um sich vor Bazillenschleudern zu schützen.

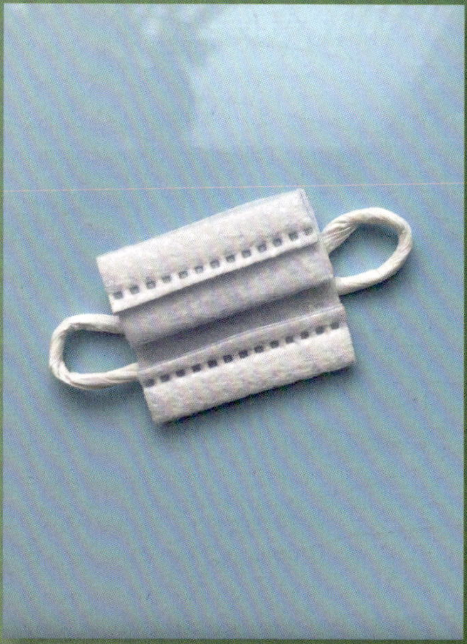

Material

- OP-Maske
- Drahtkordel
- Kleber

1

Schneide aus der Mitte einer OP-Maske ein Rechteck mit den Maßen 2,5 cm x 2 cm zu. Achte darauf, dass du ein Stück mit der Falte erwischst.

2

Schneide vom Rand zwei Streifen à 2,5 cm ab und klebe sie oben und unten auf das Rechteck.

3

Zum Schluss aus der Drahtkordel zwei Stücke zuschneiden und als Bänder ankleben.

69 Taschentuch-Box

Hatschi! Wie gut, wenn man die Taschentuch-Box immer griffbereit hat.

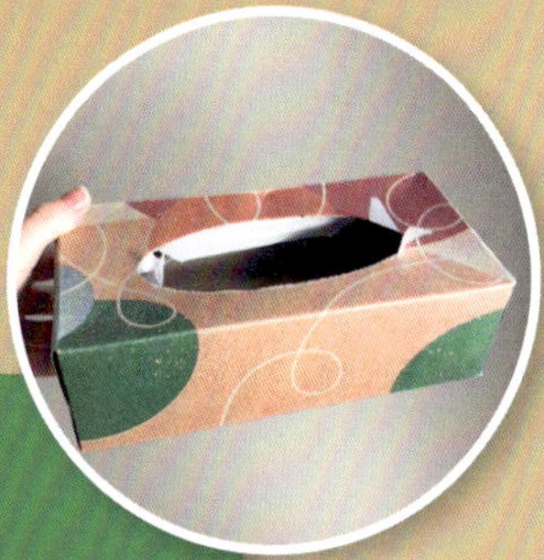

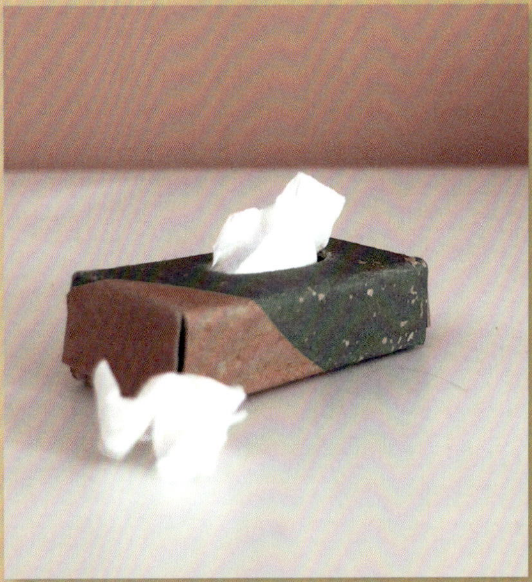

Material

- leere Taschentuchbox
- Taschentuch
- Kleber

Vorlage auf Seite 136

1. Falte die Taschentuchbox auseinander. Übertrage die Vorlage für die Box im Wichtelformat auf einen Teil der Box, der besonders schön bedruckt ist.
2. Alles ausschneiden und zusammenfalten. Mit Kleber fixieren.
3. Kleine Taschentücher zuschneiden und reinstecken.

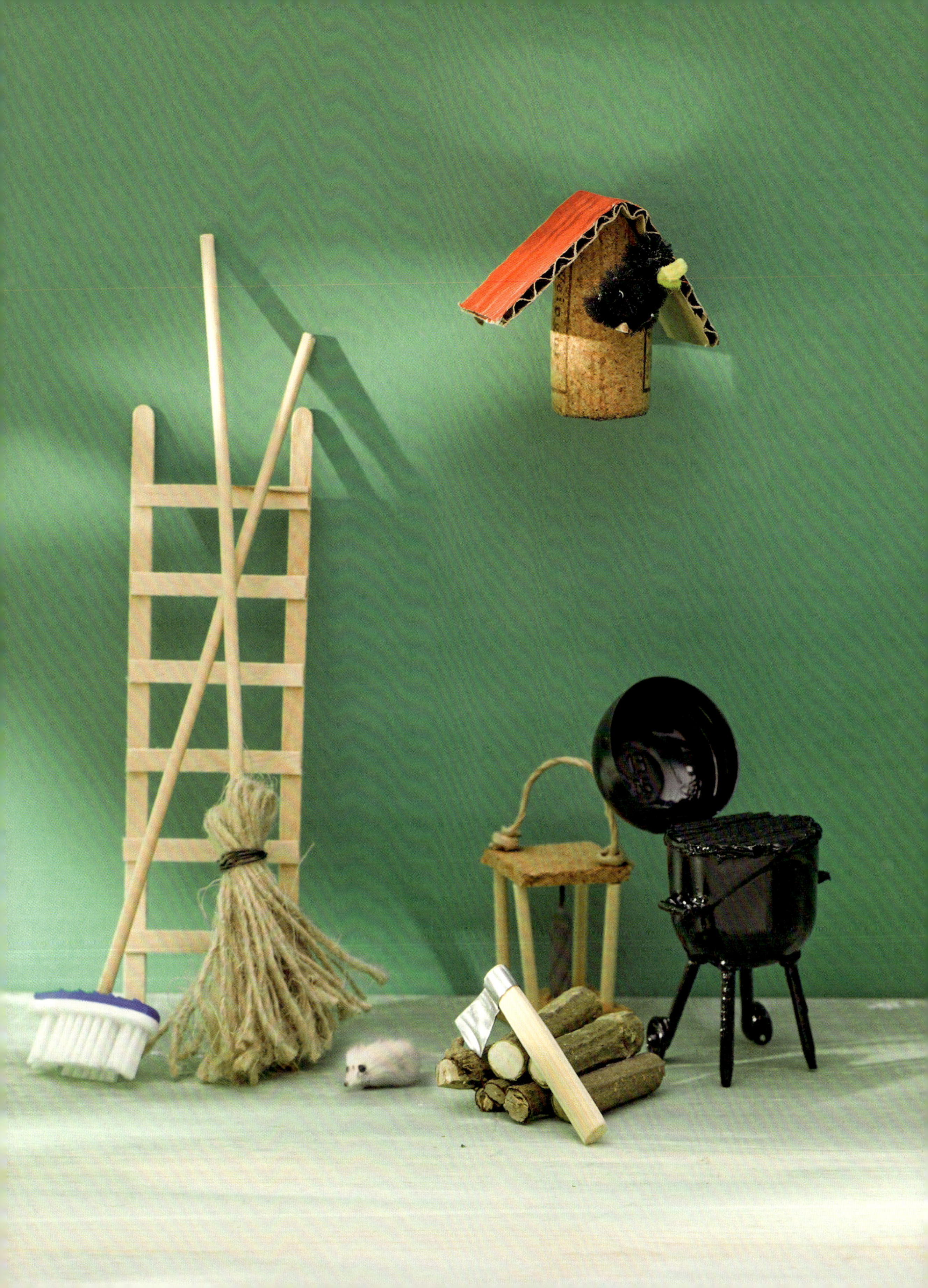

Garten & Outdoor

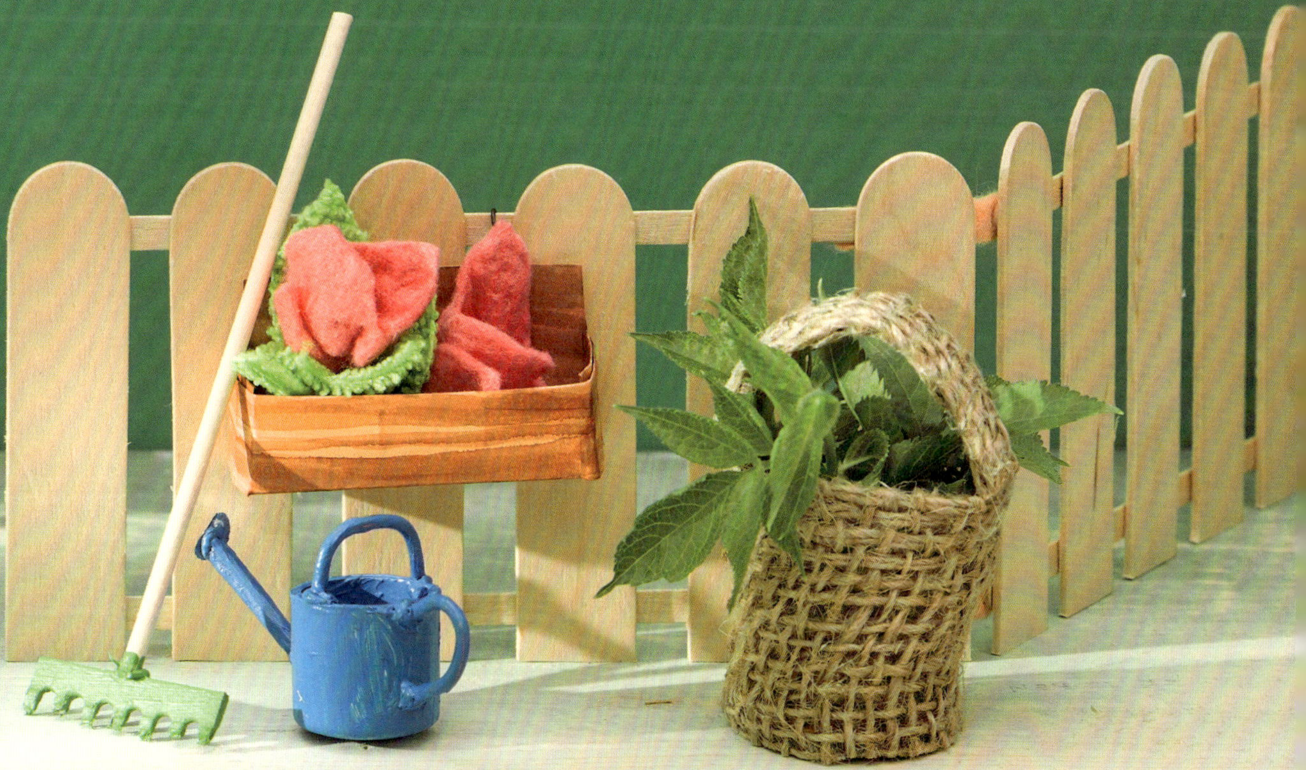

70 Gießkanne

Anstatt auf den nächsten Regen zu hoffen, greift dein Wichtel gerne auch selbst zur Gießkanne und pflegt hingebungsvoll seine Pflanzen und Blumen.

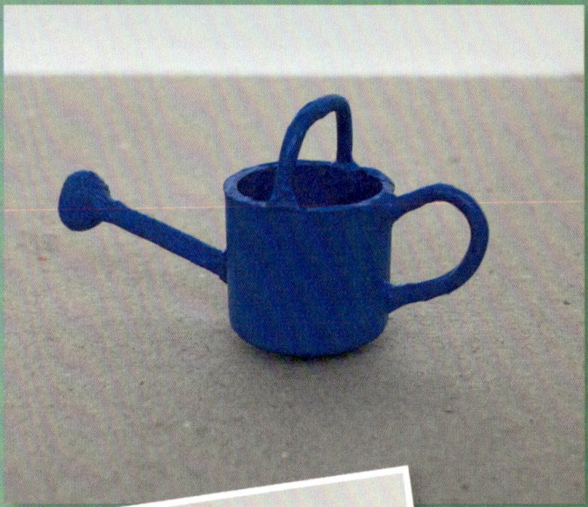

Material

- biegsamer dickerer Basteldraht oder Kabel
- Deckel von einer kleinen Flasche
- Schaschlikspieß
- halbe getrocknete Erbse (Schälerbsen)
- Acrylfarbe in beliebiger Farbe
- Seitenschneider
- Bastelkleber

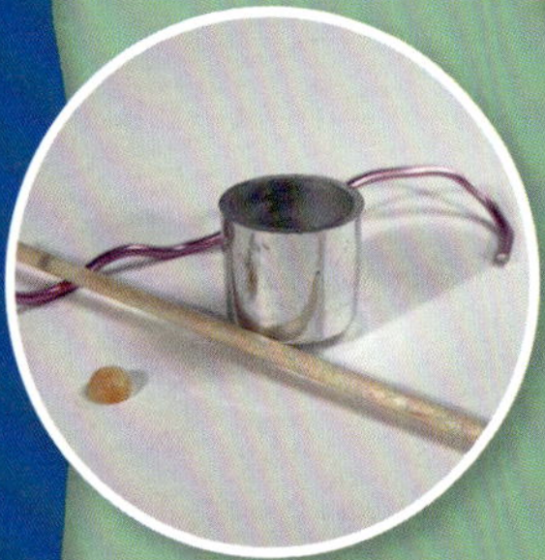

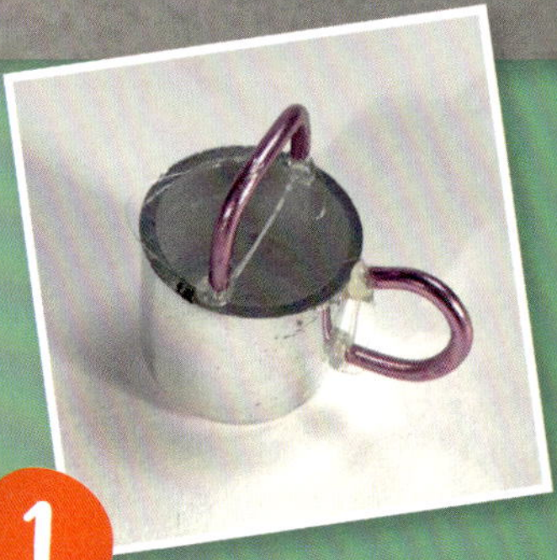

1 Schneide und biege den Draht so zurecht, dass zwei Henkel entstehen: einer für oben und einer für die Seite der Kanne. Klebe beide Henkel an den Deckel.

2 Für den Ausgießer, schneide den Schaschlikspieß etwas schräg auf die gewünschte Länge zu und klebe das Stück seitlich an den Deckel, genau gegenüber vom seitlichen Henkel.

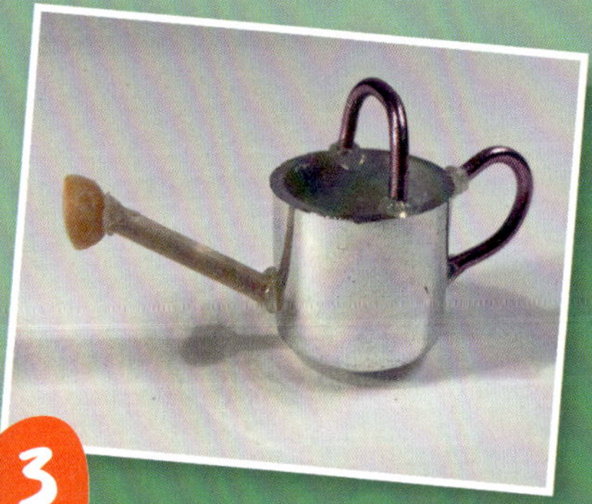

3 Klebe die Schälerbse ebenfalls etwas schräg am vorderen Ende des Ausgießers fest.

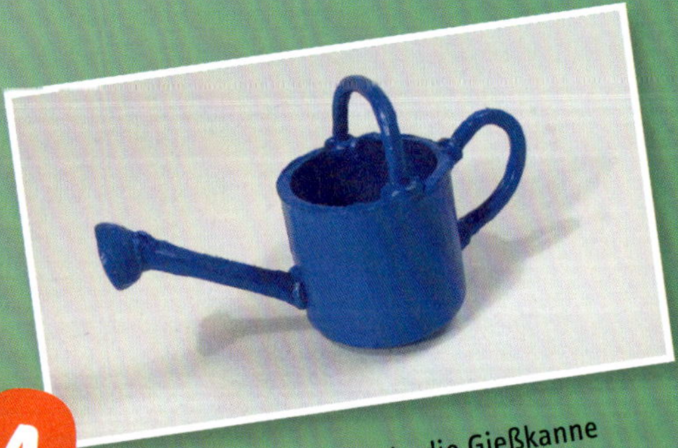

4 Zuletzt kannst du die Gießkanne nach Belieben bemalen.

71 Harke

Gefallenes Laub geschwind mit der Harke zusammenkehren – schon freut sich der Igel über sein gemütliches Winterquartier!

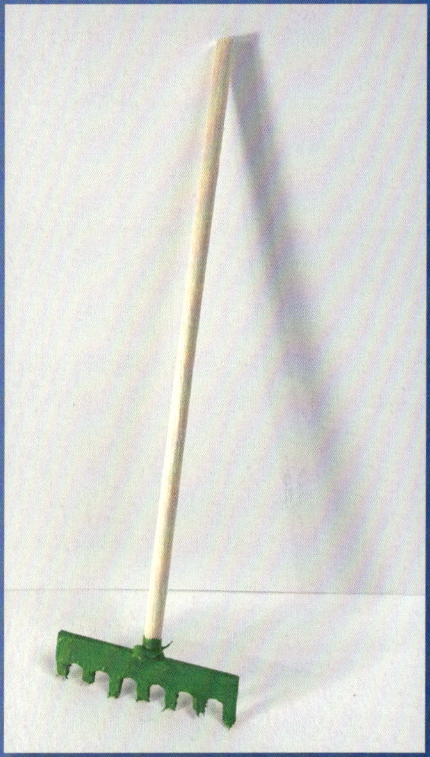

Material

- perforierte Pappe (z. B. von einem Spiralblock)
- Schaschlikspieß
- Acrylfarbe in Grün
- Bastelkleber

1. Schneide aus der Pappe ein passendes Stück heraus.
2. Den Stiel schneidest du aus dem Schaschlikspieß in deiner gewünschten Länge zu.
3. Klebe das Stück Pappe nun mittig an den Stiel.

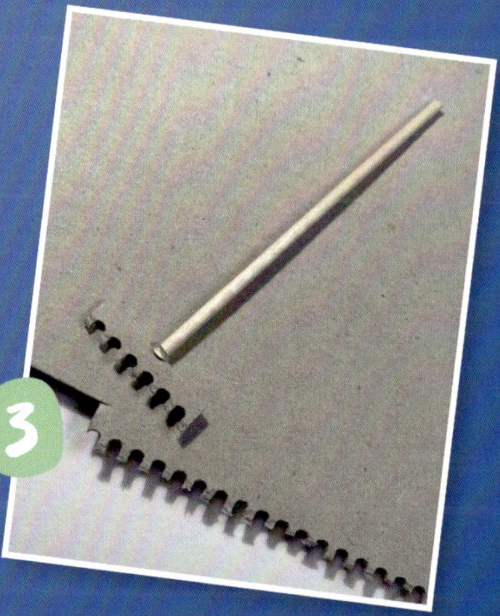

4. Male die Zinken nach Belieben an.

72 Funkelnde Laterne

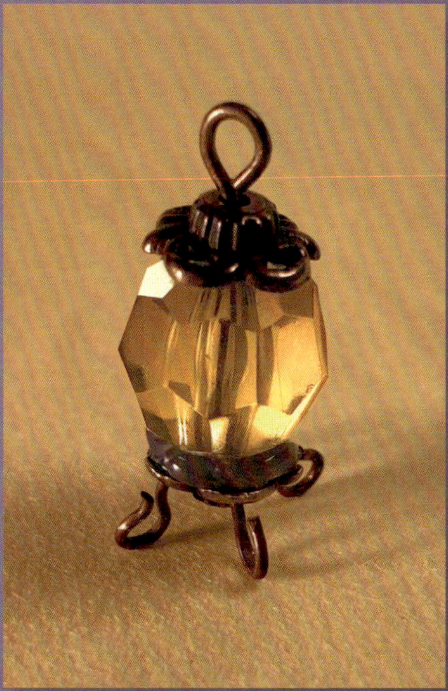

Nicht nur im Winter schafft das Licht der Funkellaterne eine wunderbare Atmosphäre zum Träumen.

Material

- etwas größere Schmuckperle (z. B. aus einer alten Modeschmuck-Kette)
- Metall-Accessoires aus Modeschmuck
- 3 kleine Haken
- Biegering (von einer Kette)
- Bastelkleber

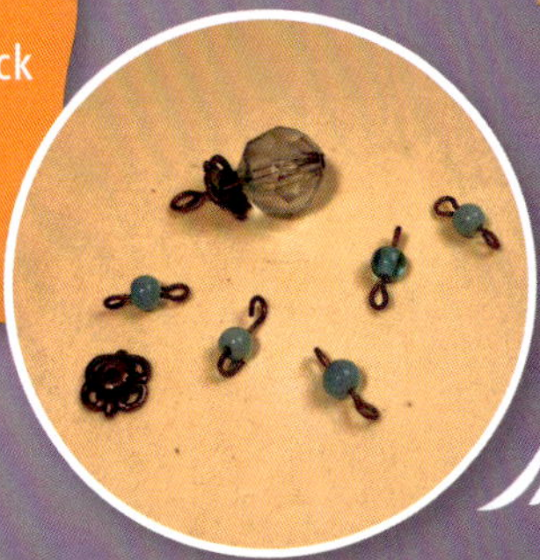

1. Die Schmuckelemente aus Metall oben und unten an die Perle kleben.
2. Die drei kleinen Haken als Füße ankleben.
3. Oben den kleinen Ring als Griff ankleben.

73

RUSTIKALE HOLZLATERNE

Bei warmem Kerzenschein verbringt der Wichtel gerne lange Abende im Garten.

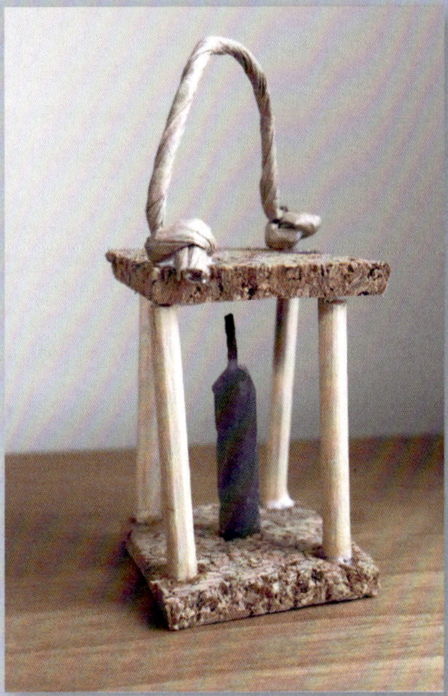

MATERIAL

- Korkplattenrest
- Schaschlikspieß
- Geburtstagskuchenkerze
- Kordel
- Bastelkleber

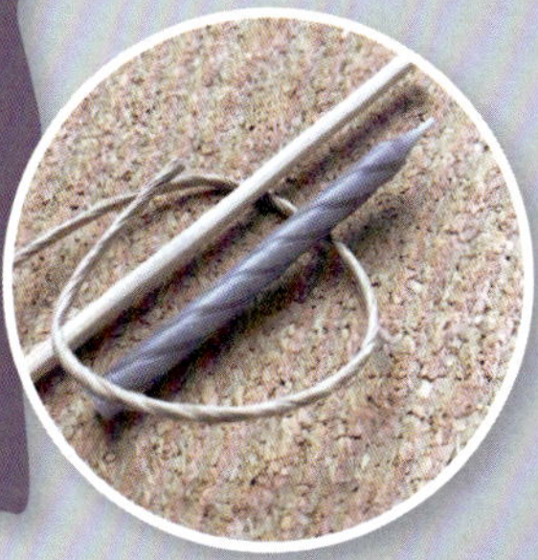

1. Schneide aus dem Kork zwei Plättchen à 2,5 cm x 2,5 cm zu.
2. In ein Korkplättchen mittig ein Loch bohren und die Kerze durchschieben.
3. Schneide den Spieß in 4 Teile à 3 cm. Die vier Holzstücke in die Ecken der Korkplatte kleben und gut trocknen lassen.
4. Die zweite Korkplatte als Deckel auf die Holzstücke aufkleben.
5. Zum Schluss oben die Kordel ankleben.

74 Gartenzaun

So ein Zaun ist eine feine Sache – er schützt vor fremden Eindringlingen und lädt gleichzeitig zu einem kleinen Pläuschchen unter Nachbarn ein.

Material

- 6 breite Holzstäbchen
- 4 schmale Holzstäbchen
- Filzrest
- Cutter
- Kleber

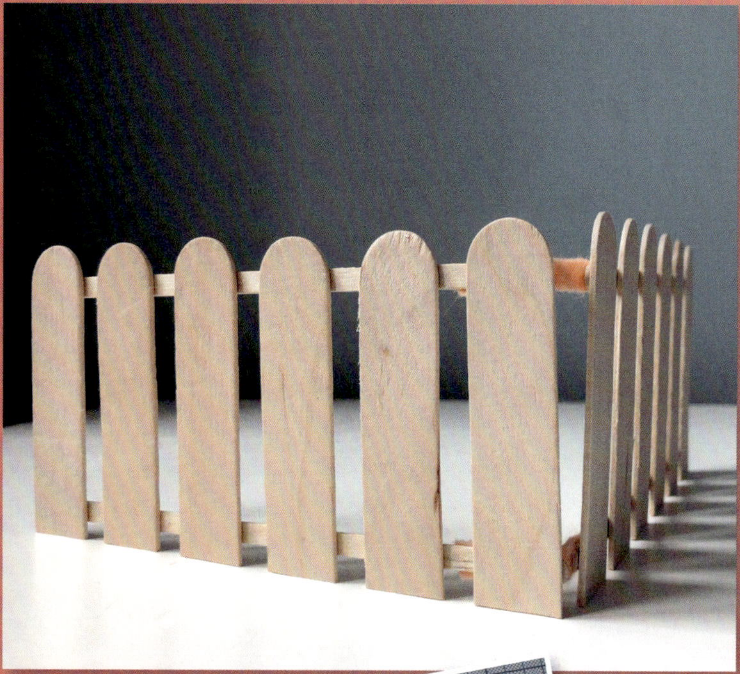

1

Lege die breiten Stäbchen im gewünschten Abstand nebeneinander.

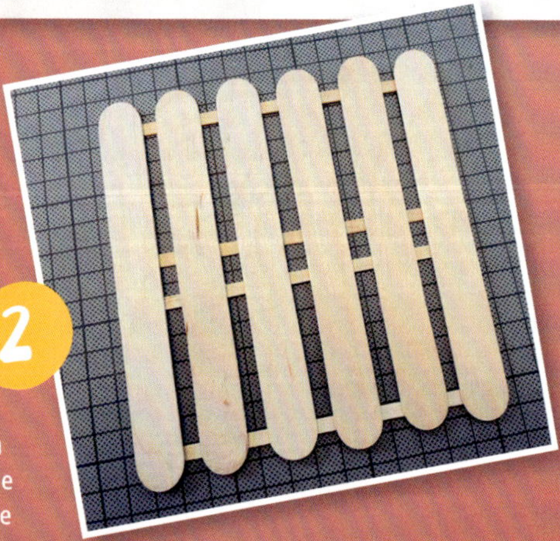

2

Verbinde die breiten Stäbchen, indem du die schmalen Stäbchen quer auf sie klebst. Orientiere dich am Bild, wie sie positioniert sein sollen!

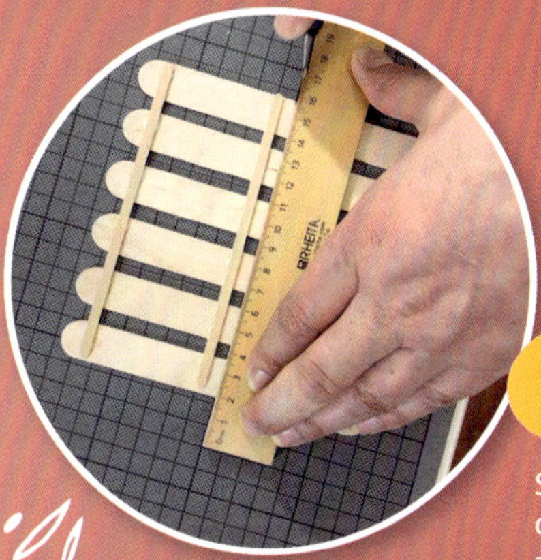

3

Schneide den Zaun in der Mitte durch, sodass zwei gleichlange Zäune entstehen.

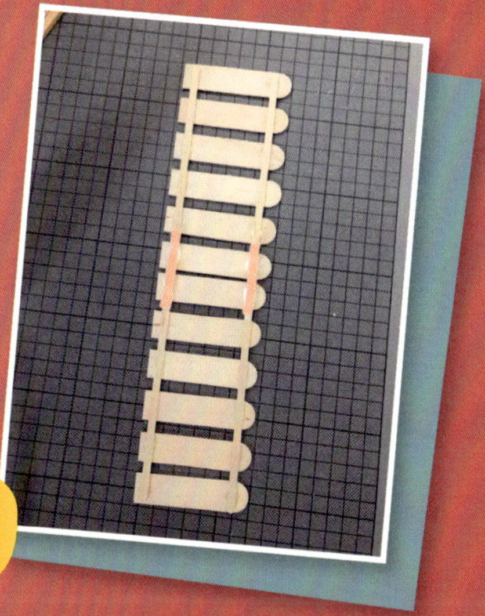

4

Klebe je einen Streifen Filz als Scharnier an die beiden Zaunteile und lass alles trocknen.

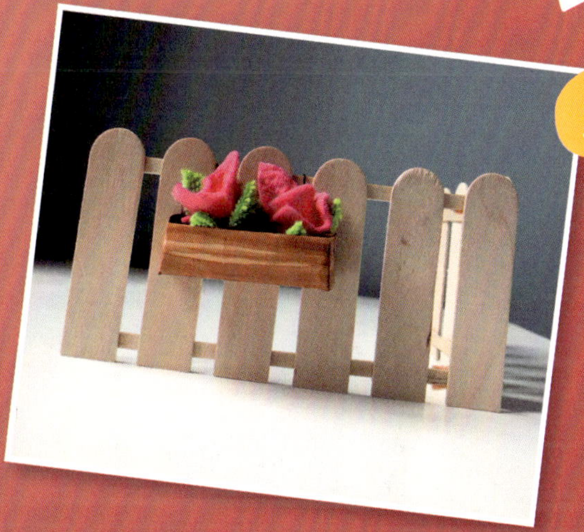

5

Stelle den Zaun im Wichtelgarten auf!

75 AXT

Ein knisterndes Kaminfeuer macht sich nicht von selbst! Damit immer für Holznachschub gesorgt ist, schwingt der Wichtel gekonnt die Axt.

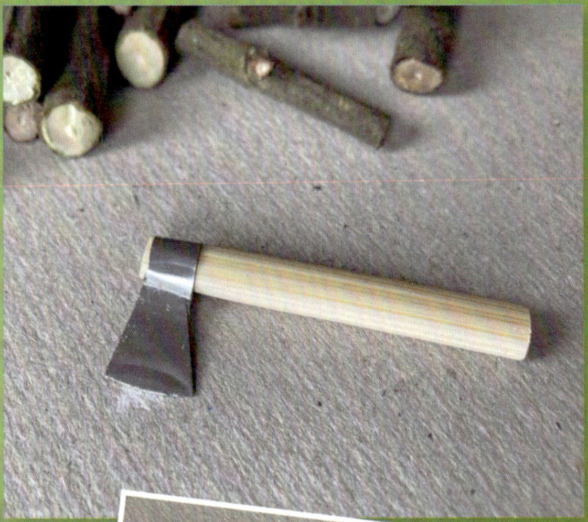

Material

- Einweg-Essstäbchen
- Blechdeckel, z. B. von einer Erdnuss-Dose
- Rosenschere
- Schmirgelpapier

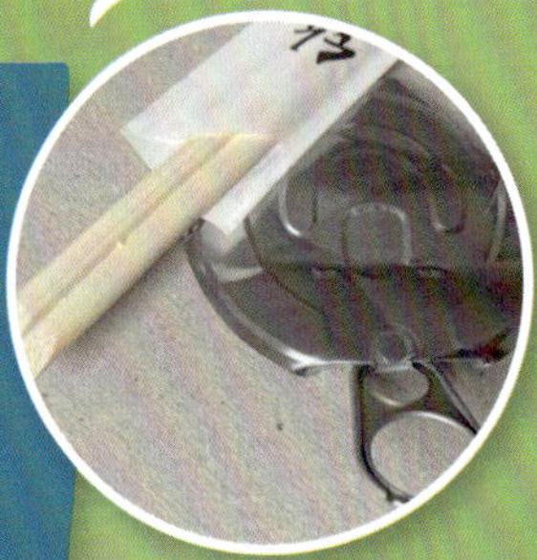

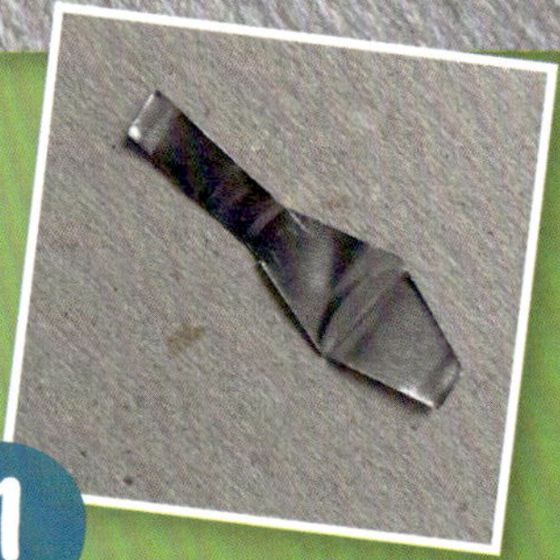

1 Schneide aus dem Blech eine grobe Form für die Schneide aus. Schneide sie so, wie auf dem Bild zu sehen: die Schneide wird doppelt zusammengelegt, so wirkt sie kräftiger und ist vorne trotzdem geschlossen.

2 Mit der Rosenschere ein Stück von dem Essstäbchen abschneiden und mit Schmirgelpapier glätten.

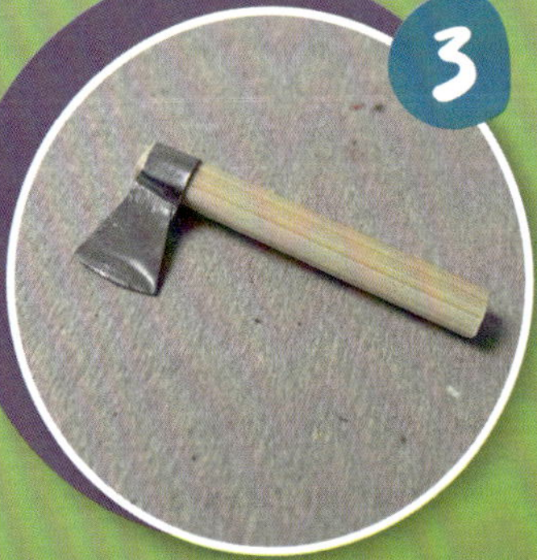

3 Nun das Blechstück um ein Ende des Stäbchens wickeln. Überstehende Kanten sauber abschneiden.

TIPP: *Die doppelt gelegte Schneide kannst du zusätzlich von innen zusammenkleben und nach Bedarf mit einem abgerundeten Gegenstand glattstreichen.*

76 Schubkarre

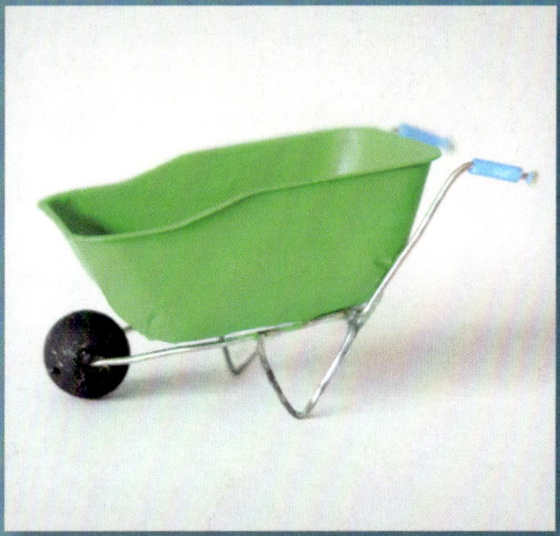

Mal muss im Garten umgegraben, mal Baumaterial für ein neues Projekt von A nach B gefahren werden – dank Schubkarre ein echtes Kinderspiel!

Material

- Plastikverpackung von rechteckigen Keksen
- 2 Büroklammern
- Perle oder Knopf, ø 10 mm
- Masking-Tape
- Sprühfarbe in Grün
- Heißkleber

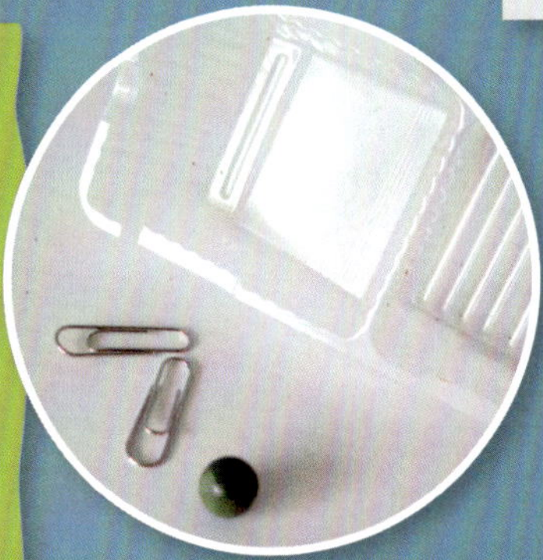

1. Schneide aus der Verpackung einen Teil aus, der sich gut für die Schubkarre eignet. Mit Farbe ansprühen und trocknen lassen.
2. Biege die Büroklammern so in Form, dass zwei Griffe, Standfüße und der Unterbau für die Ladefläche mit dem Rad entstehen. Für letzteres die Perle bzw. den Knopf auffädeln.
3. Ladefläche auf der Konstruktion befestigen.
4. Die Schubkarrengriffe mit kleinen Stückchen Masking-Tape umwickeln.

77 Besen

Der Ordnungssinn der Wichtel hört nicht hinter der Haustür auf. Auch der Hof und der Eingangsbereich werden regelmäßig gekehrt.

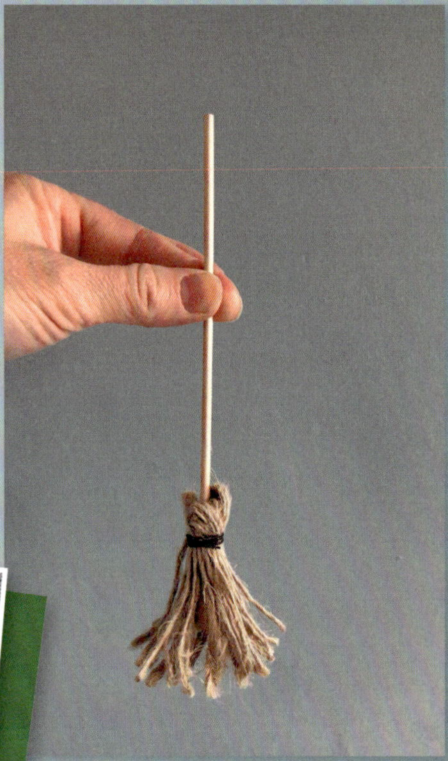

Material

- Holzspieß
- Juteschnur
- Draht

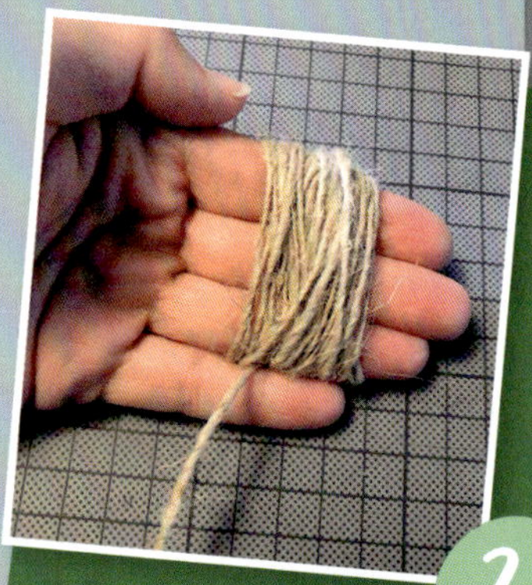

1. Den Holzspieß für den Besenstiel auf die gewünschte Länge kürzen.

2. Wickel die Juteschnur mehrfach um deine Finger.

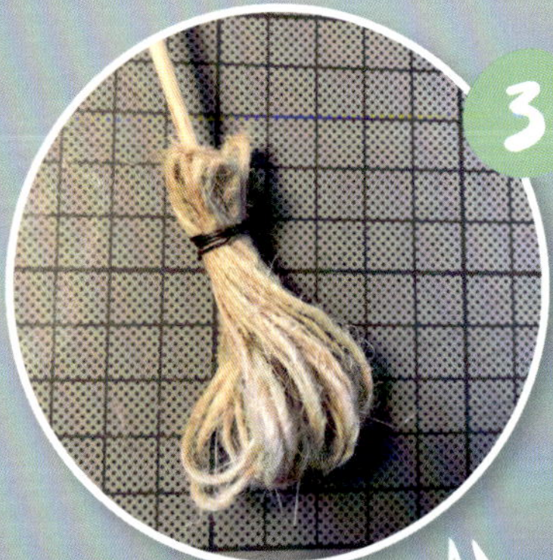

3. Nimm die aufgewickelte Schnur von der Hand und steck den Holzspieß von oben rein. Mit dem Draht die Schnur und den Spieß umwickeln.

4. Die entstandenen Schlaufen mit der Schere aufschneiden und bei Bedarf kürzen.

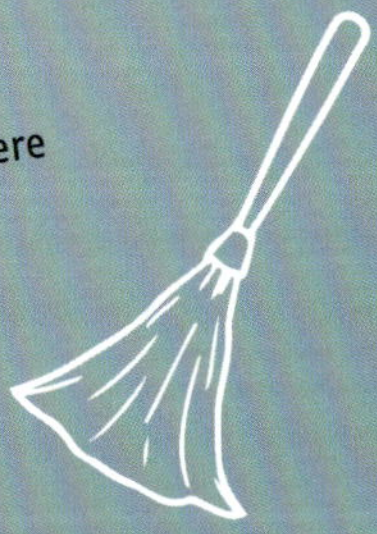

78

SCHRUBBER

Nach einem langen Winter muss der Wichtel manchmal auch eine gründliche Reinigung durchführen. Dank des Schrubbers glänzt die Terrasse gleich wieder wie am ersten Tag!

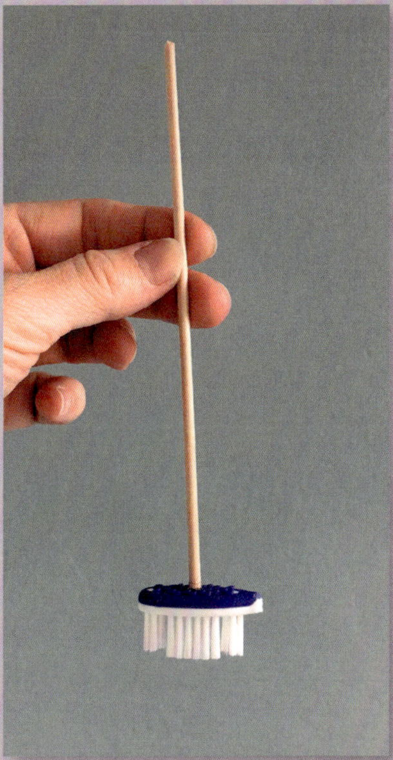

Material

- Zahnbürste
- Holzspieß
- Cutter
- Bastelkleber

1

Säge den Kopf der Zahnbürste ab (das geht ganz gut mit Cutter und Schere).

2

Kürze den Spieß auf die gewünschte Länge.

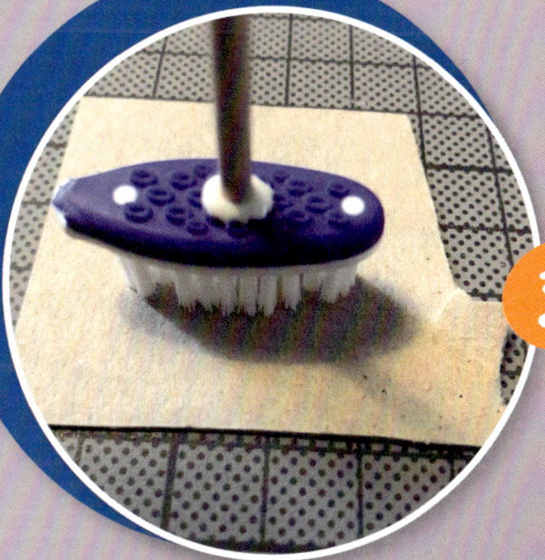

3

Klebe den Spieß jetzt auf den Bürstenkopf.

79 Kugelgrill

Wie das duftet! Mit den ersten Sonnenstrahlen landen auch auf dem Wichtelgrill Würstchen, Käsetaler und Gemüse.

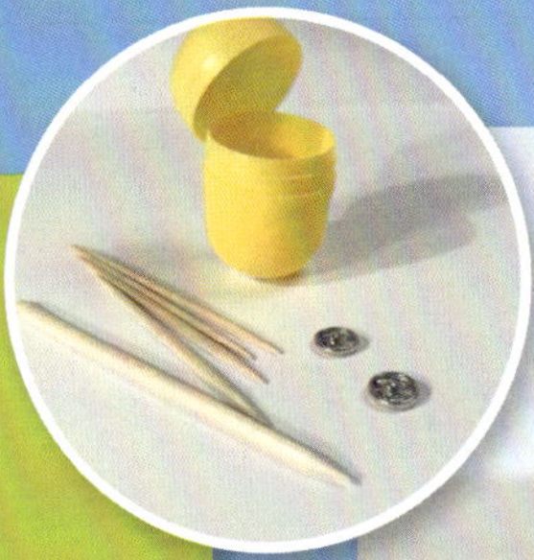

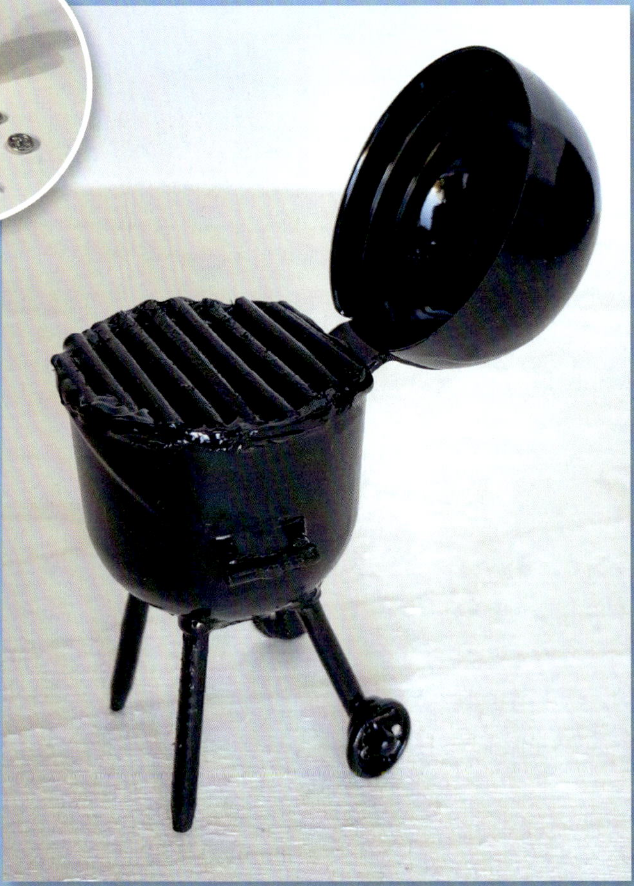

Material

- Überraschungs-Ei-Kapsel
- 4 Zahnstocher
- Schaschlikspieß
- 2 Druckknöpfe, ø 5-6 mm
- Sprüh- oder Acrylfarbe in Schwarz (ACHTUNG: Wenn du pinselst und nicht sprühst, solltest du das Innere des Ü-Eis vor dem Befestigen der Zahnstocher ausmalen)
- Cutter
- Heißkleber

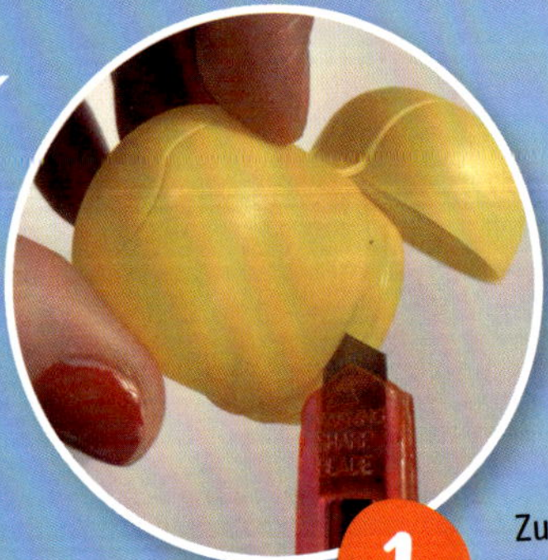

1 Zuerst den Rand vom unteren Teil der Ü-Ei-Kapsel mit einem Cutter abtrennen.

2

Die Zahnstocher zurechtschneiden, sodass sie wie ein Rost auf die Öffnung passen. Am Rand festkleben.

3

Aus kleinen Zahnstocherstücken Griffe zurechtschneiden und an den unteren Teil der Kapsel kleben. Dabei mit einem Abstandshalter (z. B. 2–3 sauberen Schichten Heißkleber oder einem winzigen Stück Zahnstocher) arbeiten.

4

Von unten an die Ü-Ei-Kapsel vier gleichlange Stücke Schaschlikspieße als Beine ankleben.

5

An die beiden hinteren Beine zusätzlich die Druckknöpfe als Rollen ankleben. Darauf achten, dass der Grill einen geraden Stand hat.

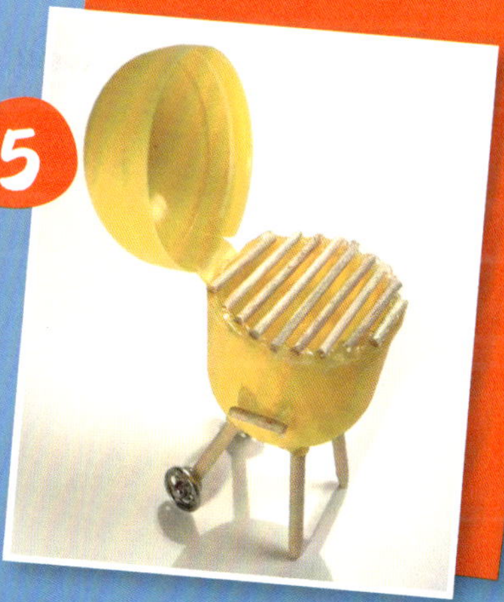

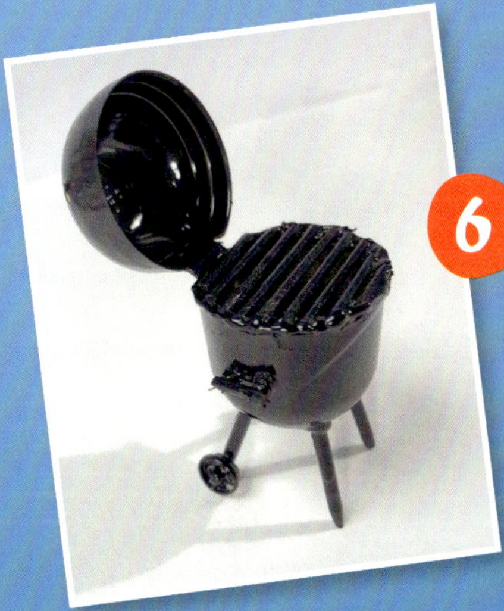

6

Zum Schluss den kompletten Grill anpinseln oder ansprühen.

80 Holzleiter

Vor dem Wichtel ist jetzt keine Ecke mehr sicher, denn mit der Leiter erreicht er auch entfernte Winkel und kann auch dort Schabernack treiben.

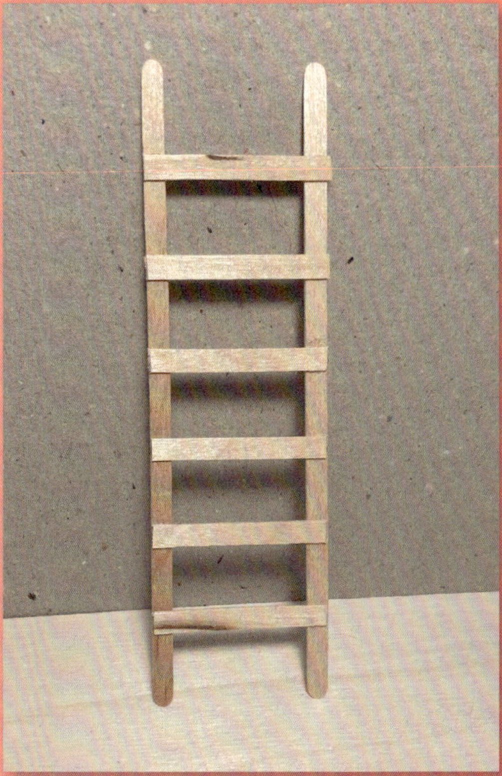

Material

- 4–5 Holzrührstäbchen
- Rosenschere
- Bastelkleber

1. Lege zwei Holzstäbchen mit ca. 3 cm Abstand parallel nebeneinander.
2. Schneide aus zwei Stäbchen sechs gleich lange Stücke à 4 cm.
3. Markiere an den langen Stäbchen, wo die Sprossen positioniert werden sollen, und klebe sie nacheinander fest.

81 STRICKLEITER

Wenn es mal flott gehen muss, wird die Strickleiter einfach unter den Arm geklemmt und am „Tatort“ eingesetzt. Der Vorteil: Man kann sie vor unerbetenen Besuchern ganz schnell verschwinden lassen.

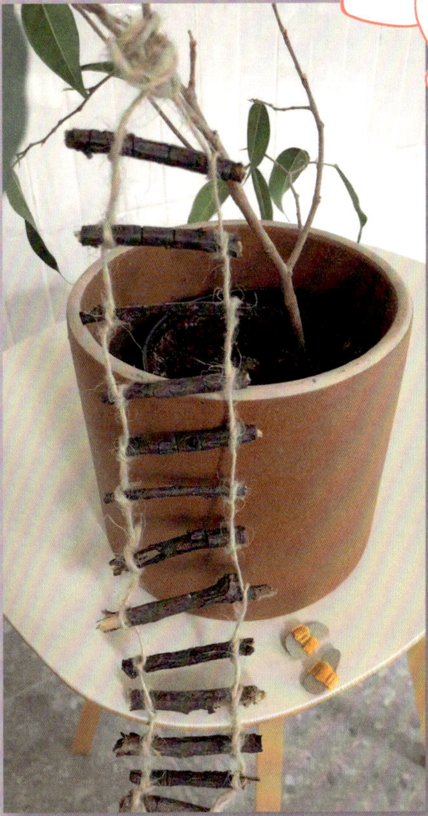

MATERIAL

- Äste
- Kordel

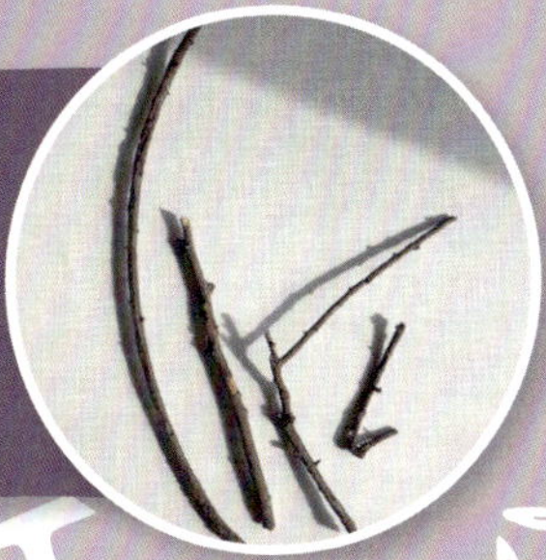

1 Schneide die gesammelten Äste auf die gleiche Länge.

2 Mit der Kordel die Äste erst links, dann rechts zusammenbinden. Dabei sollte der Abstand zwischen den Sprossen nicht zu groß sein, damit der Wichtel auch wirklich gut hochklettern kann.

82

BLUMENKASTEN

Blumen verschönern jedes Haus und jeden Garten. Daher gibt sich der Wichtel immer Mühe, dass sein Blumenkasten zu einem echten Blickfang wird.

MATERIAL

- Verpackungskarton
- Spüllappen in Grün und Pink
- Filzstift in Braun
- Draht
- Nähnadel
- Kleber

VORLAGE AUF SEITE 137

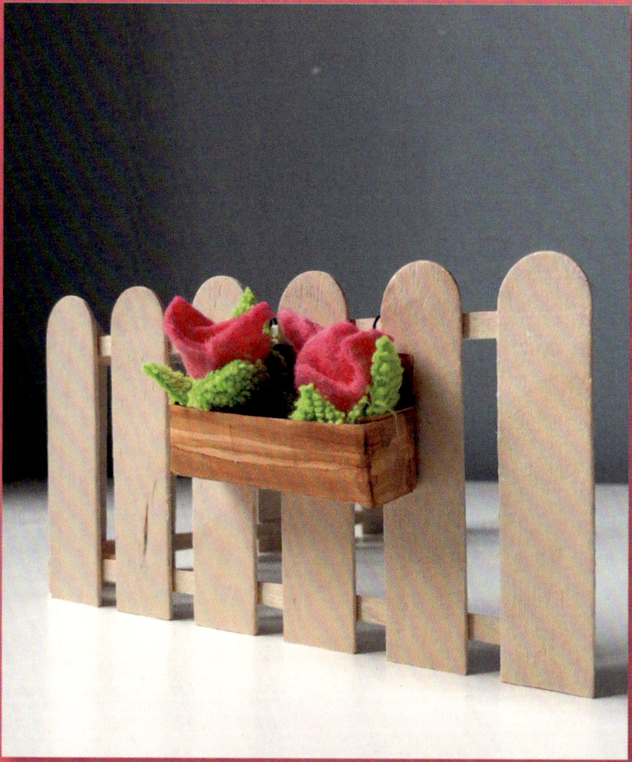

1

Übertrage die Vorlage für den Blumenkasten auf den Karton.

2

Male den Blumenkasten mit dem Filzstift an.

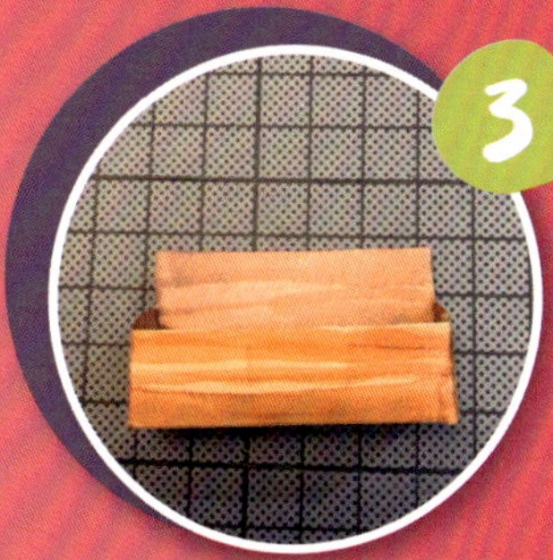

3 Falte und klebe den Blumenkasten zusammen.

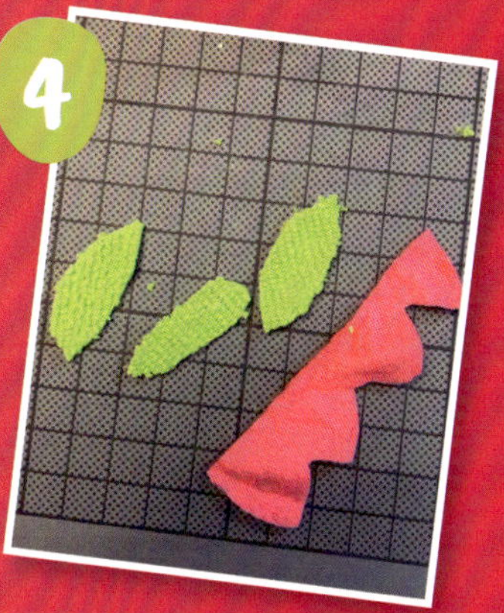

4 Schneide aus dem grünen Lappen Blätter und aus dem pinken Blütenblätter aus.

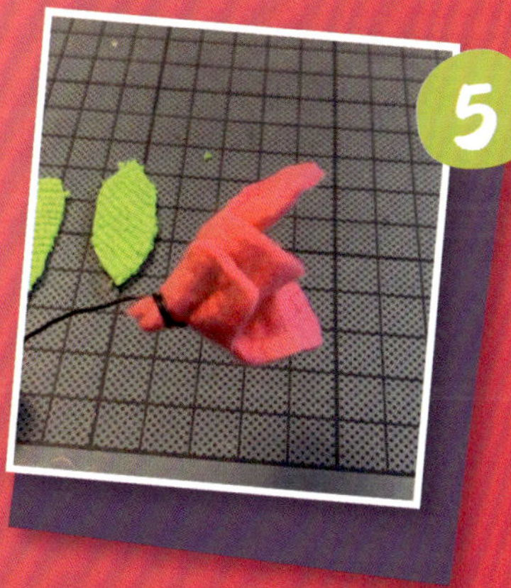

5 Umwickle die Pflanzenteile mit einem Draht und befestige sie so aneinander.

6 Forme aus Draht zwei s-förmige Aufhängehaken.

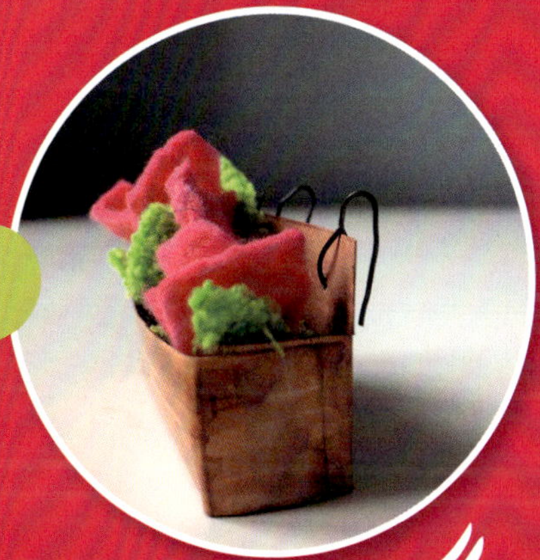

7 Bohre mit der Nähnadel zwei Löcher für die Aufhängung in den Kasten. Schiebe die Haken durch die Löcher. Jetzt kannst du den Blumenkasten aufhängen (z. B. am Zaun) und mit den Blumen bestücken.

83 Igelbesuch

Nanu, wen haben wir denn da? Ein kleiner Igel hat sich tatsächlich in den Wichtelgarten verirrt!

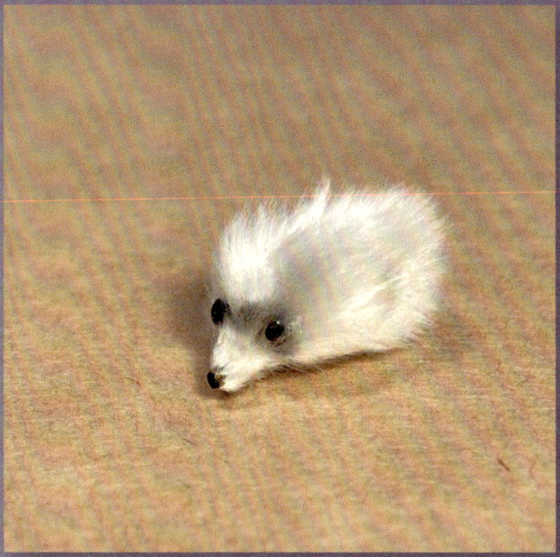

Material

- Weidenkätzchen
- etwas Knetgummi in Schwarz

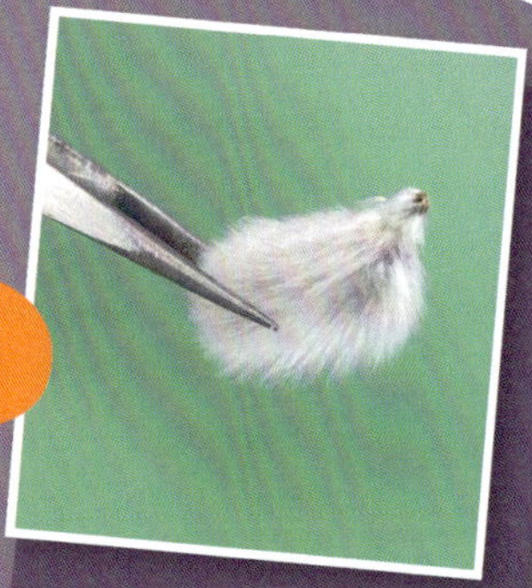

1 Nimm am Ansatz ein paar Härchen von dem Weidenkätzchen ab, falls es dir nicht spitz genug für das Igelschnäuzchen erscheint.

2 Danach aus Knetgummi drei winzig kleine Kügelchen formen und diese am Weidenkätzchen als Augen und Nase befestigen (notfalls mit einem kleinen Tröpfchen Kleber nachhelfen!).

84 Vogelhäuschen

Alle Vögel sind schon da – und dürfen es sich im Vogelhäuschen gemütlich machen. Das Tschirpen und Zwitschern ist ein wahrer Genuss für Wichtelohren.

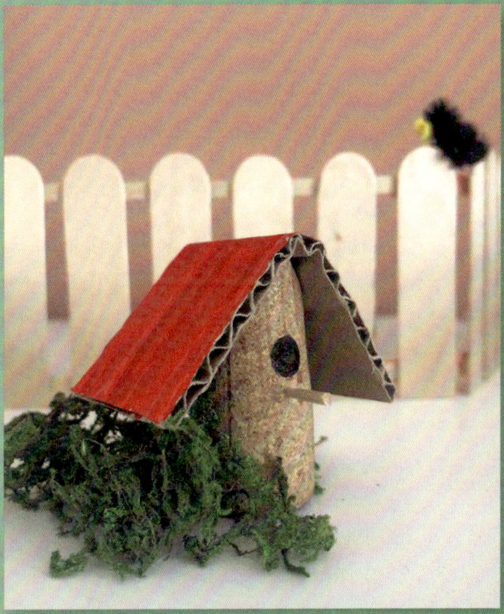

Material

- Kartonrest
- Korken
- Zahnstocher
- Filzstift in Rot und Schwarz
- Cutter
- Kleber

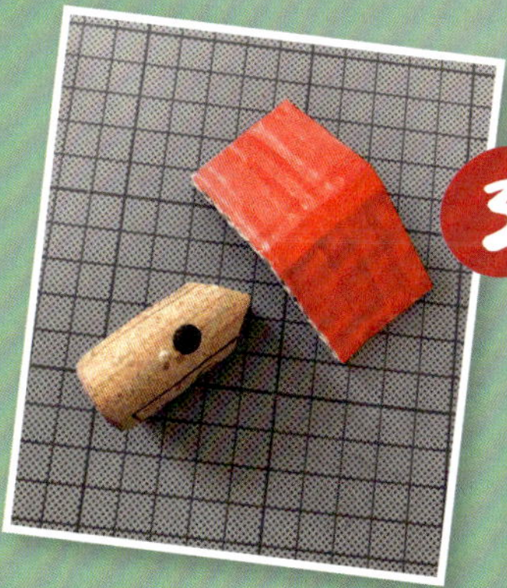

1 Schneide das Dach aus dem Karton mit den Maßen 7,5 cm x 3 cm zu.

2 Male die Oberseite mit Filzstift an.

3 Knicke das Dach in der Mitte. Schneide ein Ende des Korken spitz zu, sodass das Dach draufpasst und klebe es auf.

4 Male als Schlupfloch einen schwarzen Kreis auf den Korken auf.

5 Schneide vom Zahnstocher ein kleines Stück ab und stecke es direkt unter das Loch.

TIPP: *Optional kannst du das Vogelhäuschen auch auf einen Spieß stecken!*

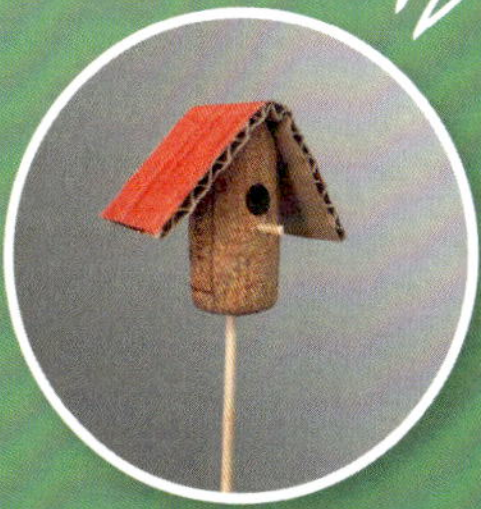

85

PFLANZ- & OBSTKORB

Sowohl als Topf für eine mehr oder weniger exotische Pflanze als auch zum Einsammeln der Apfelernte und zum Transportieren von Feuerholz ist dieser Jutekorb bestens geeignet.

Material

- Papperest
- Stück grober Jutesack
- Trockenblume
- Knete

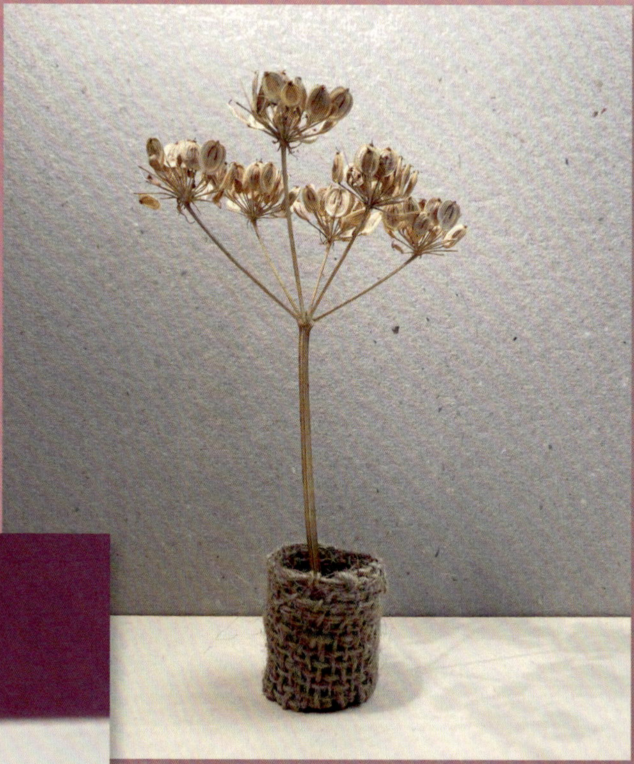

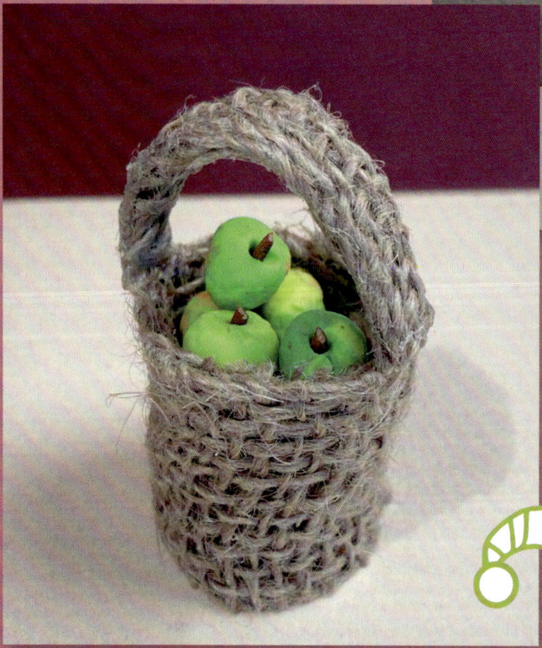

1

Schneide aus der Pappe einen Kreis mit ø 3 cm aus.

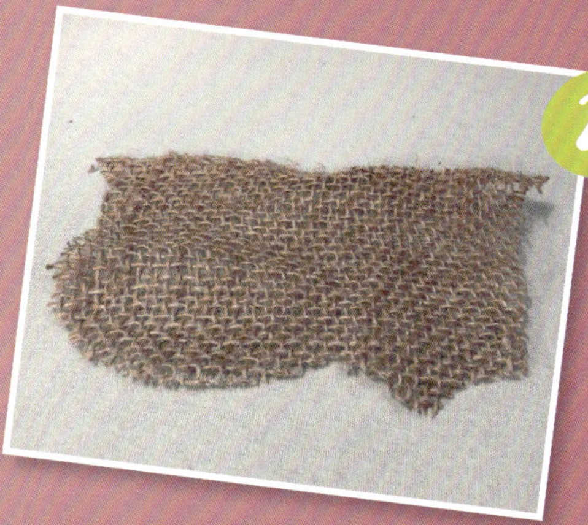

2

Aus dem Jutesack ein rechteckiges Stück schneiden. Es sollte so hoch sein, dass du oben noch einen schmalen Rand umschlagen kannst und so lang, dass es einmal um den Pappkreis herum passt.

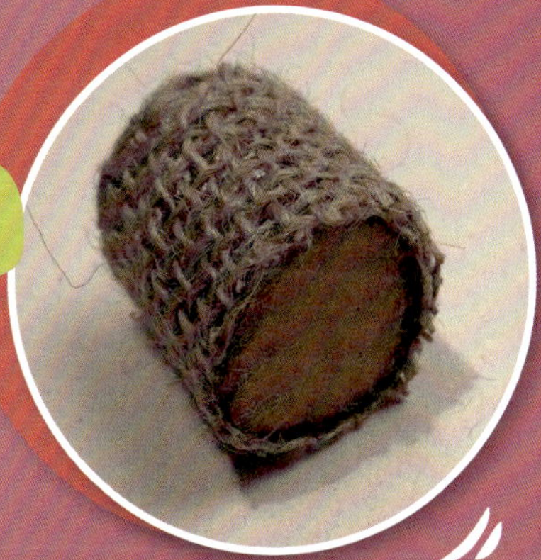

3

Forme das Jutestück zu einer Rolle. Klebe es zuerst entlang der Kreiskante fest, danach klebst du es an den kurzen Enden zusammen. Schlage den oberen Rand um und klebe ihn auch fest.

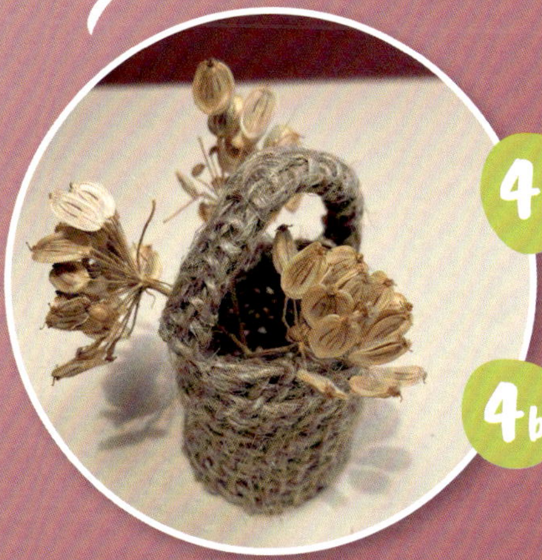

4a

Setze eine kleine Kugel aus Knete in den Topf und stecke die Trockenblume hinein.

4b

Du kannst statt eines Pflanztopfs auch einen Obstkorb herstellen. Dafür schneidest du aus dem Jutesack einen schmalen Streifen zu und klebst ihn als Henkel auf.

86 FUßBALLTOR

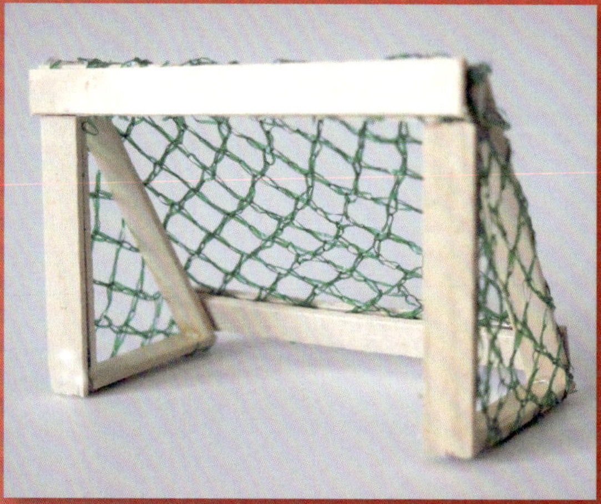

Wusstest du, dass Wichtel riesige Fußballfans sind? Um fit für den nächsten Wichtel-Cup zu werden, heißt es nun trainieren, trainieren, trainieren!

Material

- 13 Eisstiele
- Limetten-Netz
- Heißkleber

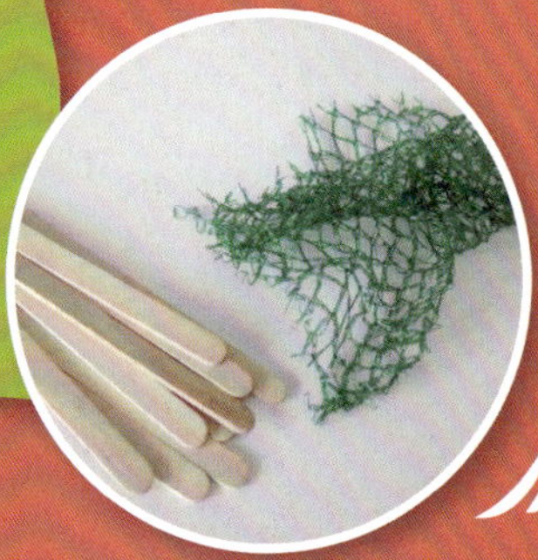

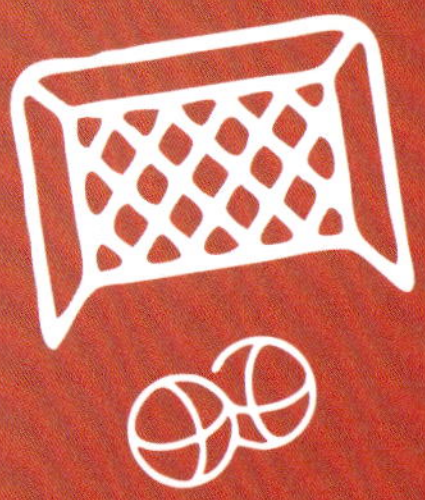

1. Klebe die Eisstiele zu einem Torrahmen zusammen (s. Bild).
2. Schneide aus dem Netz ein rechteckiges Stück zu und positioniere es auf dem Rahmen.
3. Klebe das Netz fest. Damit es richtig gut hält, klebst du am besten nochmals Eisstäbchen auf.

87

Hängematte

Einfach mal die Seele baumeln lassen und von der Ferne träumen – nirgendwo gelingt das besser als an einem faulen Tag in der Hängematte!

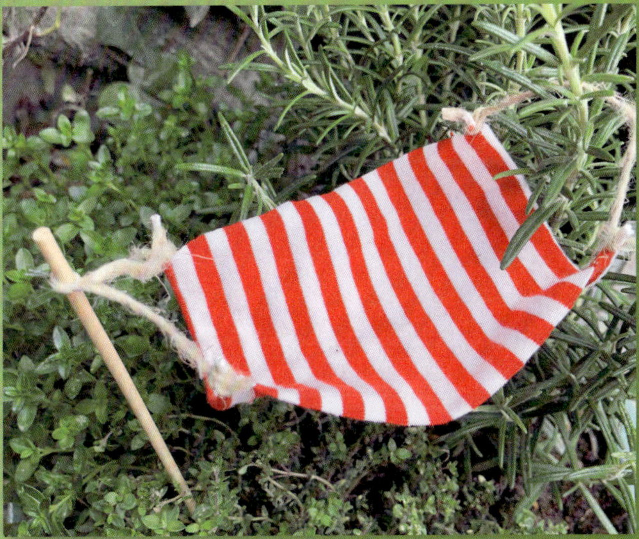

Material

- Stoffrest
- Drahtkordel oder Draht
- Baumwollgarn, 2x 10 cm lang

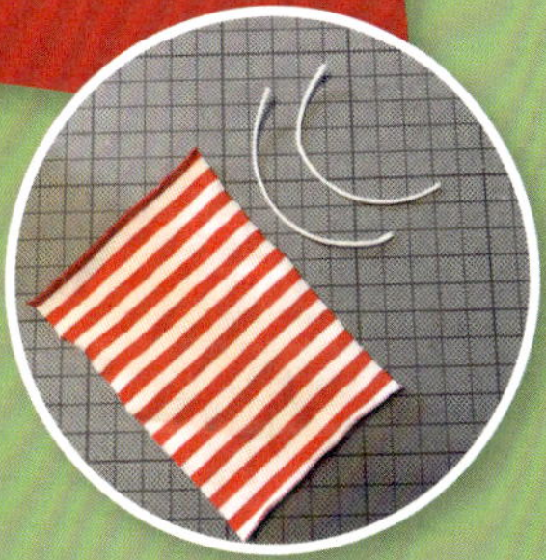

1 Schneide den Stoff rechteckig in den Maßen 8 cm x 13 cm zu.

2 Schneide von der Drahtkordel zwei Stücke à 9 cm ab.

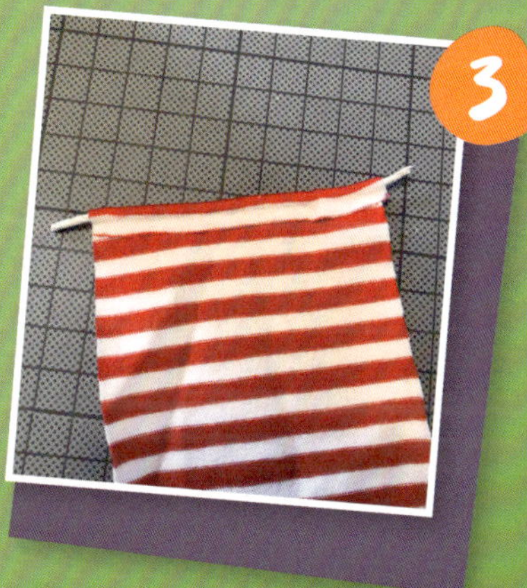

3 Schlage jeweils die kurze Stoffseite um den Draht und klebe sie fest. Trocknen lassen!

4 Befestige jeweils ein Stück Baumwollgarn auf der kurzen Seite der Hängematte an den herausschauenden Enden der Drahtkordel.

Die Hängematte kannst du entweder direkt an den Zweigen einer Pflanze befestigen oder an Holzspießen aufhängen und in einen Pflanztopf stecken.

88

BRIEFKASTEN

Welch‘ eine Freude im Wichtelhaus, wenn ein Brief aus Übersee oder eine Postkarte von der Verwandtschaft in den Briefkasten flattert. Nur bei Rechnungen hält sich die Euphorie in Grenzen ...

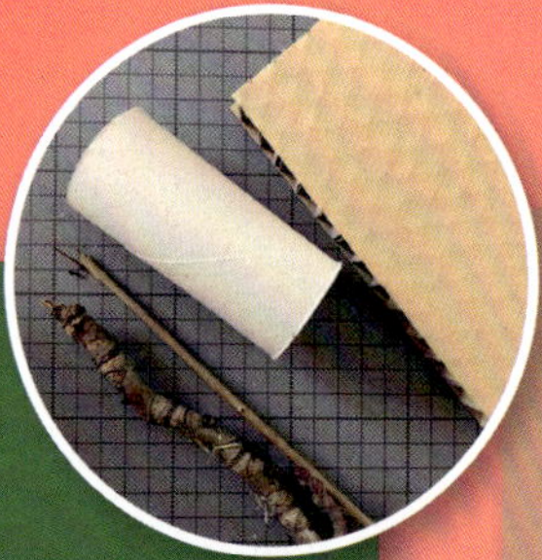

MATERIAL

- Klopapierrolle
- Äste
- Pappe o.ä. als Untergrund
- Bastelmoos
- Draht und Tonkarton für das Schild
- Bastelkleber

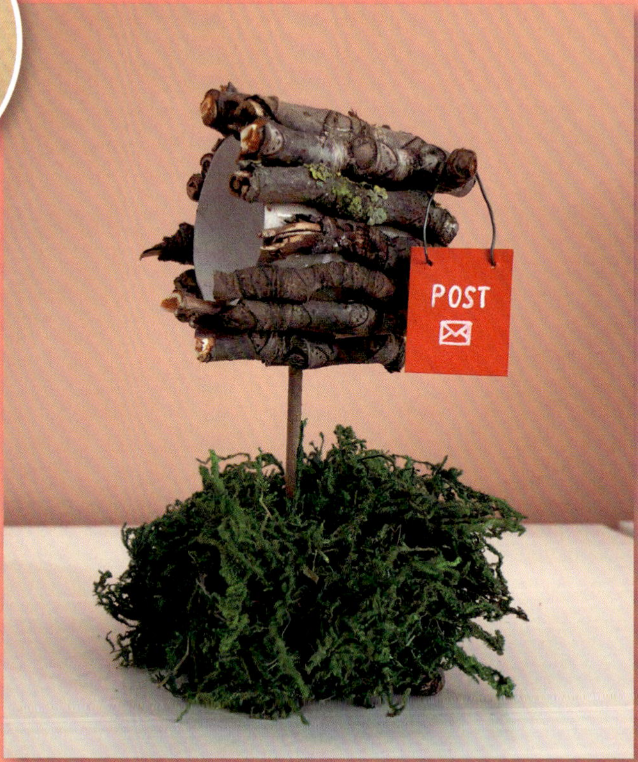

1

Kürze die Klopapierrolle auf eine Länge von ca. 5 cm.

2

Die Äste ca. 6 cm lang zuschneiden, sodass sie später über die Klopapierrolle hinausragen.

3

Stich ein Loch in die Mitte der Klopapierrolle und stecke einen stabilen Ast durch. Fixiere ihn mit Kleber.

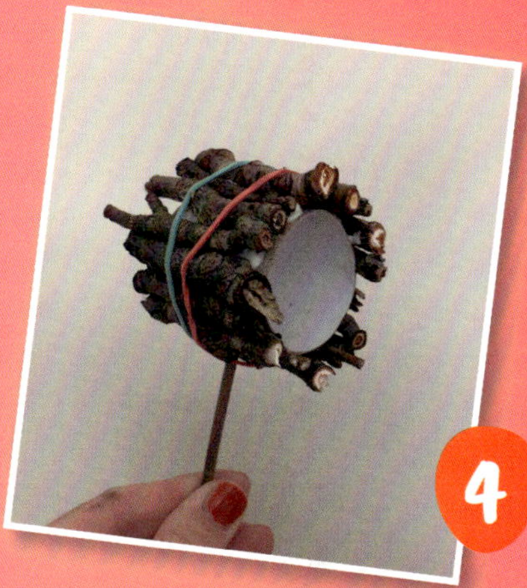

4

Jetzt die gekürzten Äste rundherum auf die Klopapierrolle kleben. Zum Trocknen mit Gummibändern fixieren.

In der Zwischenzeit den Untergrund nach Wunsch zuschneiden. In der Mitte ebenfalls ein Loch durchstechen. Rundherum mit Moos bekleben. Trocknen lassen.

5

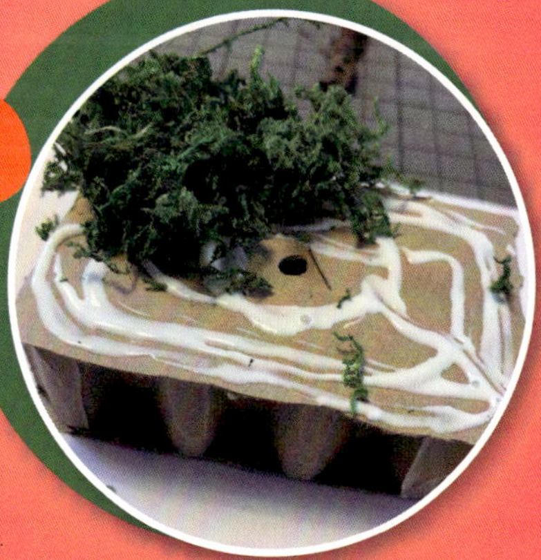

6

Den Fuß des Briefkastens in das Loch im Untergrund stecken und ggf. nochmals mit Kleber fixieren.

7

Zum Schluss noch ein kleines „Post"-Schild basteln und fertig ist der Briefkasten!

Kleidung & Accessoires

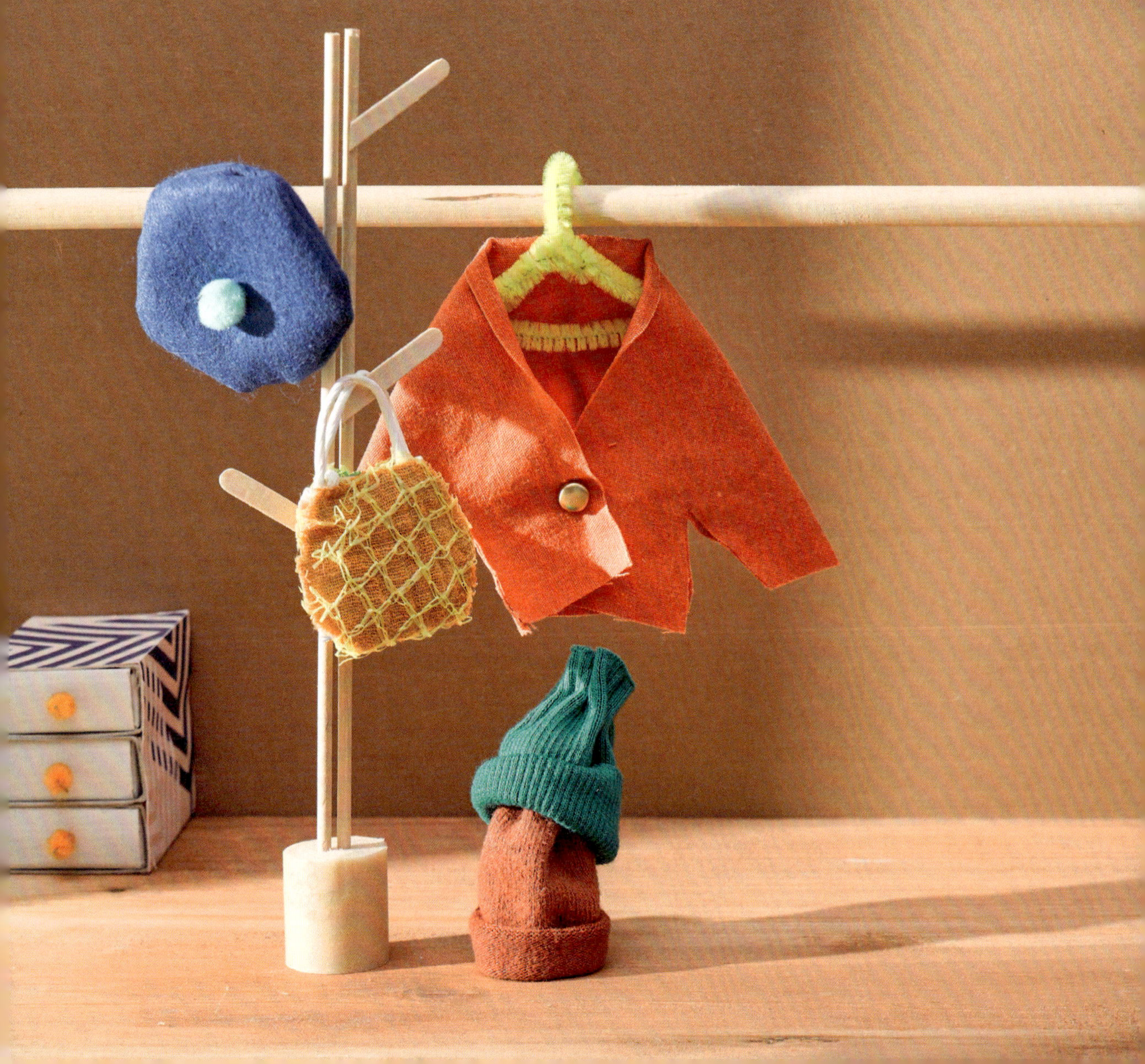

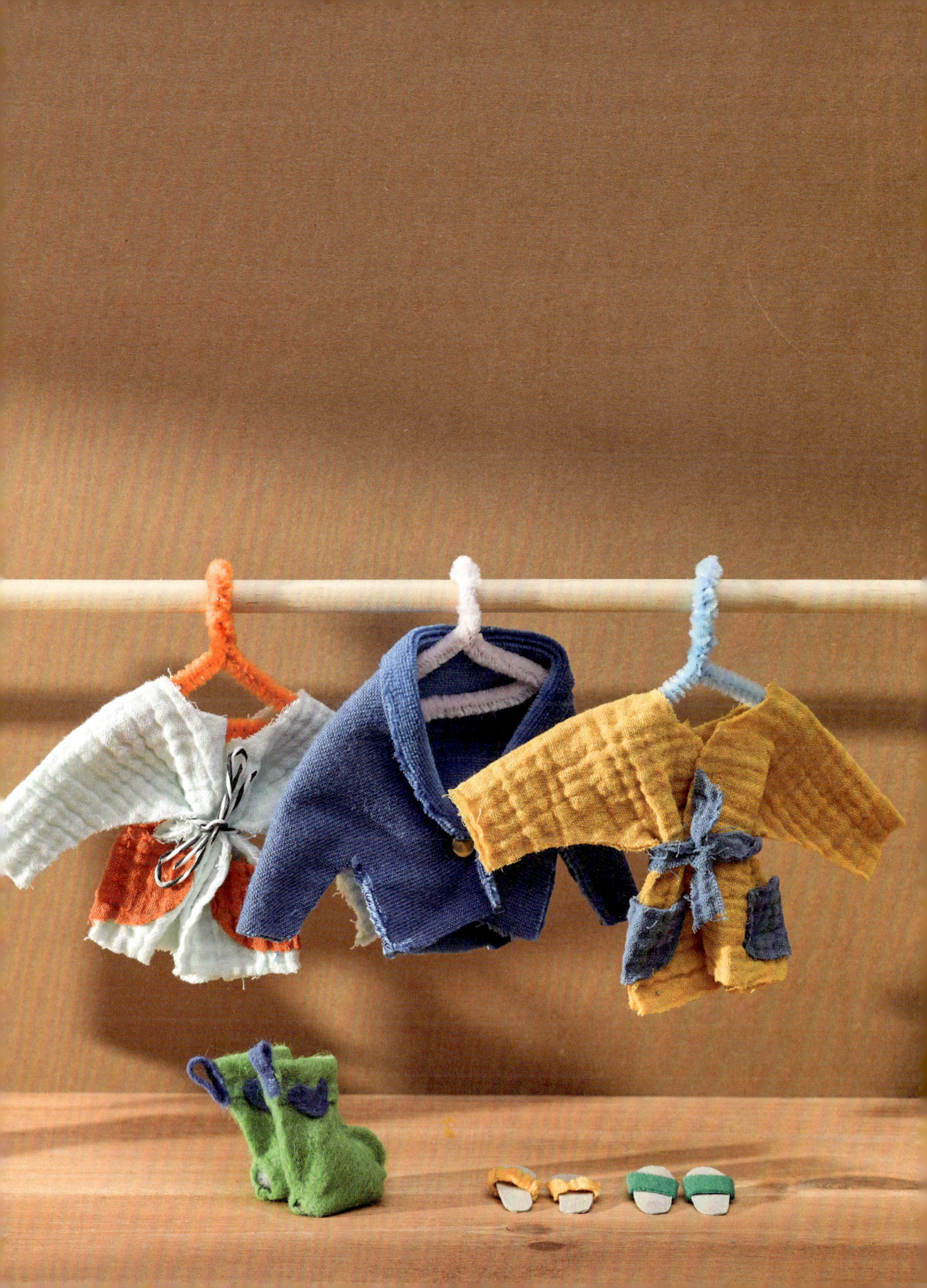

89 STRICKMÜTZE

Wichtel schmücken sich nicht mit vielen Accessoires, doch was niemals fehlen darf, ist die Zipfelmütze! Sie ist nicht nur ein schickes „Statement-piece“ der Wichtel, sondern hält auch Kopf und Ohren schön warm.

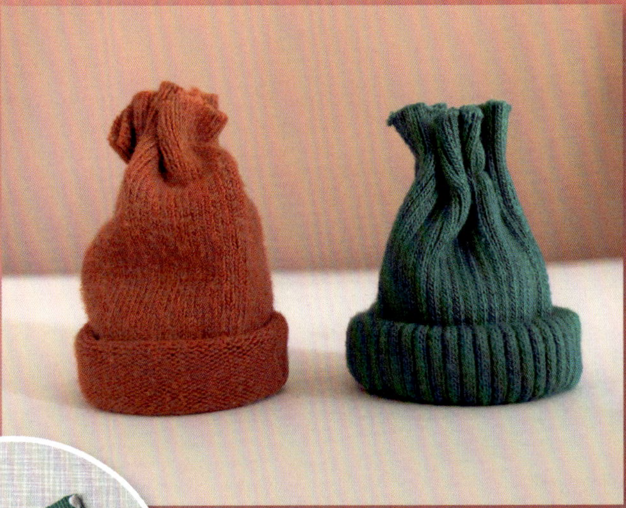

MATERIAL

- alte Socke oder anderer Stoffrest
- Nähnadel und Garn
- Textilkleber

1 Schneide aus der Socke bzw. aus dem Stoffrest ein Rechteck mit den Maßen 8,5 cm x 6 cm zu.

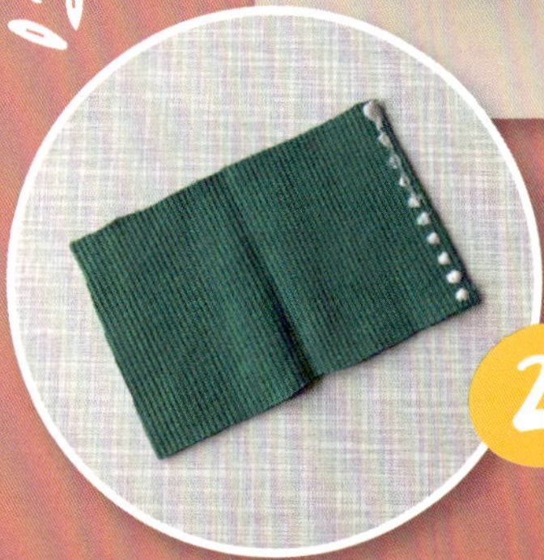

2 Falte den Stoff in der Mitte und klebe die beiden kurzen Seiten zusammen. Trocknen lassen und einmal umstülpen, sodass die Naht innen liegt.

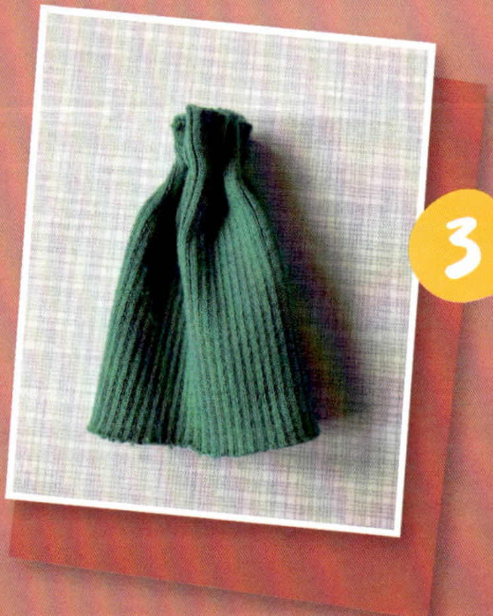

3 Ca. 1 cm vom oberen Rand einmal rundherum den Faden einnähen und am Ende der Runde alles zusammenziehen. So entsteht der süße Zipfel.

4 Jetzt den unteren Rand noch zweimal umkrempeln.

90 Baskenmütze

Für besonders feine Anlässe darf es auch eine besondere Kopfbedeckung sein. Für das gewisse Augenzwinkern sorgt hier der lustige Bommel.

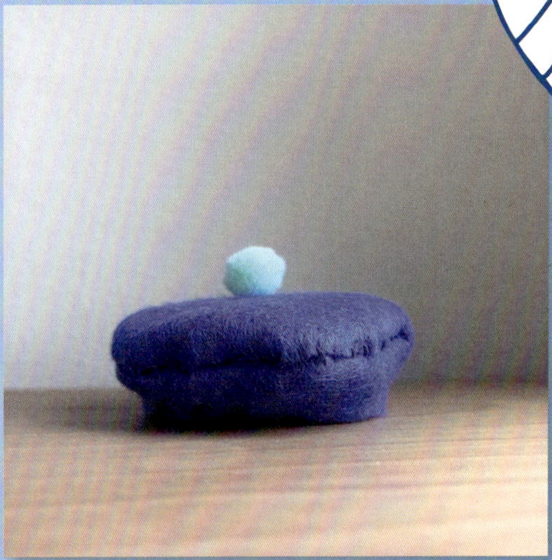

Material

- Filz- oder anderer Stoffrest
- Nähnadel und Garn
- Mini-Pompom
- Textilkleber

1. Schneide aus dem Filz je zwei Kreise mit ø 5,5 cm zu.
2. In einen der Kreise mittig ein Loch mit ø 3 cm hineinschneiden, sodass ein Ring entsteht.

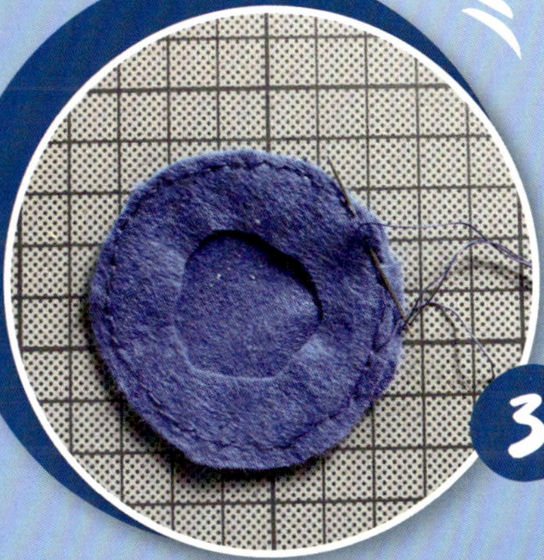

3. Nähe den Kreis und den Ring an der Außenkante von Hand zusammen.
4. Stülpe die Mütze um und klebe zum Schluss den Pompom oben auf.

91 Netztasche

Ob für den Markteinkauf oder einen Nachmittag am Strand – in die Netztasche passt jede Menge rein und kann so leicht und stilsicher transportiert werden.

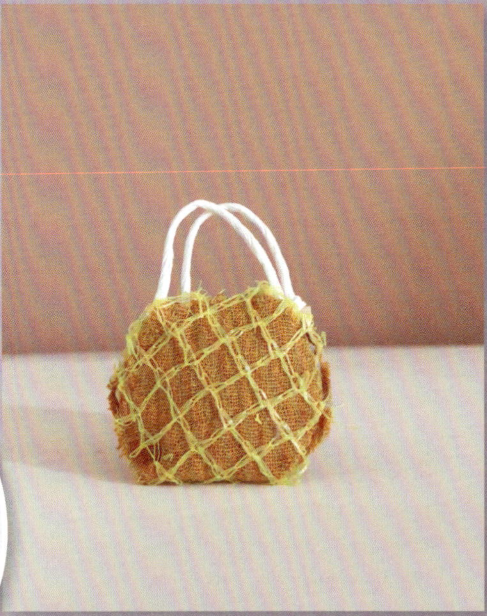

Material

- Stoffrest
- Netz von Zitronen oder anderen Früchten
- Baumwollgarn
- Zahnstocher
- Klebeband
- Textilkleber

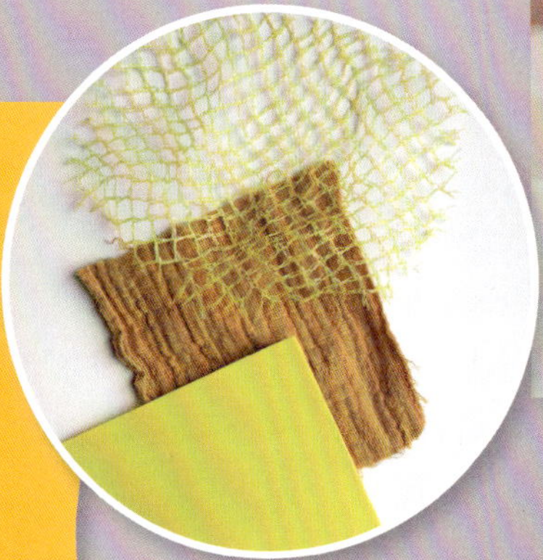

1 Skizziere die gewünschte Taschenform auf Papier und nutze sie als Schablone.

2 Lege den Stoff doppelt und übertrage die Taschenform direkt an der Bruchkante. Schneide die Taschenform aus.

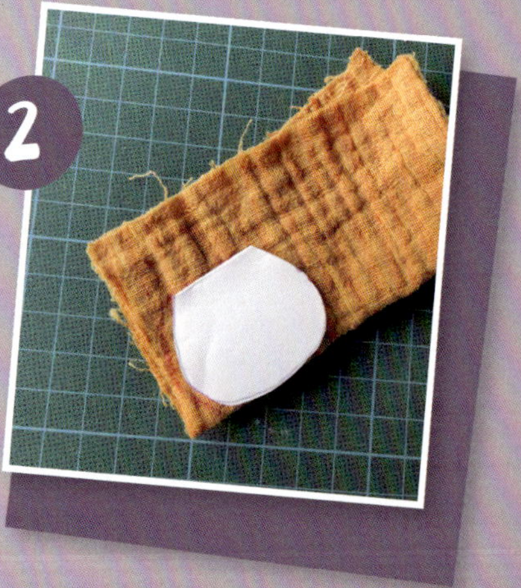

3 Das Netz etwas größer als die Tasche zuschneiden und auf der Stoffrückseite mit Klebeband fixieren.

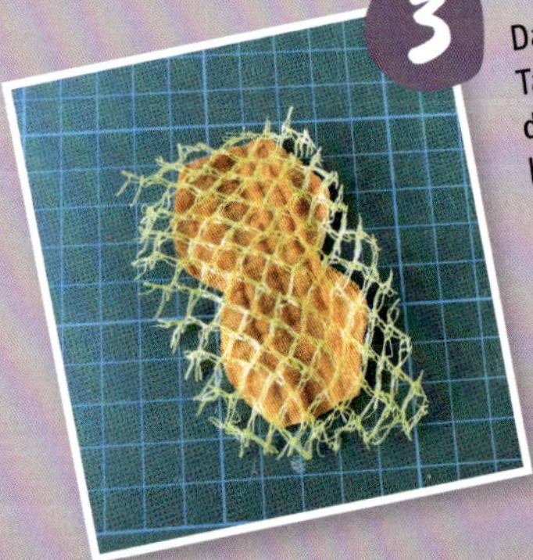

4 Den Zahnstocher halbieren und die Hälften ggf. kürzen. Das Garn als Henkel an die Holzstückchen knoten.

5 Die Henkel platzieren und alles zusammenkleben.

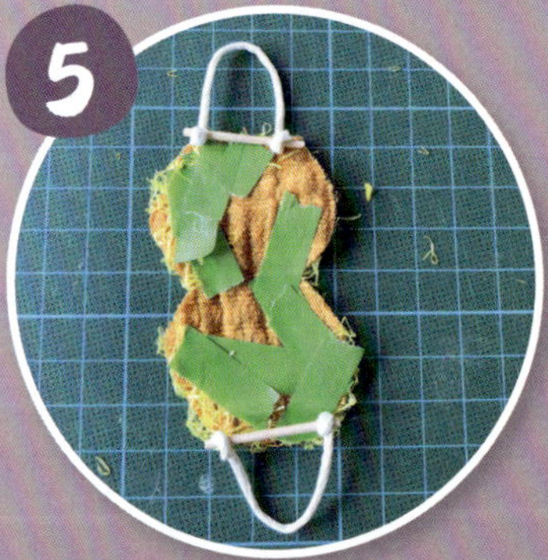

92 Bademantel

Nach einem warmen Bad direkt in den kuscheligen Bademantel hüllen – das ist Wichtel-Wellness pur!

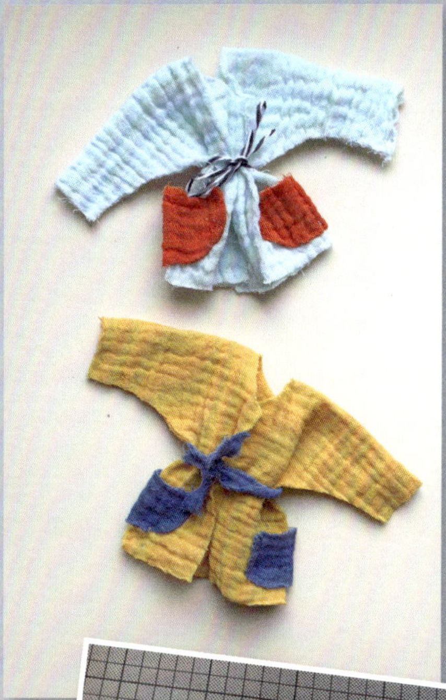

Material

- Stoffrest in unterschiedlichen Farben
- Stift
- Textilkleber

Vorlage auf Seite 137

1 Erstelle dir mithilfe der Vorlage eine Schablone.

2 Falte deinen Stoffrest einmal horizontal und dann einmal vertikal. Links und oben sollte nun ein Stoffbruch sein.

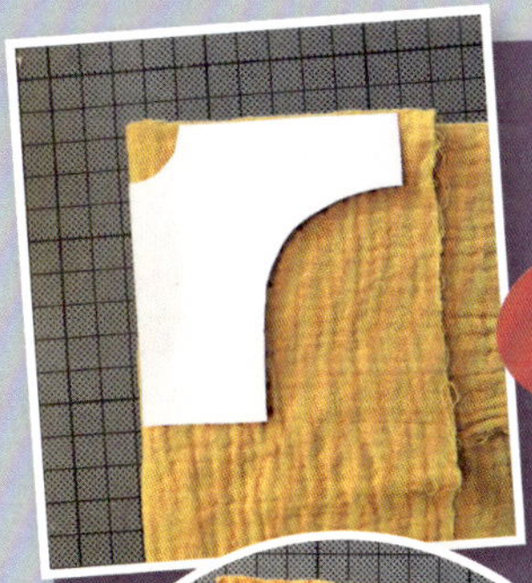

3 Lege die Schablone so auf den Stoff, dass die vordere Kante der Jacke und die Oberseite des Ärmels jeweils auf dem Stoffbruch liegen (s. Bild). Umfahre das Schnittmuster mit einem Stift.

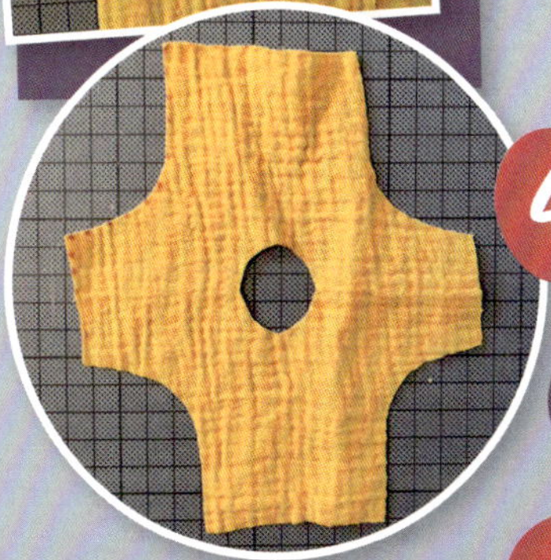

4 Schneide entlang der eingezeichneten Linie aus. Dein Stoffstück sollte aussehen wie auf dem Bild.

5 Schneide den Stoff an einer Seite bis zur Mitte auf und lege den Stoff in der Mitte zusammen. Jetzt hast du eine offene Jacke.

6 Klebe die Vorder- und Rückseite entlang der Ärmel- und Seitenkante zusammen.

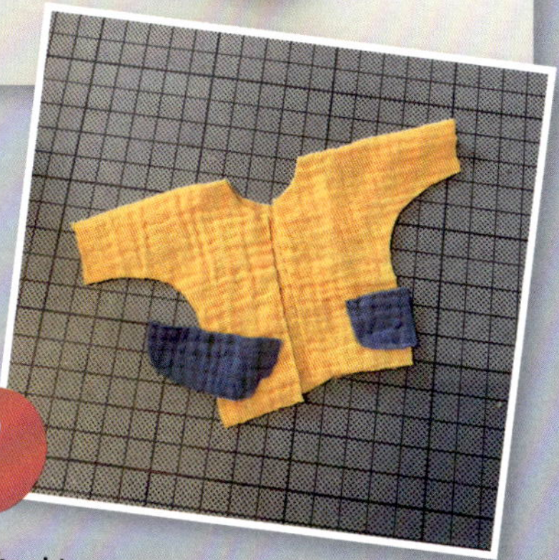

7 Schneide noch nach Belieben ein paar Taschen aus und klebe sie auf. Einen Streifen Stoff (oder Geschenkband) als Bindegürtel um die Jacke wickeln.

93

WINTERMANTEL

Wer friert schon gerne? Wichtel jedenfalls nicht! Je nach Wahl des Stoffes, fällt der hübsche Mantel unterschiedlich aus. So wird jedes Teil zum Unikat.

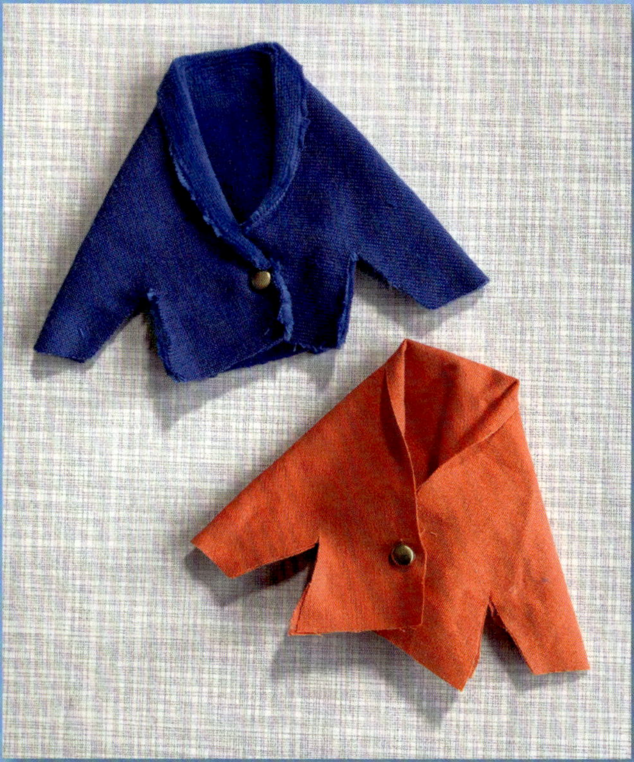

MATERIAL

- Stoffrest
- Musterbeutelklammer
- Textilkleber

1

Schneide aus dem Stoff ein Rechteck mit den Maßen 21 cm x 11 cm zu. Lege es vor dich hin.

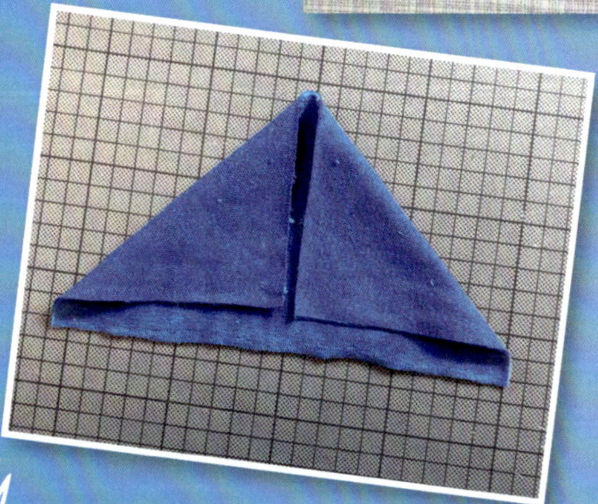

2

Lege jeweils die linke und rechte obere Ecke zur Mitte hin.

3

Klappe den Stoff in der Mitte von rechts nach links zu einem Dreieck zusammen, sodass der Stoffbruch rechts liegt.

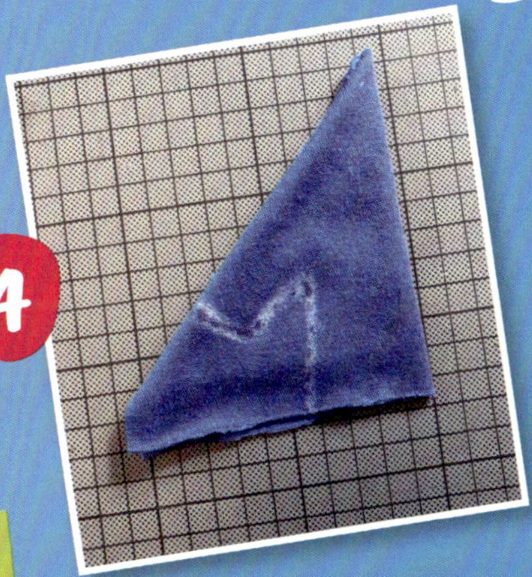

4

Zeichne eine Hälfte der Jacke auf den Stoff (s. Bild) und schneide entlang der Linie aus.

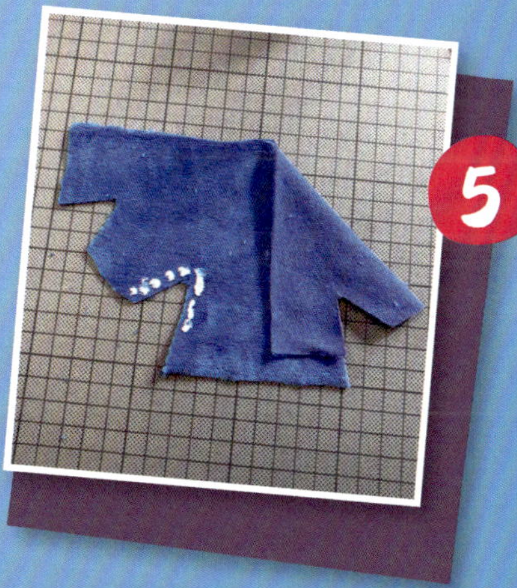

5

Den Stoff aufklappen, Jacke entlang der Ärmel- und Seitenkante zusammenkleben. Den Kragen umkrempeln.

6

An den vorderen Kanten je ein kleines Loch für den Knopf reinschneiden. Die Klammer durchschieben und den Mantel verschließen.

7

Den Rückenteil nach Belieben kürzen bzw. zurechtschneiden.

94 Warme Stiefel

Im Winter gibt es wohl kaum etwas schlimmeres als kalte Füße. Mit diesen kuscheligen Filzstiefeln sind Wichtelfüße auch bei langen Spaziergängen gut eingepackt.

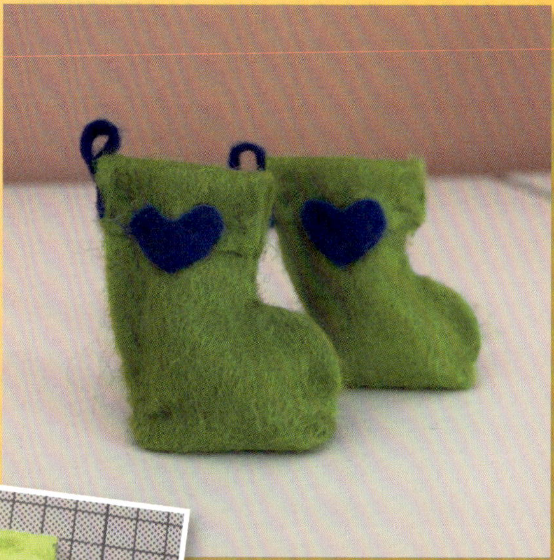

Material

- Bastelfilzrest in zwei verschiedenen Farben
- Klopapierrolle
- Füllwatte
- Textilkleber

1 Lege den Filz für den Stiefel doppelt. Zeichne im Stoffbruch die Stiefelform auf – vergiss dabei die Sohle nicht!

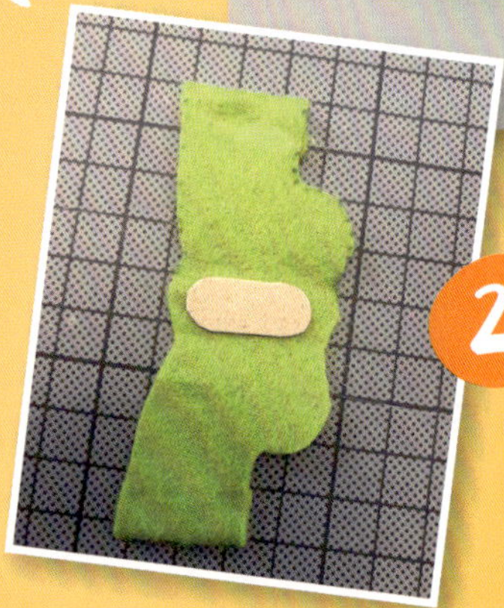

2 Stiefel ausschneiden und aufklappen. Aus der Klopapierrolle ein kleines Stück für die Sohle zuschneiden.

3 Schlage den oberen Rand zu einer Krempe um und klebe sie fest.

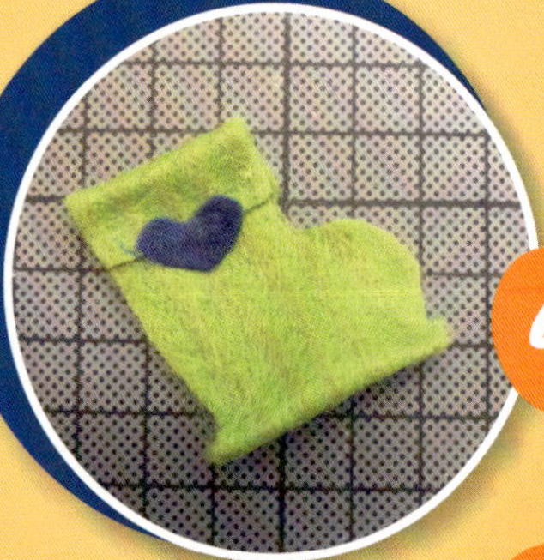

4 Schneide aus dem andersfarbigen Filz ein Herz aus und klebe es auf die Krempe.

5 Den Stiefel entlang der Außenkanten zusammenkleben – oben aber die Öffnung frei lassen!

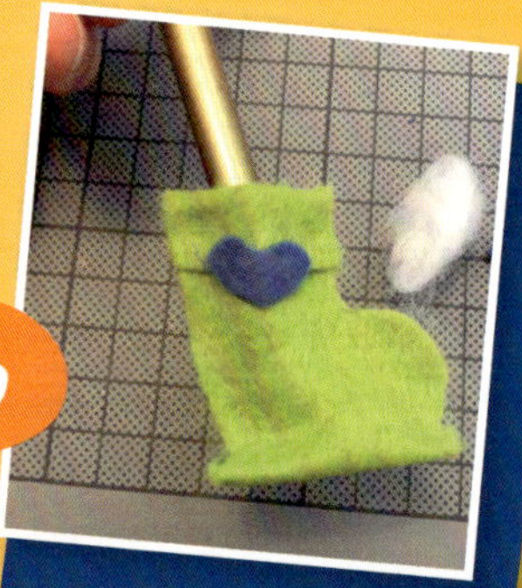

6 Stopfe den Stiefel für guten Stand mit etwas Füllwatte aus.

95 PANTOFFELN

Raus aus dem Bett, rein in die flotte Schlappe!

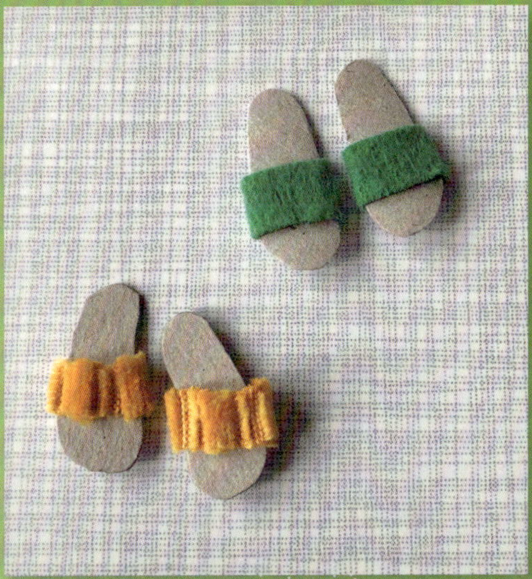

MATERIAL

- Klopapierrolle
- Stoffrest
- Kleber

1 Zeichne auf die Klorollenpappe spiegelverkehrt zwei Schuhsohlen auf.

2 Schneide zwei schmale Stoffstreifen zu und lege sie um die Sohle, etwa im Zehenbereich.

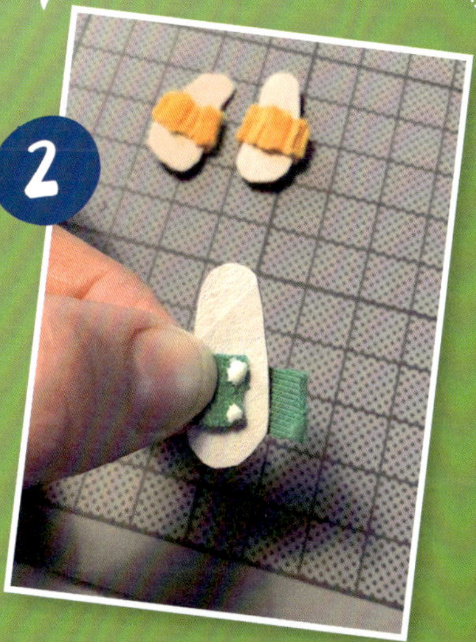

3 Klebe die Streifen fest.

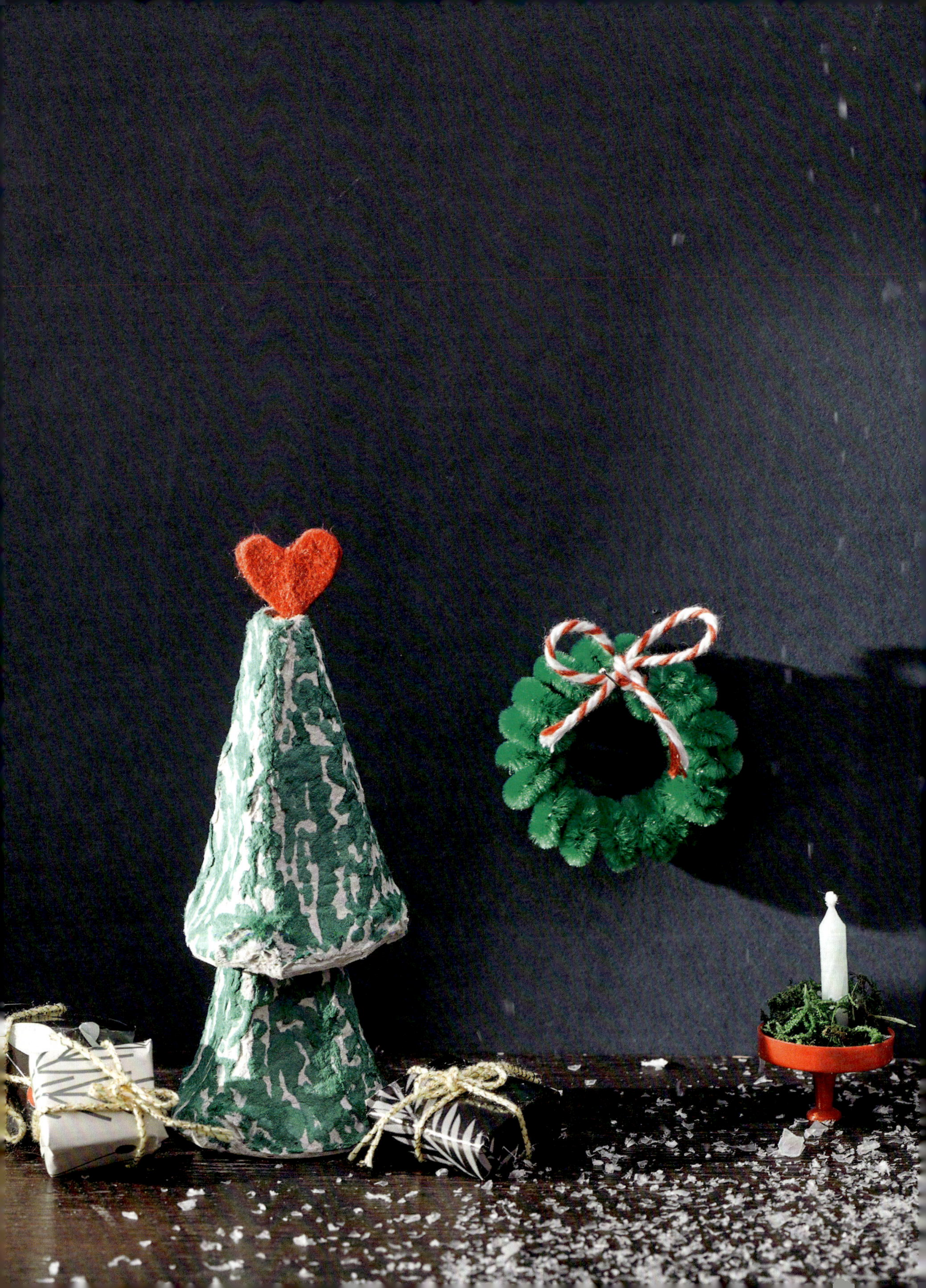

Advent & Weihnachtszeit

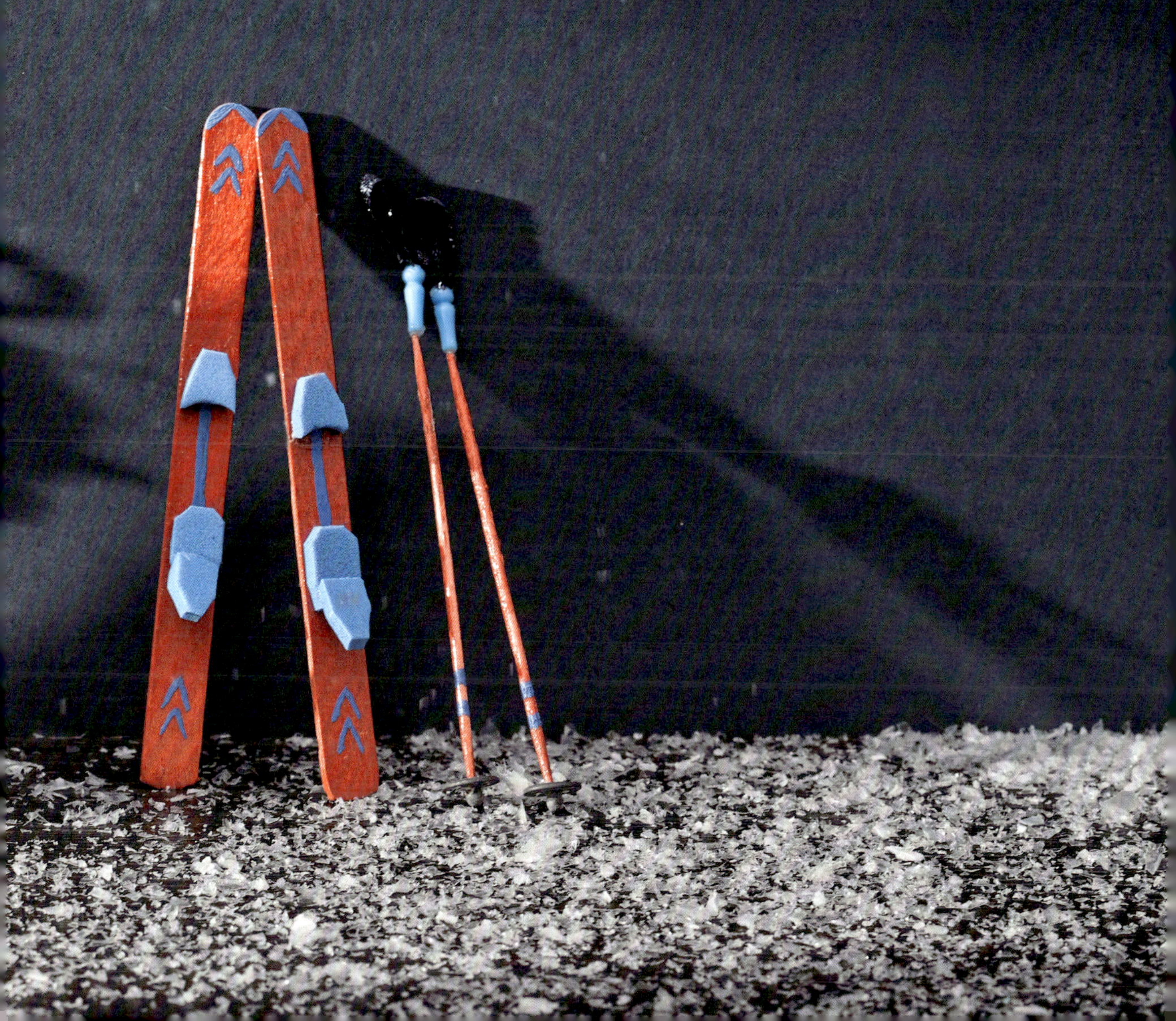

96

TÜRKRANZ

QUICK & EASY

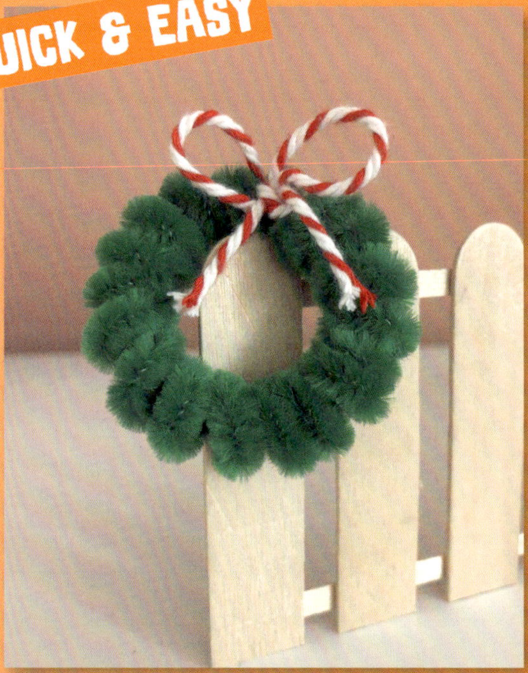

Kaum eine andere Zeit wird von Wichteln so zelebriert, wie die Vorweihnachtszeit. Und das soll jeder auf den ersten Blick erkennen!

MATERIAL

- Pfeifenreiniger in Grün
- Bäckerkordel in Rot-Weiß
- Stift oder Strohhalm

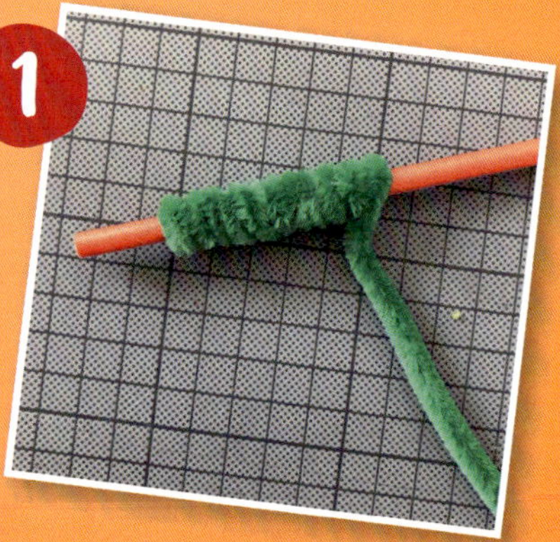

1 Wickel den kompletten Pfeifenreiniger um den Stift bzw. den Strohhalm.

2 Zieh den aufgewickelten Pfeifenreiniger vorsichtig ab und forme ihn zu einem Kranz. Verdrehe die Enden ineinander.

3 Binde die Kordel um den Kranz und mach eine Schleife.

97

WEIHNACHTLICHER KERZENHALTER

Advent, Advent, ein Lichtlein brennt!

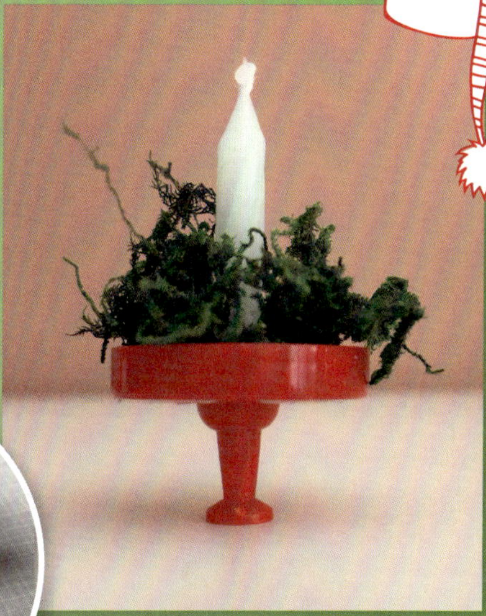

MATERIAL

- Pinn-Nadel in Rot
- Deckel von einem Cremedöschen aus der Apotheke in Rot
- Geburtstagskuchenkerze in Weiß
- etwas Moos
- Nähnadel

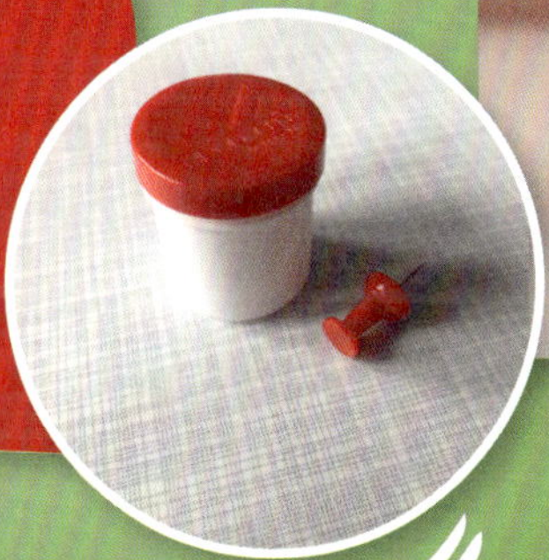

1. Bohre mit der Nähnadel mittig ein Loch in den Deckel.
2. Schiebe die Pinn-Nadel an der Oberseite des Deckels durch das Loch.
3. Stecke die Kerze auf die Pinn-Nadel.
4. Den Kerzenhalter zum Schluss mit etwas Moos verzieren.

98

Rote Ski

Beim ersten Schneefall heißt es: Ab auf die Piste und Gas geben!

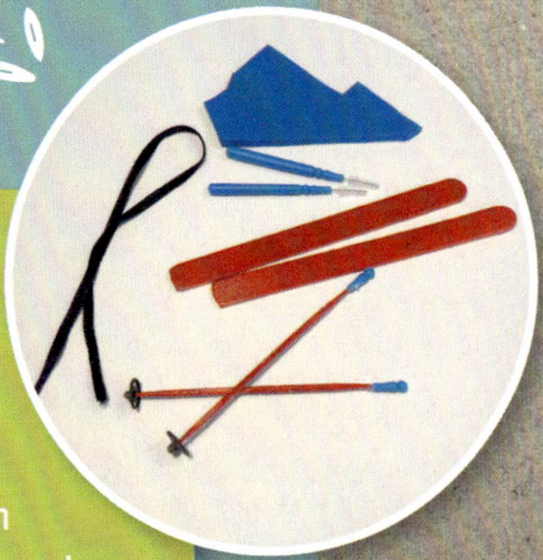

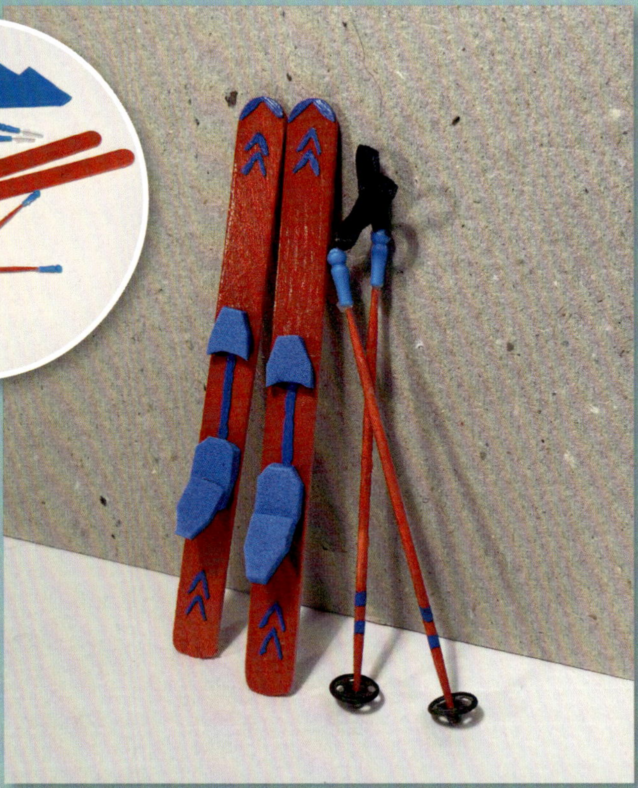

Material

- 2 Eisstäbchen
- 2 Zahnstocher
- 2 Interdental-Bürstchen
- 2 Druckknöpfe, ø 4-5 mm
- Moosgummi- oder Papperest
- schmales Band in Schwarz
- Acrylfarbe in Rot und Blau
- Kleber

1

Die beiden Eisstäbchen hinten ein wenig gerade schneiden, damit sie die Form eines Skis annehmen.

2

Beide Eisstäbchen und die Zahnstocher rot anmalen.

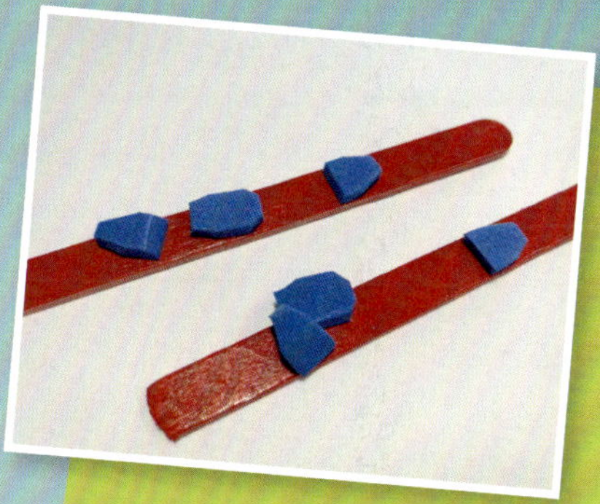

3

Moosgummi in kleine Stücke schneiden und als Bindung auf die Ski kleben (s. Bild).

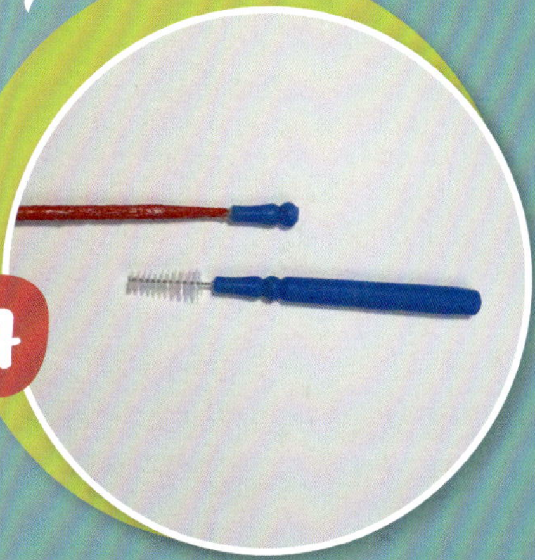

4

Die Griffe der Interdental-Bürsten zurechtschneiden und an die Zahnstocher kleben, evtl. vorher die Spitze der Zahnstocher etwas abschneiden.

5

Die Druckknöpfe an das andere Ende der Zahnstocher kleben.

6

Kleine Stücke Band als Schlaufen an die Griffe kleben. Die Ski nach Belieben bemalen und verzieren.

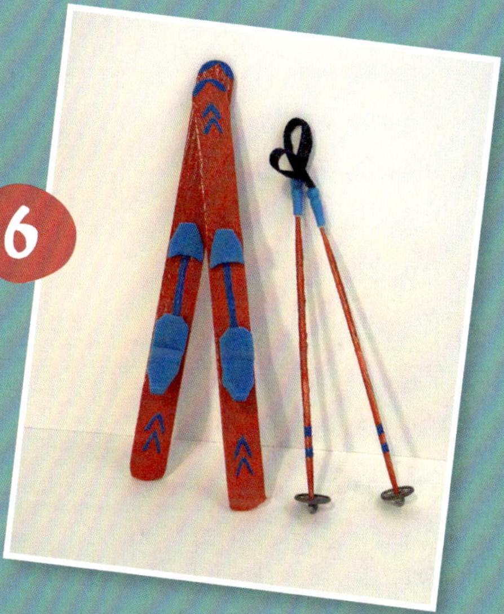

99 Geschenke

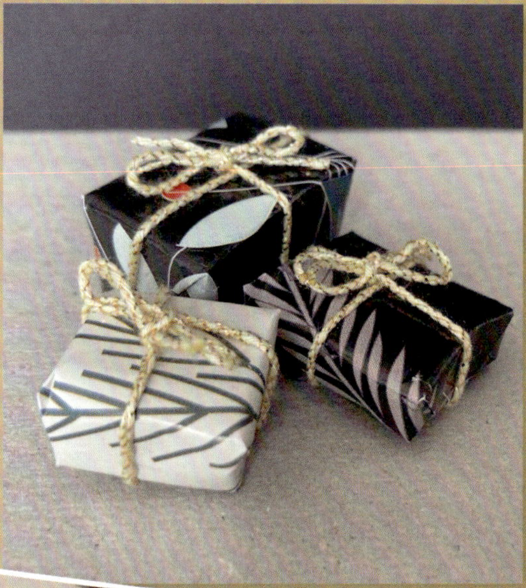

Gibt es etwas schöneres, als Geschenke zu bekommen? Na klar: Seine Liebsten selbst zu beschenken und so ihre Augen zum Leuchten zu bringen!

Material

- dicke Polsterpappe
- Geschenkpapierrest
- dünnes Geschenkband oder Strickgarn
- Klebefilm oder Kleber
- Cutter

1 Klebe die Pappe in mehreren Schichten übereinander.

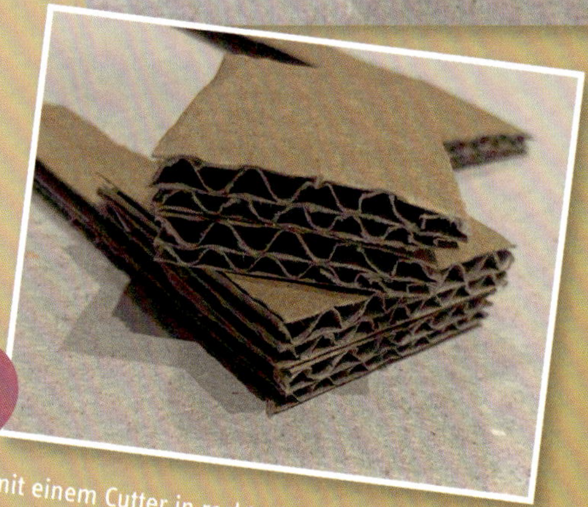

2 Schneide sie dann mit einem Cutter in rechteckige und quadratische Päckchen, in der Größe, die die Geschenke später haben soll.

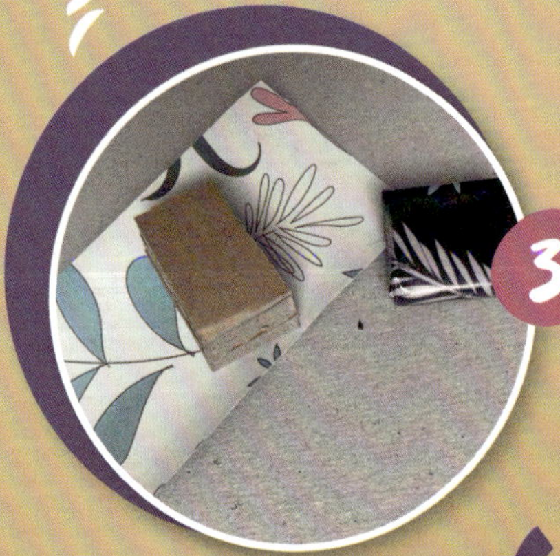

3 Nun kannst du die kleinen Pakete fein mit Geschenkpapier umwickeln. Mit dünnen Streifen Klebefilm oder Kleber befestigen.

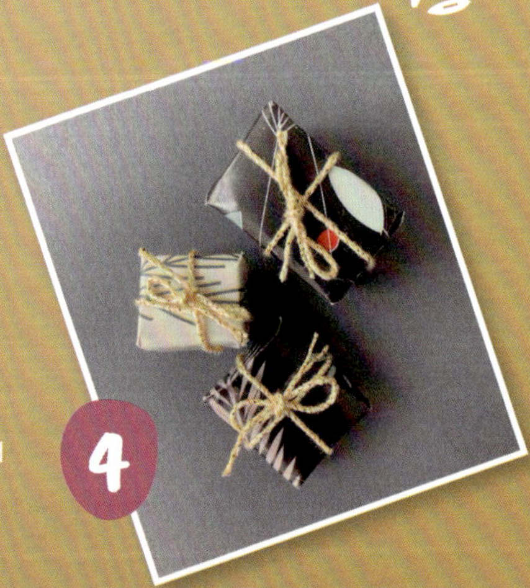

4 Zum Schluss das Geschenkband um die Pakete binden.

100 Tannenbaum

Der Tannenbaum steht bereit, es duftet nach köstlichem Gebäck, die letzten Geschenke sind verpackt – jetzt kann Weihnachten kommen!

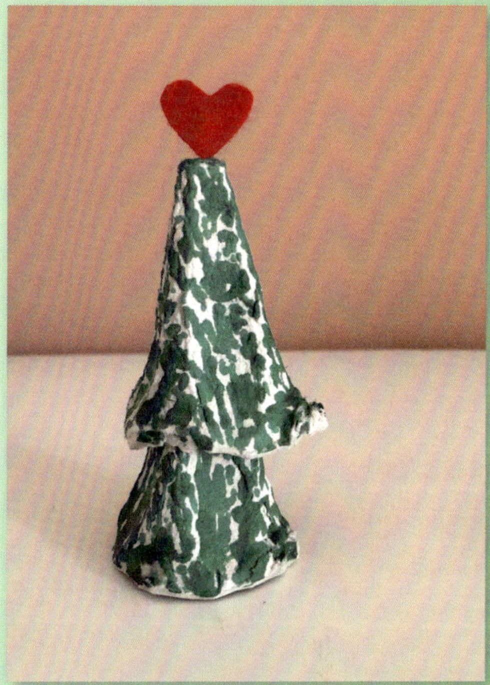

Material

- 6er-Eierkarton
- Filzstift in Grün
- Papierstrohhalm
- Filzrest in Rot
- Zahnstocher
- Cutter
- Kleber

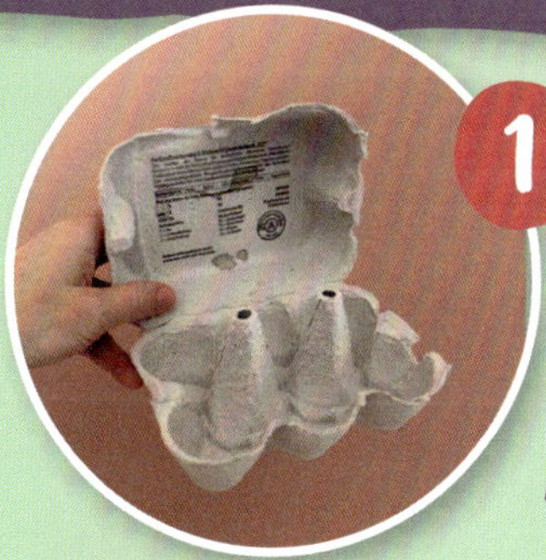

1 Schneide die Spitzen aus dem Eierkarton aus.

2 Bemale den Karton von außen mit Filzstift. Es darf gerne unordentlich aussehen, sodass helle Pappe durchscheint.

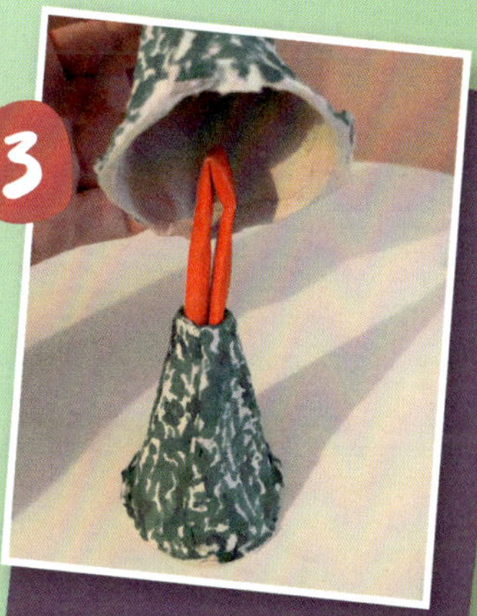

3 Die beiden Spitzen einfach aufeinandersetzen. Für mehr Standfestigkeit den Strohhalm in der Mitte knicken und in die untere Kartonspitze stecken.

4 Aus dem Filz zwei Herzen ausschneiden und an einen Zahnstocher kleben. Diesen durch die obere Kartonspitze stecken.

PSSSSST!

EXTRA

WICHTEL-TAPPSER ÜBERALL!

Wenn dir 100 Accessoires noch nicht genug sind, um den wahrhaftigen Wichtel-Flair in dein Zuhause zu bringen, kannst du mit dem Fußspurenstempel noch mehr Zauber verströmen. Ob mit Wasserfarben auf Papier, Acrylfarben auf Holz oder ganz ohne Farbe in etwas Mehl gedrückt – die kleinen Fußspuren werden nicht nur bei Kindern für große Augen sorgen.

EXTRA FÜR WICHTEL-FANS

MATERIAL

- Moosgummirest
- Pappe oder Holzklotz
- Wasserfarben

VORLAGE AUF SEITE 137

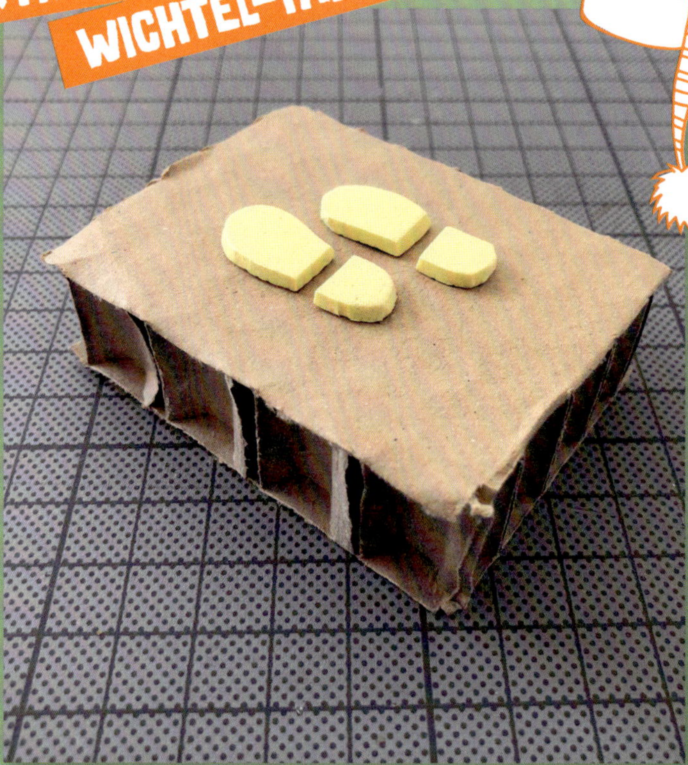

1 Übertrage die Vorlage für die Fußspuren auf das Moosgummi.

2 Schneide die Fußspuren aus dem Moosgummi aus und klebe sie auf Pappe bzw. auf den Holzklotz.

3 Pinsle die Spuren mit Wasserfarbe an und stemple sie auf einen Beliebigen Untergrund.

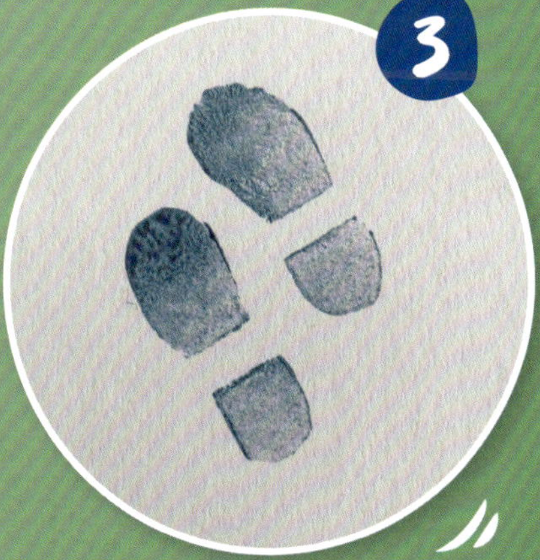

Vorlagen

Kuscheliges Lammfell auf Seite 36

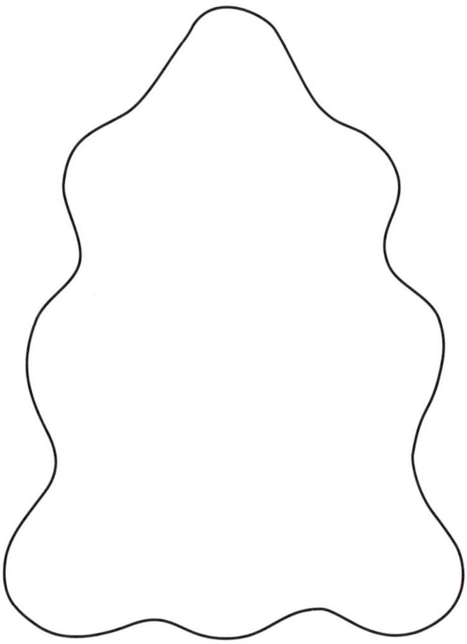

Steckenpferd auf Seite 44

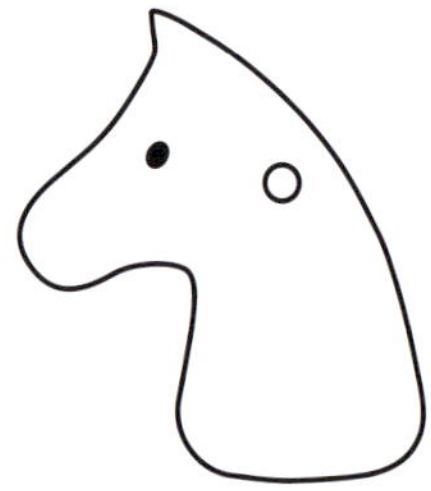

Taschentuchbox auf Seite 87

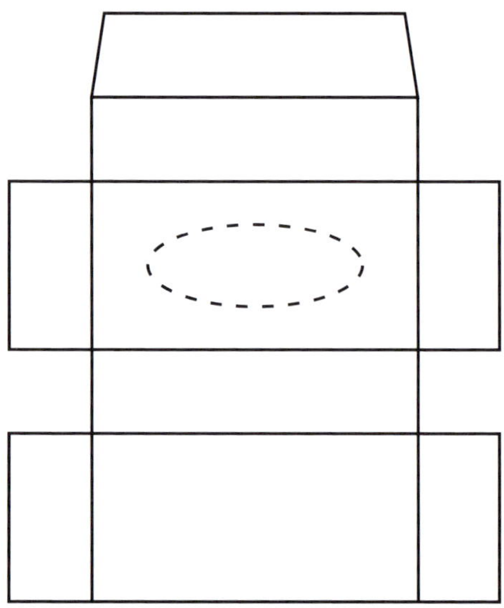

Wärmflasche auf Seite 85

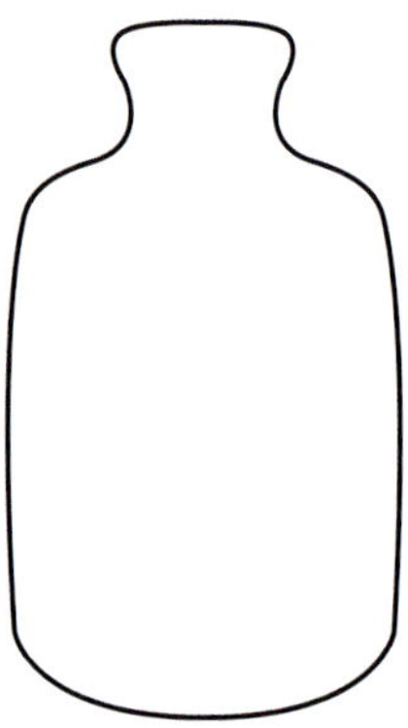

Blumenkasten auf Seite 104/105

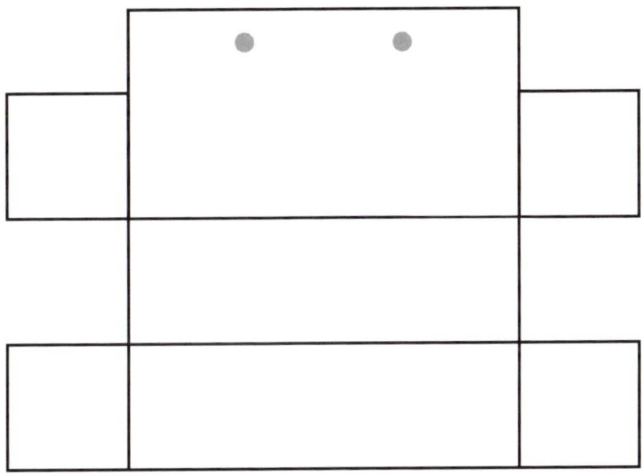

Bademantel auf Seite 119

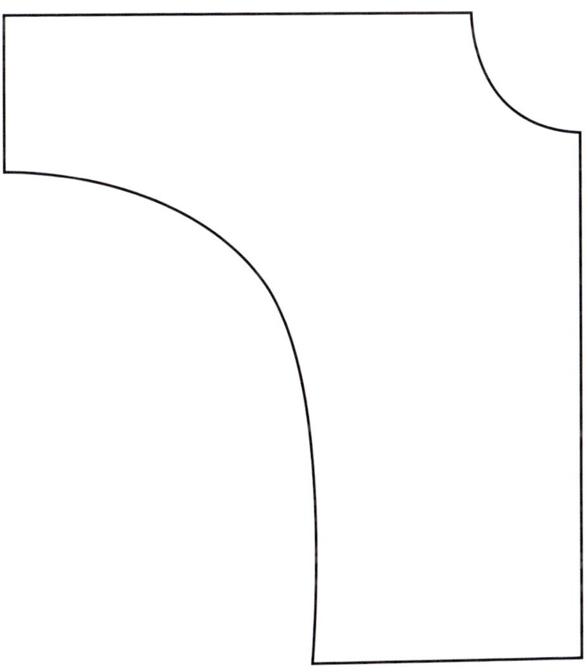

Wichtel-Tappser auf Seite 134/135

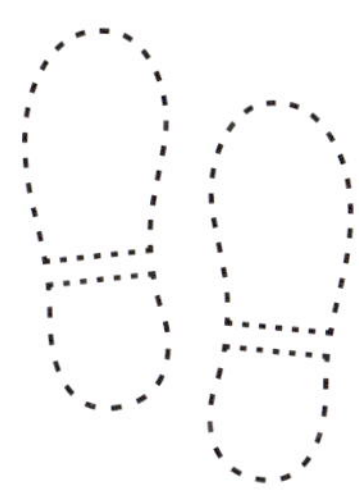

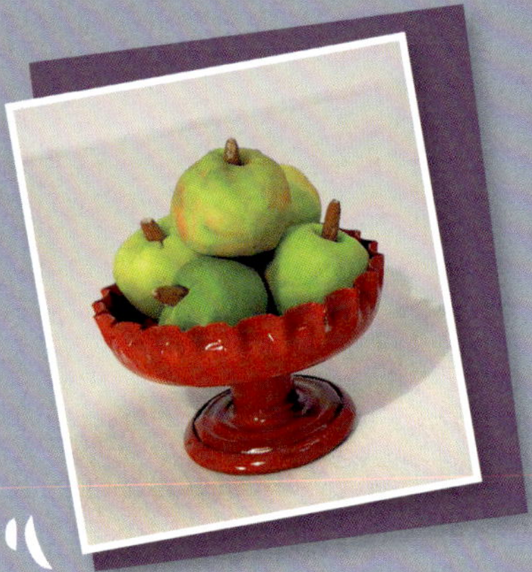

Register

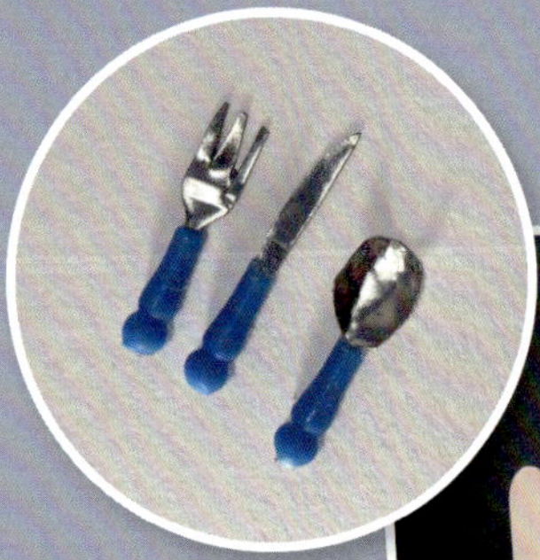

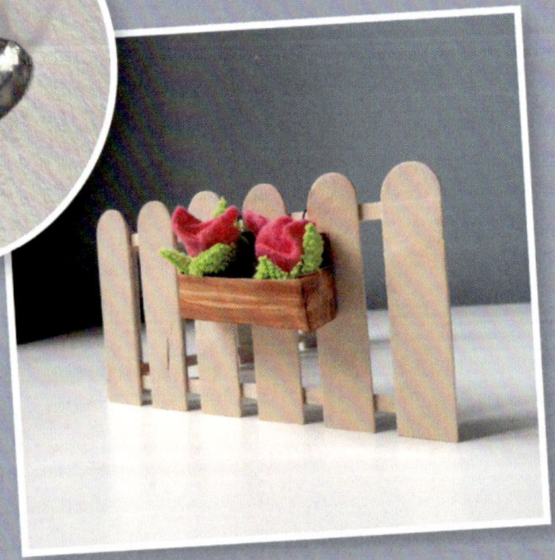

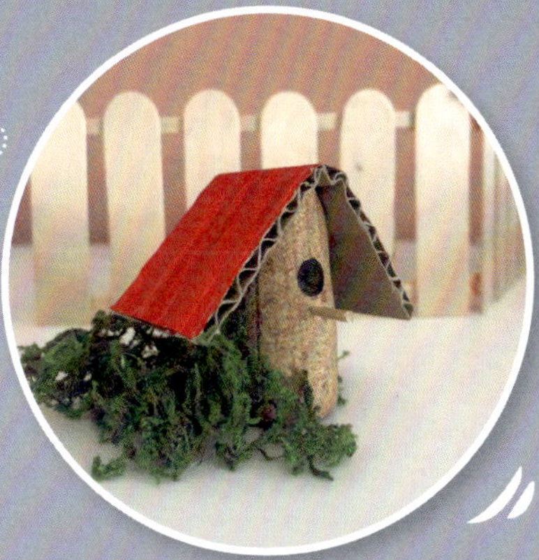

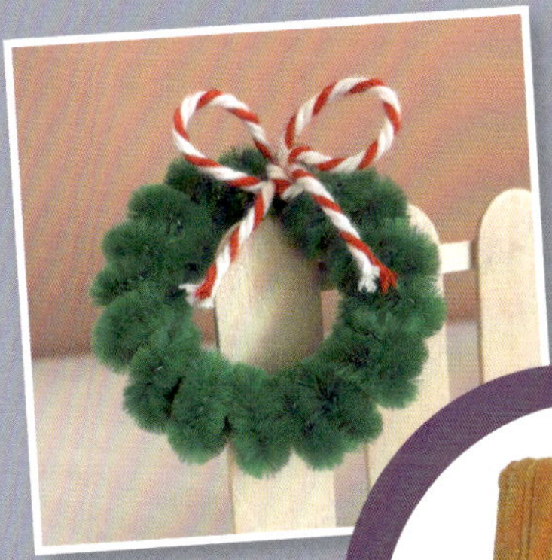

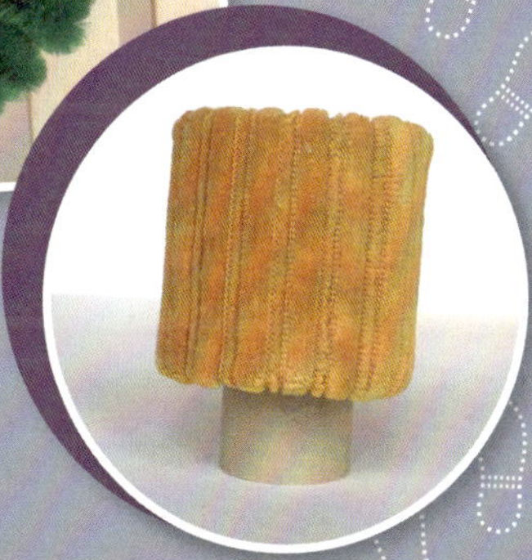

Buchempfehlungen für Dich

Noch mehr Kreativ-Bücher zum gleichen Thema gesucht?

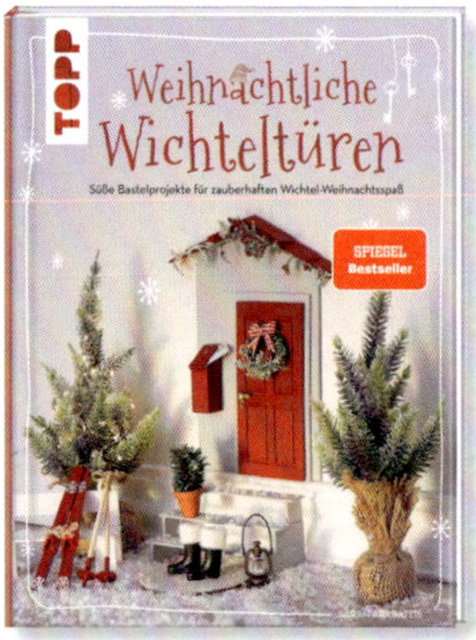

ISBN 978-3-7358-5052-2

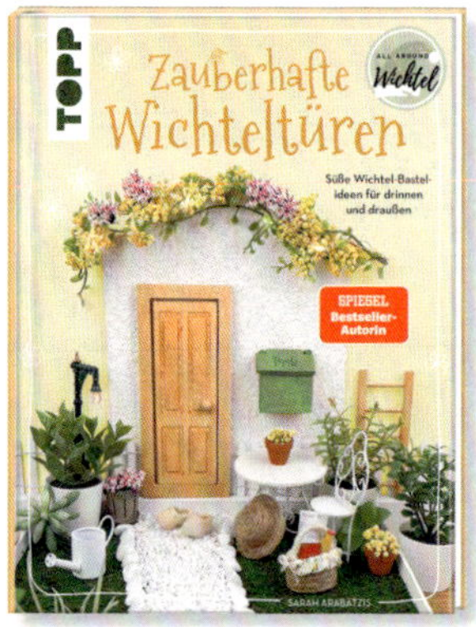

ISBN78-3-7358-5123-9

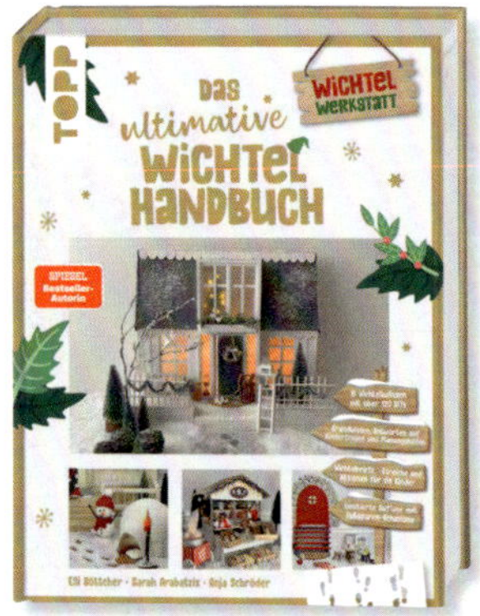

ISBN978-3-7358-5183-3

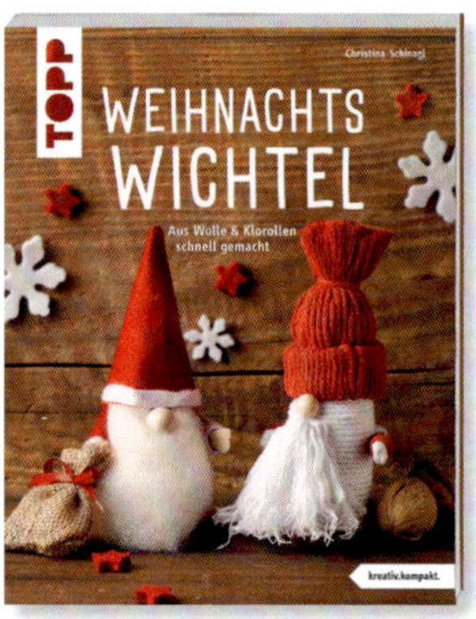

ISBN 978-3-7358-5191-8

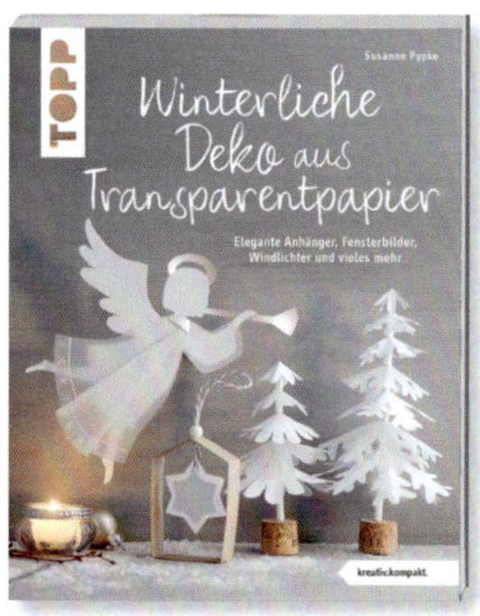

ISBN978-3-7358-5172-7

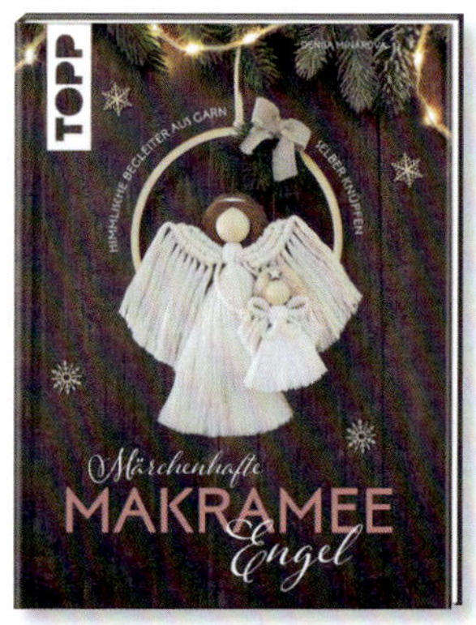

ISBN 978-3-7358-5162-8

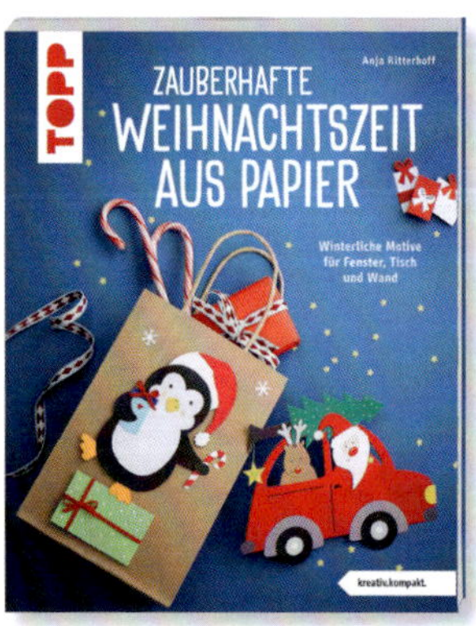

ISBN 978-3-7358-5165-9

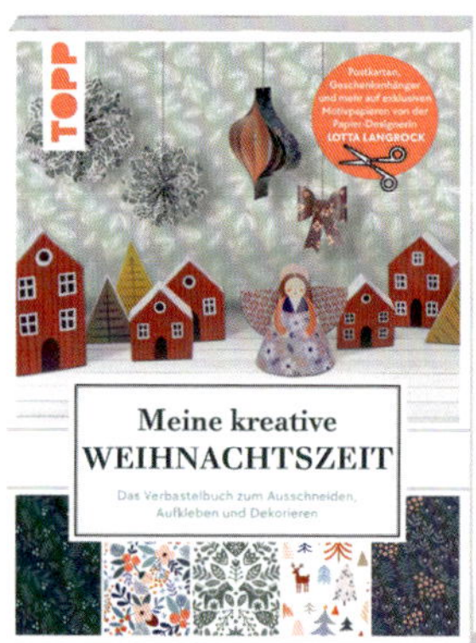

ISBN 978-3-7358-5178-9

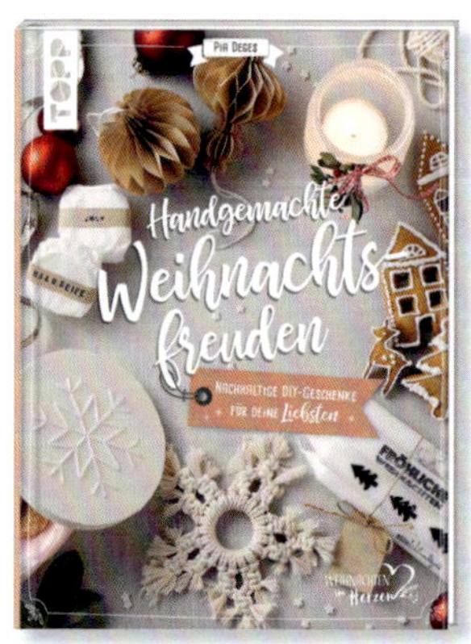

ISBN 978-3-7358-5060-7

Viele weitere Kreativ-Bücher findest du auf www.TOPP-kreativ.de

Entdecke auch unsere Kreativ-Sets

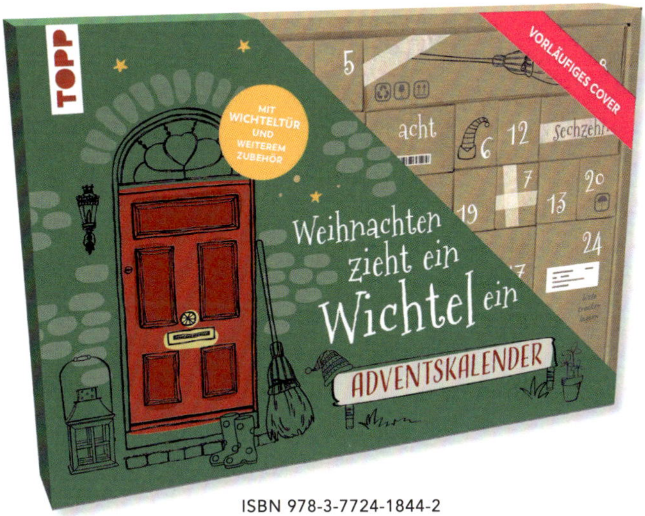

ISBN 978-3-7724-1844-2

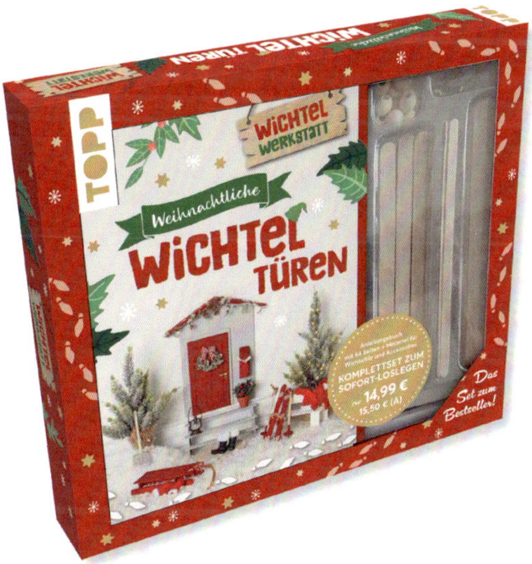

ISBN 978-3-7358-9085-6

#TOPPprojekt

Die eigene Kreativität zeigen: TOPPprojekt mit anderen Kreativen teilen und Teil der Gemeinschaft werden.

DIY-begeistert und auf Instagram? Dann unbedingt mitmachen! Hier gibt's Tipps und Feedback zu den eigenen Projekten. Außerdem verlosen wir jeden Monat ein Überraschungspaket. Um am Gewinnspiel teilzunehmen, einfach ein Bild vom Kreativ-Projekt aus unseren Büchern mit #TOPPprojekt posten und unserem Account @frechverlag folgen. Mehr Infos auf TOPP-kreativ.de/TOPPprojekt

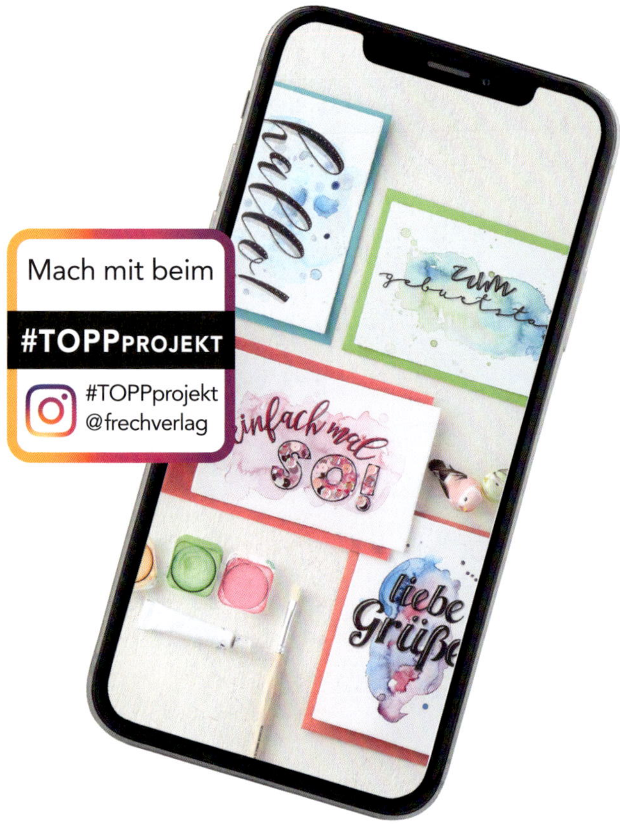

Website

Auf TOPP-kreativ.de kannst du ein riesiges Angebot von über 1.000 Kreativbüchern, Sets & mehr entdecken.

Newsletter

Gleich anmelden unter: TOPP-kreativ.de/newsletter und immer als Erstes von unseren Neuheiten und Sonderaktionen erfahren.

Instagram

@frechverlag

Pinterest

pinterest.com/frechverlag

Facebook

facebook.com/frechverlag

DigiBib

Hier findest du zusätzlich zu vielen unserer Bücher digitale Extras, wie Video-Tutorials, Plotter-Dateien, Vorlagen, Übungsblätter & vieles mehr. Einfach im Impressum deines TOPP-Buchs den Freischalte-Code nachschlagen und exklusive Inhalte freischalten. TOPP-kreativ.de/digibib

Youtube

youtube.com/frechverlag

Wer wir sind, wie wir arbeiten, was wir lieben ...

Auf Instagram, Facebook und Pinterest findest du mehr über uns und unsere Arbeit und wirst immer schnell und einfach mit den neuesten Infos versorgt.

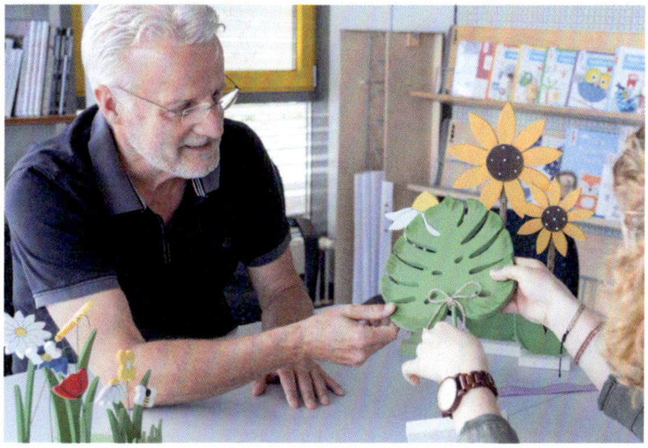

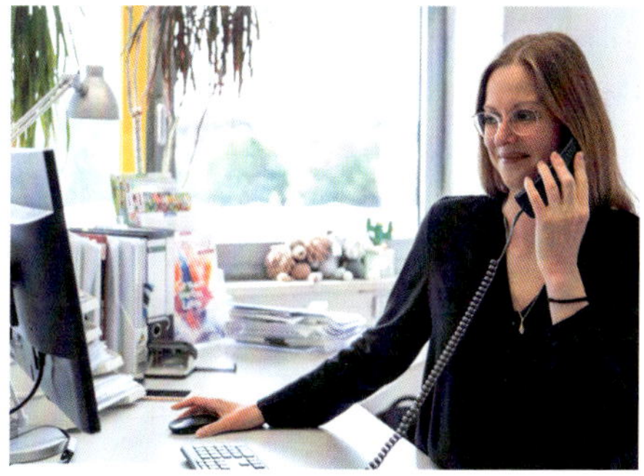

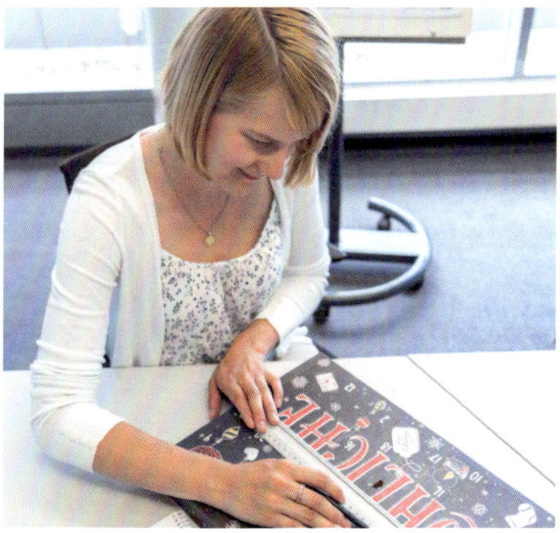

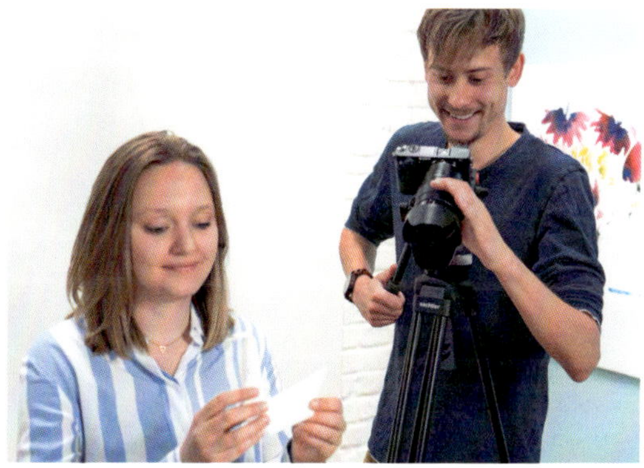

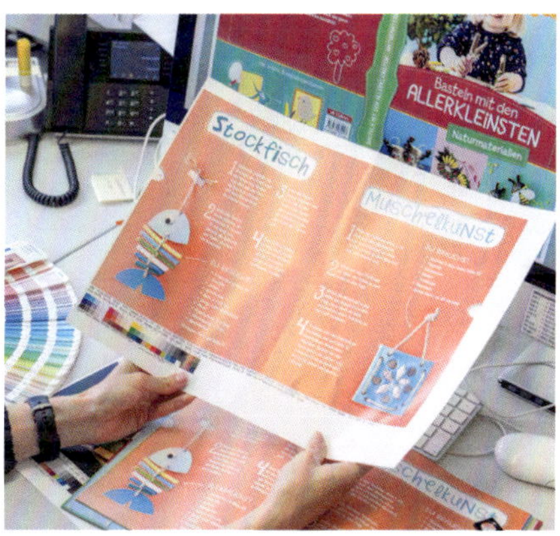

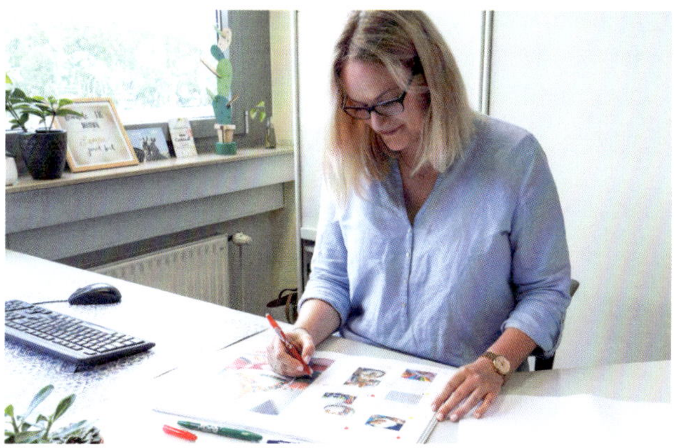

Alle News, alle Infos und alle Links findest du auf www.TOPP-kreativ.de

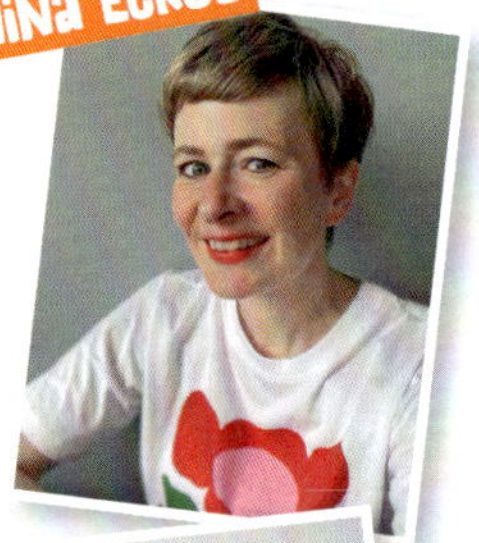

Nina Eckes lebt mir ihrer Familie in Rheinberg am Niederrhein und arbeitet dort als Designerin/Illustratorin. Inspiriert von alltäglichen Situationen entwickelt sie Bildideen und bringt ihre lebensnahen, witzigen Figuren zu Papier. Gerne bastelt sie außerdem gemeinsam mit den Kindern oder entspannt sich vom trubeligen Familienalltag bei kleinen Nähprojekten.
Mehr Infos unter: Instagram @insachenpapier

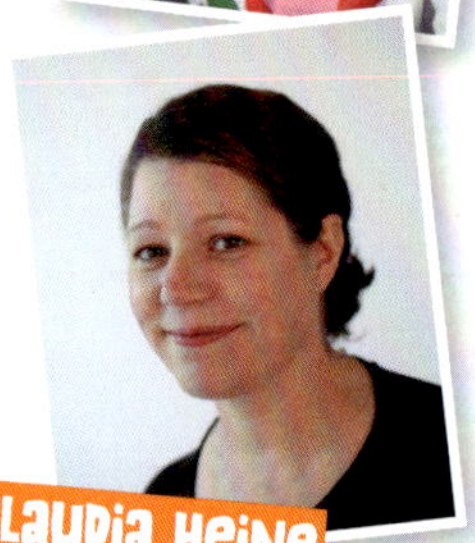

Claudia Heine ist freischaffende Illustratorin und hat in Münster und Krefeld Design studiert. Sie illustriert hauptsächlich Kinder- und Schulbücher, liebt Muster und Farbstimmungen und hat auch schon viele Dekoartikel für den Floristikbedarf entworfen. Mit ihrem Mann und ihren beiden Kindern lebt sie in Mönchengladbach, wo sie ein kleines gemütliches Atelier mit zwei Illustrator*innen teilt. Fotografieren mag sie genauso gerne wie Basteln, außerdem baut sie gerne kleine Gegenstände, die sie dann liebevoll bemalt.
Mehr Infos unter: www.claudia-heine.de, instagram: @Claudia_heine_illustration

IMPRESSUM

MODELLE: Nina Eckes (Seite 10, 11 (beide), 15, 16 (Kerzenhalter), 23, 27-29, 31, 34, 35 (beide), 46/47, 64 (beide), 83-87, 93-95, 97-99, 103-105, 107, 110-113, 116-123, 126, 127, 131, 134/135), Claudia Heine (Seite 12/13, 14 (beide), 16 (Kerzen in Pistazienschalen), 17-22, 24-26, 30, 32/33, 36-41, 44, 45, 48-51, 54-63, 65-75, 78-82, 90-92, 96, 100-102, 106, 108/109, 128-130)

MODELL- UND SCHRITTFOTOS: frechverlag GmbH, 70839 Gerlingen; lichtpunkt, Michael Ruder, Stuttgart (Seite 8/9, 42/43, 52/53, 76/77, 88/89, 114/115, 124/125), Nina Eckes (siehe Modelle), Claudia Heine (siehe Modelle)

PRODUKTMANAGEMENT UND LEKTORAT: Magdalena Wassen

COVERGESTALTUNG: Melanie Hermann

GESAMTHERSTELLUNG: Adelina Tešija

SATZ: Melanie Everding-Hackmann, FSM Premedia GmbH & Co. KG

DRUCK UND BINDUNG: Neografia, Slowakei

1. Auflage 2023

ISBN 978-3-7358-5167-3 • Best.-Nr. 25167

MIX
Papier | Fördert gute Waldnutzung
FSC® C020353
FSC www.fsc.org

Penguin Random House Verlagsgruppe
FSC® N001967